KB139289

대일본제국 붕괴

대일본제국 붕괴
-1945년 일본의 패망과 동아시아

2010년 8월 16일 초판 1쇄 발행

지은이 | 가토 기요후미(加藤聖文)
옮긴이 | 안소영
펴낸이 | 이문수
교정·편집 | 이만옥
디자인 | 민진기디자인·컬처북스
펴낸곳 | 바오출판사

등록 | 2004년 1월 9일 제313-2004-000004호
주소 | 서울시 마포구 서교동 351-10 동보빌딩 105호
전화 | 02)323-0518 문서전송 02)323-0590
전자우편 | baobooks@naver.com

ISBN 978-89-91428-08-9 03910

*값은 뒤표지에 있습니다. *잘못 만든 책은 바꿔드립니다.

대일본제국 붕괴

大日本帝國 崩壞

가토 기요후미 지음 — 안소영 옮김

지금까지 일본에서는 대일본제국이 붕괴된 1945년 8월 15일은 일본인들만의 역사로 이해해왔습니다. 저는 이러한 역사인식에 의문을 느끼고 한반도와 타이완을 포함한 동아시아의 역사로 재인식하고 싶다는 생각에서 이 책을 집필했습니다. 이러한 동기가 있었기에 처음부터 일본인 이외의 사람들도 읽었으면 좋겠다는 생각이 있었고, 그렇기 때문에 한국어판의 출판은 저의 바람이 이루어지는 것이었습니다. 다만 솔직히 말씀드리자면, 이렇게 빨리 반응이 오리라고는 생각지 못했기 때문에 한국에 계신 분들의 강렬한 지식욕구에 무척 놀랐습니다. 그와 동시에 깊은 경의를 품지 않을 수 없었습니다. 이 책을 읽고 한국의 여러분들께서 어떤 반응을 보내올지 지금부터 기대가 됩니다.

이 책은 지금도 불안정한 동아시아 지역의 구조를 이해하기 위해 한국과 타이완, 만주를 식민지로 지배했던 대일본제국의 붕괴를 '역사'로서 규명한 것입니다. 하지만 이 책에는 식민지 지배에 대한 저항과 투쟁이라는 여러 민족의 속이 후련해질 만한 멋진 활약상을 그린 '이야기'는 담고 있지 않습니다.

현실의 역사는 가혹한 것이어서 일본에게 대일본제국의 붕괴는 미군 단독점령 하의 민주화의 시작이자, 후일 경제대국화로 이어지는 시발점이 되었지만, 한반도에서는 미국과 소련이라는 초강대국에 의한 분할점령과 장기간에 걸친 독재정치의 시작이었습니다. 또한 타이완에서는 국공내전으로 인한 대륙과의 정치적 분단과 더불어 내부적으로도 '본성인本省人'과 '외성인外省人'의 사회적 분단이라는 이중의 분단의 시작이었습니다.

이처럼 대일본제국이 붕괴된 1945년 8월 15일을 기점으로 식민지 조선과 타이완은 해방되었지만, 그것은 결코 찬란한 해방이 아니라 오히려 새로운 고난의 시작이었다고도 할 수 있습니다. 특히 대일본제국의 붕괴는 한반도에 커다란 영향과 상흔을 남겼습니다.

2010년은 대일본제국이 붕괴된 지 65년째 되는 해입니다. 유럽에서는 독일의 패전으로 시작된 미소 냉전구조가 소멸된 지 이미 20년이 지났습니다. 그러나 동아시아에서는 미소 냉전구조의 잔재가 여전히 해소되지 않은 채, 65년 전에 시작된 가혹한 역사가 아직까지 뒤덮고 있습니다. 우리는 65년 전의 비극을 되풀이하지 않기 위해서라도 우리 자신의 문제를 우리 자신의 손으로 해결하지 않으면 안 됩니다. 이를 위해서는 한국인들을 포함해서 우리 모두에게 항상 이 현실을 직시할 수 있는 용기와 역사에서 배우는 지혜가 필요합니다.

다만 유감스럽게도 일본인뿐만 아니라 동아시아인들에게서는 대일본제국 붕괴라는 사실을 차근차근 규명하고 역사적 사실에서 적극적으로 배우겠다는 움직임은 그다지 잘 보이지 않는 듯합니다. 한반도나 타이완 해협에 존재하는 현실을 서로가 자신의 문제로 받아들이는 감성이 아직 발달되어 있지 않기 때문일까요. 역사인식을 둘러싼 갈등과 알력의 근원에는 이러한 감성의 결여라는 문제가 개

재되어 있는 것 같습니다.

역사인식의 공유라 함은 서로가 똑같은 역사관을 갖는 것이 아니라 서로의 의견이나 가치관의 차이점과 공통점을 이해하고, 그것을 받아들임으로써 비로소 성립되는 것입니다. 제가 이 책에서 일본 국내의 역사만이 아니라 한국과 타이완, 그리고 중국의 역사를 일본인의 시각에서 묘사하려고 시도한 것은 바로 이러한 신념 때문입니다.

이 책의 한국어판 출판을 계기로 한국의 독자 여러분들 가운데서 '대일본제국' 붕괴에 관한 연구가 활성화되기를 기대합니다. 한국인의 시각에서 일본 지도자의 우유부단함이나 미국과 소련에 농락당하는 장개석의 고뇌, 그리고 타이완인이 처한 복잡한 정치환경이 어떻게 그려질지 궁금해집니다. 그리고 한일 양쪽에서 본 '대일본제국' 붕괴를 서로 비교하면서 읽고 논의해나가는 과정에서 서로가 공유할 수 있는 작은 역사관이 싹을 틔우고 새로운 한일관계, 나아가 동아시아의 미래가 열리게 될 것이라고 확신합니다.

2010년 7월
가토 기요후미

‘대일본제국’이란 무엇인가.

근대에 와서 일본은 조선과 타이완을 식민지로 삼고 만주국이라는 괴뢰국가까지 만들어 중국을 침략하고, 마지막으로는 미국과의 전쟁으로 파국을 맞았다. 이 정도는 누구나 알고 있는 상식일지 모른다. 그러나 당시 일본의 정식 국명이었던 ‘대일본제국大日本帝國’을 하나의 덩어리로서 어디까지 그 이미지를 그릴 수 있을까? 사실 대일본제국의 판도를 정확하게 말할 수 있는 사람은 과연 얼마나 될까?

이 책은 대일본제국은 무엇이었으며, 그 본질은 어디에 있는지, 어떤 모습으로 멸망해갔는지, 그리고 제국의 기억 중에서 어떤 부분이 상실되었으며, 그것이 현재 우리들과 어떠한 관련이 있는가 하는 점들을 밝히고자 한다. 이를 위해 제국이 붕괴를 고한 1945년 8월 15일이라는 과거 시점에 입각해 일본과 조선, 타이완, 만주(중국 동북지방), 사할린樺太, 남양군도 지역들이 어떤 국제정치 속에서 패전을 맞았는지 그려나갈 것이다.

1945년 8월 15일 정오, 라디오에서 흘러나온 ‘옥음방송玉音放送’을 듣고 ‘제국신민帝國臣民’은 일본의 패전을 알게 되었다. 현재의 일본 국내(내지內地)만이 아니라, 같은 내지였던 사할린과 치시마千島, 나아가서는 외지外地로 불렸던 조선과 타이완, 괴뢰국가였던 만주국, 그리고 미군에게 점령된 남양군도에서도 방송된 천황의 육성은 대일본제국의 멸망을 알리는 것이었다.

그러나 이토록 광범위한 지역-제국의 판도-에 울려 퍼진 옥음방송에 등장하는 "충량한 너희 신민臣民"이란 누구를 가리키는 말이었을까? 사실 거기에 등장하는 신민이란 내지에 있는 '일본인'만을 지칭한 것이었다. '국체호지國體護持'를 둘러싼 대립 속에서 '제국신민'은 단 한 차례도 고려의 대상이 되지 않았던 것이다.

한편 대일본제국의 멸망을 결정지은 포츠담선언은 미국 대통령 해리 트루먼 단 한 사람이 작성한 것이었다. 일본의 패전에 이르기까지 전개된 미국과 소련 두 강대국의 협상은 제국 붕괴 후의 동아시아에 결정적인 영향을 미쳤지만, 그들의 무지와 독선이 가져온 비극은 이루 다 헤아릴 수 없는 것이었다.

조선의 수도 경성에서는 조선총독 아베 노부유키阿部信行와 연합국 미군 사이에 항복문서가 교환되었다. 조인 날짜는 9월 9일. 대일본제국의 조선 지배에 종언을 고하는 이 중요한 장소에 조선인은 단한 명도 입회하지 못했다. 왜 패전 후 한 달 가까이 경성에 조선총독부가 엄연히 존재하고 있었던 것일까? 이 8월 15일과 9월 9일 사이에 가로놓인 역사는 조선민족의 '해방'과 '분단'에 걸친 기억과 원망으로 지금도 이어지고 있다.

타이완의 해방은 더 늦었다. 타이베이에서 타이완총독 안도 리키치安藤利吉가 국민정부와 항복문서에 조인한 것은 패전 후 2개월이나 지난 1945년 10월 25일이었다. 폭동이나 약탈 같은 혼란도 없는 평온한 분위기 속에서 타이완 주민과 일본인들은 식민지 지배의 종언을 지켜보았다. 그러나 중화민국 국민으로서 '광복'을 맞이해야 마땅한 타이완인에게 기대가 실망으로 바뀐 이날은 제국신민으로서 '항복'일 뿐이었다.

조선이나 타이완과는 달리, 만주는 문자 그대로 혼란이 극에 달한 가운데 붕괴해갔다. 이 만주국의 붕괴는, 일본으로서는 히로시마의 원폭이나 오키나와 전투보다 더 많은 민간인 희생자를 낳는 비극을 초래했다. 그러나 다른 한편으로는 연합국의 일원이면서도 미국과 소련의 협상에 농락당한 중국의 고뇌를 상징적으로 보여주었다. 그리고 일본의 항복과 동시에 한층 격화된 국공내전과 중화인민공화국의 건국은 만주국의 붕괴를 빼놓고는 이야기할 수 없다.

남양군도는 제국 중에서 가장 먼저 전화戰禍에 휩쓸려 들어간 지역이었다. 제국에서 가장 먼저 이탈한 이 남쪽 바다의 섬들을 전후의 일본인은 제일 먼저 망각의 저편으로 밀어냈다. 게다가 사이판에서 옥쇄玉碎에 휘말려 들어간 민간인의 대다수는 오키나와 주민이었으며, 그것이 오키나와전의 전초전이었다는 사실도 거의 알려져 있지 않다.

사할린과 치시마는 남양군도와는 반대로 제국 내에서 최후까지 전투가 벌어진 지역이었다. 게다가 사할린와 치시마는 식민지가 아니라 '내지'였다. 그러나 내지의 남단인 오키나와에서 미군과 전투를 벌인 기억은 전후에 오래도록 구전口傳되었지만, 내지의 북단에서 일어난 소련군과의 전투는 무슨 이유에서인지 구전되지 못한 채 기억 저편으로 사라졌다. 일본인만이 아니라 소수민족까지 끌어들인 사할린 전투에 대한 망각은 전후 일본에서 구전되어온 전쟁체험의 모순을 상징하고 있다.

1945년 9월 2일 미주리호에서 거행된 항복문서 조인으로 대일본제국은 멸망했다. 그러나 이는 어디까지나 연합국과 일본 사이에 치러진 의식에 불과했다. 일본이 점령한 아시아 지역에서는 8월 15일을 경계로 일본의 괴뢰정권이 하나씩 소멸되어간 한편, 탈식민지화를 향한 태동이 시작되었다.

사람이나 조직이 갖는 본질적인 부분은 최후에 나타난다고 한다. 국가도 그 예에서 벗어나지 않는다. 그렇다면 대일본제국의 본질 또한 그 마지막에 나타나지 않았을까? 실제로 제국을 식민지로서 지탱해온 조선과 타이완, 만주, 그리고 사할린과 남양군도의 지배의 종언 속에서 그 본질을 찾아볼 수 있지 않을까?

이 책에서는 8월 15일이라는 날짜를 역사적으로나 사실적으로 깊이 천착하고 있다. 근래에는 이 8월 15일을 전후戰後에 만들어진 신화로서 상대화相對化하자는 의견이 간혹 나오고 있다. 그러나 이날에 천착하지 않는다면 전후 일본과 동아시아와의 관계를 볼 수 없게 되지 않을까?

제국의 붕괴는 동시에 새로운 국가와 새로운 국제질서의 탄생을 가져왔다. 제국 붕괴의 결과, 조선과 타이완, 만주에서 등장한 새 국가의 탄생은 일본인과 결코 무관한 것이 아니다. 현재 동아시아 국가의 성립에 일본이 어떠한 형태로 역사적으로 관여했던 것일까? 조선과 타이완, 만주에서 일본의 패전은 단지 일본인만이 아니라 다양한 민족에게 깊은 영향을 안겨주었다. 그러나 이러한 역사적 사실에 대한 감각을 지금 많은 일본인은 갖고 있지 않다.

전후 일본인은 제국의 어떤 기억을 잃어버렸을까? 언제부터 동아시아와의 역사적 관계를 단절시켜버린 것일까? 이들 역사를 자신의 역사로 분명하게 자각할 때, 우리에게 대일본제국은 결코 과거의 유물이 아니라는 사실이 명확해질 것이다.

차례

| 제4장 | **타이베이-'항복'과 '광복' 사이**

제 1 장

포츠담 선언 트루먼의 독선과 소련의 준동

트루먼의 '세계구상'

독소전獨蘇戰으로 폐허가 된 베를린 교외 포츠담에 가까스로 전화戰火를 모면한 세실리안 궁전이 있다. 여기에서 1945년 7월 17일부터 미·영·소 3국 수뇌가 참가한 포츠담회담이 열렸다. 회담의 중심 의제는 유럽의 전후처리 문제였지만, 동시에 긴급히 처리해야 할 과제로서 추축국追逐國 가운데 유일하게 교전을 지속하고 있던 일본에 대한 최종처리 방침도 약간이지만 논의되었다.

회담에 참석한 해리 트루먼Harry S. Truman은 독일 항복을 눈앞에 두고 병사한 프랭클린 루스벨트Franklin D. Roosevelt의 뒤를 이어 대통령이 되면서 처음으로 알게 된 사실이 몇 가지 있었다. 그것은 1945년 2월에 개최된 얄타회담에서 맺어진 소련의 대일참전과 관련된 밀약과 원폭제조계획이라는 루스벨트 정권의 최고기밀이었다.

전쟁이라고 하는 것은 규모가 크고 또 장기화하면 할수록 그 나라의 지도자에게 권한과 권력을 집중시킨다. 미국에서도 제2차 세계대전을 통해 정치·군사기능이 거대화하고 복잡화함에 따라 권력은 루스벨트 한 사람에게 집중되었다. 1944년의 대통령 선거에서 4선을 달성하고 12년이라는 미국 정치사상 이례적인 장기정권의 말년에는 루스벨트만이 모든 것을 파악하고 있었으며, 그가 없으면 기능부전에 빠질 정도였다. 정치경험이 적고 외교방면의 사정에 어두웠던 트루먼은 부통령이면서도 중요한 사안에 대해서는 루스벨트로부터 아무것도 듣지 못했으며, 정부의 정책결정에도 거의 관여하지 않았다. 당연히 최고기밀은 전혀 알지 못했던 것이다.

그 루스벨트가 긴 세계대전이 막 끝나기 직전인 1945년 4월 12일에 돌연 사망했다. 갑자기 대통령이 된 트루먼은 너무나도 위대한 루스벨트의 숭고하고 원대한 전후구상에서부터, 전 정권의 외교·군사기밀 사항, 나아가 막강한 정권 보좌진에 이르기까지 모두 인수하였으나 마음의 준비도, 머릿속의 정리도 어정쩡한 채, 불과 3개월 만에 포츠담회담에 참석하게 된 것이다.

전임자가 위대하면 할수록 후임자의 정신적 중압은 이루 다 헤아릴 수 없기 마련이다. 근엄하고 올곧은 인품과 가족을 아끼는 마음이 남달랐던 트루먼이야말로 바로 그러한 처지에 놓인 전형적인 경우라 할 수 있었다. 더욱이 선거에서 선출된 대통령이 아니었기 때문에 '정통성'의 결여라는 정치적 약점마저 안고 있었다.

이러한 상황에서 대통령이라는 입장을 지나치게 의식하고 성실한 사람일수록, 타인의 의견에 좌우될까 두려워 유연성을 잃고 완고함을 드러내기 쉽다. 트루먼의 국제무대에서의 경험 부족과 더불어 이러한 정신적 중압이 이후의 대일對日 전략에 커다란 영향을 미치게 되었다.

7월 16일, 뉴멕시코 주에서 실시된 원폭실험이 성공했다. 그 소식은 곧 포츠담회담에 참석하는 트루먼에게 보고되었다. 이 사실이야말로 국제무대에 처음 등장하는 트루먼에게 비장의 카드가 아닐 수 없었으며, 포츠담회담 개최 시기를 일부러 원폭실험에 맞춘 것도 그 때문이었다. 또한 원폭실험의 성공은 대일전 조기종결을 위해 얄타에서 비밀리에 합의했던 소련참전의 가치를 현저하게 저하시켰다.

루스벨트는 대일전 종결 이후를 내다보며 행동하고 있었다. 그것은 미소공존체제를 기축으로 한 전후구상이며, 그 때문에 굳이 스

탈린과도 얄타밀약을 맺어두었던 것이다. 그러나 원폭에 의해 밀약
은 점차 무용지물이 되고 말았다. 트루먼의 전후구상은 미소공존이
아니라 어떻게 하면 소련을 봉쇄할 것인가로 그 중심을 옮겨 갔다.
그것이야말로 루스벨트의 속박을 벗어나 트루먼만의 독자적인 세
계구상을 가능하게 하는 것이었다.

동요하는 포츠담선언

미국 정부 내에서는 포츠담회담이 개최되기 전부터 일본에 대한 처
리 문제로 다양한 논의가 있었다. 미일전 개전 당시 주일대사였던
조셉 그루Joseph C. Grew 국무차관(장관대리)은 트루먼 정권이 출범할
무렵, 천황의 지위를 보장해주고 조기에 종전을 도모해야 한다고
제안했다. 당시 육군장관이었던 헨리 스팀슨Henry L. Stimson도 이 의
견에 동조하고 있었다. 그러나 국내 여론은 천황의 전쟁책임을 추
궁하는 목소리가 높았다. 미국 정부는 아직 방침을 결정하지 않은
채, 스팀슨의 주도로 작성된 포츠담선언 원안 채택 여부에 대한 최
종 결정을 회담이 개최될 때까지 미루고 있었다.

　포츠담선언 원안을 기초한 그루는 전후의 미소대립을 예견하고
소련의 영향력을 억제해둘 필요성을 통감하고 있었다. 그 때문에
일본을 한시라도 빨리 항복시킴으로써 극동에 대한 소련의 영향력
을 극력 저지하고자 했다. 지일파知日派이기도 했던 그루는 일본이
항복을 수용하는 것은 천황의 지위를 보전시키는 것에 달려 있다는
사실을 잘 알고 있었지만 그런 생각은 국무성 내에서도 지지를 받

| 포츠담에 모인 3국 수뇌. 처칠, 트루먼, 스탈린 |

지 못했다. 특히 트루먼의 신임이 두터웠던 미국 정계 보수파의 중진이었던 제임스 번즈James F. Byrnes 국무장관은 천황의 지위를 보장하는 것에 강한 거부감을 갖고 있었다.

번즈는 포츠담선언 원안에 관해 전 정권의 동료였던 코델 헐Cordell Hull에게 조언을 구했다. 루스벨트 정부의 국무장관으로서 제2차 세계대전기의 미국 외교에 커다란 영향을 미친 헐은 정권 말기에 건강상의 이유로 국무장관직에서 사임했으나 미국 외교계의 중진으로 은근한 영향력을 발휘하고 있었다.

헐은 본래 무조건항복은 경직된 요구가 아니라 유연하게 운용해야 하는 것이라고 생각하고 있었지만, 원안에 천황의 지위 보장을 명기하는 데에는 분명하게 반대했다. 번즈는 외교계 중진인 헐의 조언으로 마침내 자신의 생각이 옳았음을 확신하고 트루먼으로 하

여금 포츠담선언 원안을 수정하게 하고자 했다. 미일개전의 계기가
된 '헐 노트the Hull Note'1로 유명한 헐은 묘하게도 미일전의 개시와
종결의 중요한 국면에 등장하는데, 일본과는 시종 좋지 않은 인연
으로 조우했다.

포츠담회담에서는 개개의 구체적 문제에서는 의견 대립을 보였
지만, 훗날 냉전시대의 이미지와는 달리, 미·영·소 3국 수뇌들은 여
전히 '전우戰友'라 할 만한 감정을 공유하고 있었다. 트루먼이나 처
칠Winston Churchill 영국 수상은 소련의 출현을 경계했지만 스탈린Iosif
V. Stalin에게 감정적인 반감을 갖고 있었던 것은 아니었다. 오히려 그
는 스탈린의 지도력과 소련의 역할에 기대하는 바가 여전히 큰 상
태였다.

그러나 원폭을 사용함으로써 소련이 참전하기 전에 미군 단독으
로 대일전을 종결시킬 수 있다고 확신한 트루먼에게는, 아직 150만
이 넘는 일본군이 주둔하고 있는 만주와 중국 본토에 일본 군대를
그대로 묶어두고 있는 상황에서 단지 미군의 일본 본토 공략을 용
이하게 할 목적의 소련참전은 무용지물에 불과했다. 그렇기 때문에
소련에게는 포츠담선언에 참가할 것을 권유하지도, 그 내용을 알리
지도 않았다. 더욱이 천황의 지위에 관해서도 일본 측에 양보할 필
요도 없어졌다고 판단하고, 포츠담선언 원안에서 천황의 지위에 관
해 언급한 조항을 삭제한 수정안을 확정한 다음, 7월 24일 '선언'

---

1   헐 노트는 1941년 11월 26일, 당시 국무장관 코델 헐이 일본의 주미대사인 노무라 기치사부로野村吉三郎
와 미일교섭 대사였던 구루스 사부르來栖三郎에게 전달한 문서로, 사실상의 대일 최후통첩이나 다름없는 내용을
담고 있다. 주요 내용은, 인도차이나 반도에서 일본군의 전면 철수, 중국 대륙에서 모든 이권 철회 및 3국 동맹
파기 등 일본으로서는 도저히 받아들일 수 없는 내용이 포함되어 있다. 실제로 미국 역시도 이러한 제안을 일
본이 받아들이지 않을 것이라는 충분한 고려가 있었다. 이런 사정으로 인해 일본 내부에서는 헐 노트가 미국의
고의적인 전쟁 도발이라고 인식하고 개전 의지를 굳히는 계기가 되었다.

안을 처칠과 장제스^{蔣介石}에게 전송하여 두 사람의 동의를 얻은 후 이를 전격적으로 발표해버렸다.

　트루먼은 천황의 지위에 관한 언급을 회피하면서 모호한 상태로 작성한 '선언'을 결정했다. 게다가 미·영·중 3국의 선언에 굳이 소련을 포함시키려고도 하지 않았다. 더욱이 원폭 보유 사실도 공식적으로 선언하지 않았다. 원안이 수정되더라도 여전히 소련의 대일참전이 미국 주도의 일본점령 정책에 악영향을 미치게 될 것이라고 염려하고 있던 스팀슨은 천황의 지위 보장을 비공식 루트로 일본에 전달해야 한다고 진언했지만 트루먼은 이마저도 받아들이지 않았다(*FRUS, The Conference of Berlin*).

트루먼의 독선과 소련 경시

이처럼 완고하다고밖에 할 수 없는 트루먼의 태도는, 원폭개발의 성공과 이후 실전 사용을 통해 대일전 조기종결이라는 수순을 염두에 두고 있음을 나타내는 것이라 할 수 있다. 일견 냉담하게 보이는 소련에 대한 태도 역시 소련을 경계해서 소련의 대일전 참전을 저지하기 위해 적극적으로 움직였기 때문인 것은 아니었다.

　이 시점에서 트루먼은 얄타밀약을 무효로 만들 생각은 없었으며, 소련의 대일참전과 그로 인해 소련이 획득할 권리는 용인하겠다는 생각이었다. 오히려 원폭으로 대일전을 독자적으로 종결시키겠다고 결단한 이상, 소련의 대일전 참전 여부는 크게 문제가 되지 않았다. 그렇기 때문에 이미 대일전에 관해 소련과 구체적인 협의를 할 필요성을 느끼지 못했던 것이다. 그러나 이와 같은 트루먼의 독선적인 태도는 소련에 대한 외교교섭의 결여로 이어졌고, 이것이 후일 커다란 문제를 낳게 되었다.

사실상 이미 '죽은 몸'이나 다름없는 일본에 대해 무조건항복을 요구할 것인가, 아니면 조건부항복을 받아낼 것인가를 논하는 것은 거의 의미가 없었다. 원폭개발의 성공과 소련의 공동성명 참가를 명백히 밝혔다면 일본은 항복의사를 표명했을 가능성이 높았다. 그럼에도 불구하고 트루먼은 일본의 명예로운 항복을 인정하지 않고 미국 단독으로 일본에 최후의 일격을 가할 것을 고집했다.

포츠담선언에 참가한 처칠은 무조건항복을 고집하는 것은 공연히 전쟁종결을 지연시킬 뿐이며 의미가 없는 일이라고 말했지만, 트루먼은 이를 완강하게 거부했다. 사실 포츠담회담에서 처칠의 입장이 '선언'에도 미묘한 영향을 준 것으로 보인다. 포츠담회담이 시작되었을 때 영국 대표는 처칠이었지만, 회담 도중에 실시된 총선거에서 예상을 뒤엎고 보수당이 패배하는 바람에 노동당의 클레멘트 애틀리Clement R. Attlee로 수상이 교체되어버렸다. 그 때문에 회담 마지막 기간에 이루어진 포츠담선언 안案을 둘러싼 논의에서 처칠은 어정쩡한 상태로 관여할 수밖에 없었다.

얄타회담 때부터 이미 소련의 움직임을 경계하고 있던 처칠에게 포츠담회담에서의 최대 관심사는 폴란드의 전후처리를 중심으로 한 유럽 문제였다. 소련군은 독소전 과정에서 유럽의 중앙부, 나아가서는 남부까지 진출할 태세를 보이고 있었다. 그러나 영국 단독으로 소련을 제압할 힘이 이미 없었다. 그렇기 때문에 미국의 힘을 빌어 소련을 견제하면서 가급적이면 소련의 영향력이 유럽에 미치는 것을 저지하고자 했다.

　처칠로서는 미국의 관심을 유럽 문제에 집중시키기 위해 무조건 이든 조건부이든, 일본을 조기에 항복시키는 것이 무엇보다 중요했다. 그러나 스스럼없이 이야기를 주고받았던 루스벨트와는 달리, 포츠담회담에서 처음 대면한 트루먼과는 충분히 대화할 수 있는 시간이 없었다. 처칠 같은 노련한 외교전략가를 좋은 파트너로 만들 수 없었던 트루먼은 자신이 행한 결정이 전후 세계에 어떠한 영향을 초래할지 미처 헤아리지 못한 채 포츠담선언을 결정했던 것이다.

중국의 '이중 굴욕'

7월 26일, 미·영·중 3국에 의해 포츠담선언이 발표되었다. 이 포츠담선언은 실로 기묘하게 만들어졌다. 미·영·중 3국 수뇌가 발기한 것으로 되어 있지만, 실제 원본은 미국 대통령인 트루먼 혼자서 3국 수뇌의 서명을 했기 때문이다. 영국은 앞서 말한 정권 교체로 인해 포츠담선언에 서명을 할 수 없었기 때문에 트루먼이 처칠의 양해를 얻어 대신 서명했다. 중국의 경우는 더욱 기이했다.

　대일전에서 최대 규모의 일본군과 대치하고 최대의 피해를 입었던 나라는 중국이었다. 그럼에도 불구하고 얄타밀약에 관해서는 포츠담회담 직전에 미국의 통보를 받고 일방적으로 소련의 권리를 인정하라는 강요를 받았다. 게다가 중국은 대일전 종결을 향해 움직이기 시작한 포츠담회담에도 초대받지 못하는 이중의 굴욕을 맛보았다.

당시 중국 정부의 대표였던 장제스와의 연락은 통신사정이 좋지 않아 매우 곤란한 상태였다. 결국 내용을 충분히 살펴보지도 못한 채 무전으로 일방적으로 확인해주었을 뿐, 트루먼이 독단적으로 선언에 서명했던 것이다. 게다가 서명은 장제스의 영문명인 'Chiang Kai-Shek'이 아니라 'President of China by wire(중국 총통, 전신에 의함)'로 되어 있었다. 당시 중국의 정식 명칭이었던 'the National Government of the Republic of China(중화민국 국민정부)'로 표기되지 못한 이 선언은 '동맹국' 중국에 대한 트루먼의 인식 정도를 여실히 드러내주고 있다.

일본만이 아니라 전후 아시아 세계에 중요한 영향을 미친 포츠담 선언은 이와 같이 트루먼의 1인극으로 만들어졌다. 미국 정부 내에서 면밀하게 논의를 거듭한 것도 아니고 또 포츠담회담에서도 미·영·소 3국의 협의가 이루어지지도 못한 채 황급히 작성된 이 선언이 동아시아에서 여전히 지속되고 있는 냉전의 이정표가 되었다.

스탈린의 대일 참전 계획

1945년 2월 얄타회담에서 전쟁의 조기종결과 미국 국민의 피해를 최소한으로 줄이려는 루스벨트의 요청에 따라 스탈린은 사할린 남부와 치시마 열도千島列島의 할양과 만주에서의 소련 권익 획득을 대가로, 독일 항복 후 2~3개월 후에 대일전에 참전한다는 밀약을 맺었다. 그리고 독일 항복이 임박한 4월 5일에는 1946년에 만료되는 일소중립조약을 연장하지 않겠다고 일본 측에 통보하였으며, 5월 7

일에 독일이 항복하자 소련은 대일전 참전의 기회를 엿보고 있었다.

소련은 포츠담회담에서 얄타밀약을 구체화하기 위해 미국의 확실한 동의를 얻기를 원했다. 하지만 트루먼은 소련의 요구에 응하려 하지 않았으며, 포츠담선언의 내용도 공표 전까지 일체 알려주지 않았다. 그로 인해 포츠담선언 발표는 소련에게 미국에 대한 불신감을 증대시키게 되었다. 더욱이 이를 뒤쫓기라도 하듯 회담 종료 직전에 트루먼이 원자폭탄 개발 성공을 귓속말로 알려준 것은 스탈린에게 커다란 충격을 안겨주었다.

스탈린에게 속삭이는 트루먼, 두 사람을 가까이서 응시하고 있는 처칠. 이 두 사람의 각각의 회상에 따르면, 스탈린은 그 의미를 가늠하기 어려운 듯한 표정을 지었다고 한다. 하지만 미국 내 첩보망을 통해 원폭개발계획을 미리 알고 있던 스탈린의 반응은 기민했다. 독일 타도의 최대 협력자로서 연합국 내에서 강한 발언권을 얻은 소련이 전후 세계전략에서 압도적으로 불리한 입장에 몰리게 될 우려가 컸기 때문이었다. 스탈린은 소련 대표단 앞에서 미국의 불성실을 격렬히 비판하고, 대미對美 군사균형을 잡기 위해 원폭개발을 서둘렀다(《그로미코 회상록》).

더욱이 소련에게는 긴박하고 매우 중요한 과제로서 독소전에서 황폐해진 국내의 부흥을 위해 산업자산과 노동력을 확보할 필요가 있었다. 그 때문에 아직 피해를 입지 않고 남아 있는 만주국 산업설비의 중요성이 갑자기 증대되었다.

스탈린은 트루먼에게 대일전 참전이 8월 15일쯤 될 것이라고 했지만 극동에 진주하고 있던 소련군은 8월 후반에 공격 준비를 완료할 계획이었으며, 실제로 소련군이 군사행동을 개시할 시기는 결정되지 않은 상태였다. 그러나 미국의 원폭 사용으로 일본이 항복하게 되고, 얄타밀약이 그림의 떡이 되기 전에 대일참전을 서둘러야만 했던 것이다.

일본에 대한 소련의 태도

소련에게 행운이었던 것은 이 무렵 일본이 연합국과의 화평교섭和平交涉의 중개를 소련에 의뢰하고 있었다는 사실이다. 일본은 소련을 유일한 의지로 삼아 화평 실현의 가능성에 기대를 걸고 있었다. 물론 일본의 기대와 달리 소련은 중개할 의사가 전혀 없었으며, 오히려 대일참전의 기회를 노리고 있었다. 소련의 노련한 점은 중개를 거절하는 것도 아니고, 그런가 하면 중개 의사를 표시하는 것도 아닌 애매한 태도를 유지함으로써, 일본에게 계속 희미한 기대를 갖게 하면서 대일전 참전까지 가능한 한 전쟁을 질질 끌어갔다는 것이다. 즉 소련은 일본의 중개 의뢰를 역으로 이용했던 것이다.

과거 1941년 6월의 독소 개전 시에 소련이 우려했던 최악의 사태는 일본이 일소중립조약을 파기하고 대소對蘇 개전으로 치닫는 것이었다. 일본이 시베리아로 진격해올 경우, 소련은 동서로부터 협공을 받게 된다. 그때는 소련이 당시의 일본과 같은 입장에 처해 있었던 것이다.

실제로 관동군關東軍은 1941년 7월, 관동군 특종연습[關特演]을 발동해 소만蘇滿 국경 주변에 60만이 넘는 대병력을 집결시키고 소련으로 진격할 태세였다. 그러나 일본 정부는 막판에 대소 개전을 자제

| 일소중립협정, 1941년 4월 13일. 소련은 4년 후 협정을 파기하고 45년 8월 8일 대일 선전포고를 한다. |

하고 유럽 전세戰勢를 관망했다. 결국 반년 후에 일본은 창끝을 소련이 아니라 미국으로 향함으로써 소련에 대한 일본의 위협은 현저하게 줄었고, 독소전에서 소련이 우위를 차지하는 것과 반비례하여 일본의 전황은 악화되고 일본과 소련의 관계도 역전되고 말았다.

육군 내부에서는 독소전에서 독일의 불리한 전황이 명백해지자 독소 화평을 적극적으로 추진하려는 의견이 강력해졌다. 이탈리아가 항복한 후인 1943년 9월 30일에 열린 어전회의御前會議에서는 일소 개전 저지와 독소 화평 주선이 결정되었다.

이듬해 1944년 여름의 사이판 함락으로 절대국방권絶對國防圈이 붕괴되고, 유럽에서는 노르망디 상륙작전으로 제2전선이 형성되어 독일의 패세敗勢가 짙어지면서부터 고이소 구니아키小磯国昭 내각은 시게미쓰 마모루重光葵 외상의 주도로 적극적인 대소 화평공작에 나서게 되었다.

육군을 중심으로 한 대소 화평공작 추진파는 정치체제도 신조도 다른 미국·영국과 소련 사이에는 조만간 균열이 생길 것이라는 희망적 관측을 바탕으로 소련을 연합국에게서 떼놓으려 했다. 그러나 상식적으로 생각해보면 연합국의 일원인 편이 훨씬 더 많은 이익을 예상할 수 있는 상황에서 군이 일본과 독일에 협력한다는 것은 있을 수 없는 일로, 당연히 소련은 일본의 화평 알선을 거부했다.

1943년 10월에 모스크바에서 개최된 미·영·소 3국 외상회담 마지막 날(30일)에 스탈린은 미국의 헐 국무장관에게 독일 항복 후의 대일참전을 명언하였으며, 이어서 11월 28일에 개최된 테헤란회담에서 루스벨트에게 대일참전 의사를 전달했다. 일본의 안이한 기대와는 정반대로 대일참전의 현실화가 미국과 소련 사이에서 이미 논의되고 있었던 것이다.

그리고 이듬해 1944년 11월 7일 혁명기념일에 스탈린은 아직 교전국이 아닌 일본을 공공연하게 지목해 비판하였으며, 그 이듬해 1945년 2월 얄타회담 이후의 경과는 앞에서 언급한 바와 같다. 일본은 전쟁의 최종국면에서 명백해진 미소의 냉혹한 리얼리즘에 대해 너무나도 무방비한 상태였다. 그 무방비함이 제국을 완벽한 붕괴로 이끌어갔다.

포츠담선언 수락을 둘러싼 국내 정치 차원의 흥정에 몰두하는 사이에 많은 것을 놓치고 말았던 것이다. 그리고 다른 한편으로 미국과 소련의 그림자는 대일본제국 영역 내부와 조선·타이완·만주·남양군도·사할린에까지 드리워졌고, '제국 이후' 이들 지역에 중대한 영향을 미치게 된다.

다음 장에서부터는 포츠담선언 수락을 둘러싼 국내 정국의 혼미와 '선언' 수락을 알리는 옥음방송玉音放送2 이후 대일본제국 영역 내에서 벌어지는 혼란을 규명할 것이다. 그리고 그 가운데서 대일본제국 붕괴의 역사적 의미를 음미하게 될 것이다.

---

2   1945년 8월 15일, 일본 히로히토 천황이 정오에 NHK 라디오 방송을 통해 '종전조서終戰の詔書'를 읽어내려간 것을 지칭하는 용어이다. '종전조서'는 이 책에도 나오는 것처럼 몇 차례의 수정을 거친 후 천황의 재가를 받아 완성되었으며, 8월 14일 밤 11시 20분부터 황궁에 임시로 설치한 녹음실에서 천황이 직접 낭독한 내용을 녹음했다. 약 5분에 걸쳐 낭독된 '종전조서'는 음반 두 장에 기록되었으며, 이 음반은 도쿠가와德川 의전비서가 8월 15일 정오방송 때까지 보관했다. 하지만 결사항전을 외치는 일부 육군세력들이 이 음반을 탈취하려는 사건(궁성사건'宮城事件')을 일으키기로 했으나 결국 실패로 끝난다. 종전조서 낭독은 1945년 8월 15일, 정오에 방송되었으며, 천황이 낭독하기 전에 아나운서는 일본 국민들에게 기립을 요구하며 천황의 칙어勅語가 발표된다고 알렸다. 국가인 '기미가요'가 연주되고 곧바로 '종전조서'가 약 5분간 낭독되었고, 다시 기미가요가 연주되었다. 당시 거의 대부분 일본 국민들은 히로히토 천황의 목소리를 처음 들었으며, 열악한 방송 음질과 일반 국민들은 이해하기 어려운 한문용어, 히로히토 천황 특유의 웅얼거리는 듯한 목소리로 인해 곧바로 알아듣는 국민이 거의 없었다고 한다. 하지만 이후 아나운서의 보충 설명을 통해 비로소 일본이 연합국에게 무조건 항복했다는 사실을 알았다고 한다.

제2장

도쿄
'제국', 해체의 길

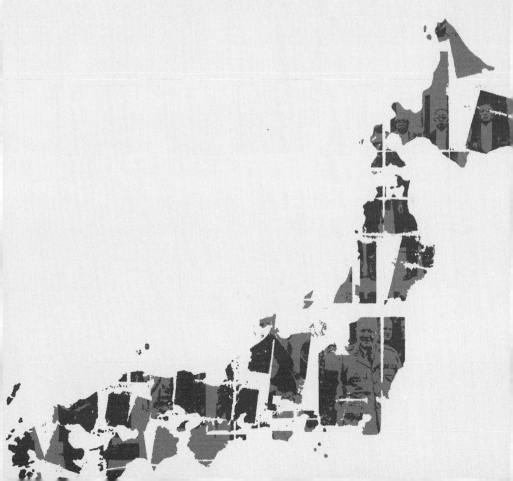

가동되지 못한 외교 루트

일본 정부는 1945년 7월 27일 샌프란시스코를 경유해서 발신되는 단파방송을 통해 포츠담선언 발표 사실을 알게 되었다. 그러나 이 선언은 일본을 대상으로 공표된 것이었음에도 불구하고 공식 루트를 통해 일본에 전달된 것은 아니었다. 전쟁이 일어나면 당사국 간의 공식 루트는 단절되지만 중립국이 이익대변 국가로서 공식 루트의 역할을 수행하는 것이 국제적 관행이다. 일본의 경우 미국·중국과의 사이에는 스위스가, 영국(일소 개전 후에는 소련도 포함)과의 사이에는 스웨덴이 그러한 역할을 맡고 있었다. 따라서 포츠담선언을 공식적인 것으로 발표할 경우, 스위스를 경유해서 일본에 전달하고, 일본도 스위스를 경유해서 미국에 회답하는 것이 정식 절차이다.

그러나 당시 외무성 정무국 제5과장이었던 가세 도시카즈加瀬俊一가 "선언은 3국 정부가 일방적으로 공표한 것이며, 우리 정부에 정식으로 통보되지 않았다"라고 기록하고 있는 것(《ミズリー号への道程》)처럼 정식 절차를 밟지 않고 단지 단파방송으로 내보냈을 뿐이었다.

한편 미국 정부 내에서는 포츠담선언을 프로퍼갠더로서 방송하는 것으로 한정하고 외교 루트를 통해 일본 측에 전달하는 방안은 애초부터 생각하지도 않았다. 오히려 1943년 12월 1일에 발표된 카이로선언─루스벨트, 처칠, 장제스에 의한 연합국의 대일기본방침─과 같은 성격이었다고 할 수 있지만 구체적인 전쟁종결을 요구한 것치고는 상대국의 반응을 상정한 것이라고 할 수 없는 실로 기묘한 선언이었다.

한편 은밀하게 전쟁종결을 꾀하고 있던 수상 스즈키 간타로鈴木貫太郎에게는 어떤 형태이든 포츠담선언은 절호의 기회였다. 단파방송을 통해 포츠담선언을 알게 된 27일, 최고전쟁지도회의는 '선언'을 어떻게 받아들일 것인가에 대해 의견을 교환했다. 그러나 그 무렵, 도고 시게노리東鄉茂德 외상의 지휘 하에 소련을 통한 화평교섭이 진행되고 있다는 사실이 사태를 한층 복잡하게 만들었다.

짙어진 패색

일본의 전국戰局은 악화일로를 걷고 있었다. 1944년 10월에 벌어진 레이테만 해전Battle of Leyte Gulf[1]에서 연합함대는 사실상 괴멸되었으며, 이듬해인 1945년 2월에는 미일전美日戰 사상 유일한 대규모 시가전의 결과, 필리핀의 마닐라가 함락되었고, 3월에는 이오지마硫黄島가 점령되었다. 또 4월 1일에는 오키나와沖繩 본토에 미군이 상륙하였으며, 7일에는 전함 야마토大和의 '수상특공[菊水作戰]'도 참담한 패배로 끝나고 말았다. 이런 가운데 중국에 대한 화평공작이 정체상태에 빠지자 고이소小磯 내각은 5일에 총사직하고, 추밀원 의장이었던 스즈키 간타로를 수반으로 한 새 내각이 7일 출범했다.

8년여씩이나 시종장侍從長을 지내는 동안 쇼와昭和천황의 신임이 두터웠던 스즈키 수상은 자신의 손으로 전쟁을 종결시키겠다고 내심 각오하고 있었다. 그러나 해군사관으로서 청일·러일전쟁에도

1　제2차 세계대전 중인 1944년 10월 23일부터 25일에 걸쳐 필리핀 및 주변 해역에서 발생한 일본 해군과 미국 해군 사이에 전개된 일련의 해전을 말한다.

참전한 경험이 있는 77세의 재상에게 육군 강경파를 제압하면서 종전으로 연착륙하는 것은 결코 쉬운 일이 아니었다. 실제로 조기화평파早期和平派인 고노에 후미마로近衛文麿나 내대신內大臣 기도 고이치木戸幸一 등으로부터는 우유부단하다는 비판을 받기도 했다.

이전의 고이소 내각은 대소對蘇·대중對中 화평공작을 통해 악화되고 있는 전쟁의 활로를 찾고자 했다. 그래서 왕자오밍汪兆銘 정권의 고시원考試院 부원장이던 무먀오빈繆斌을 통한 충칭重慶 국민정부와의 화평공작[繆斌工作]에 희망을 걸었다. 그러나 충칭 측의 진의도 불확실한 상태에서 안이한 기대를 거는 고이소 수상에게 시게미쓰 외상을 중심으로 내각에서는 반대 의견이 속출했다. 결국 이러한 과실이 한 요인이 되어 고이소는 총사직으로까지 내몰리게 되었다.

중국 산둥山東 반도와 미크로네시아 지역의 국지전에서 끝난 제1차 세계대전을 비롯해 40년 전 러일전쟁으로 미국이 중개했던 포츠머스 강화회의 이래, 일본은 전쟁종결을 위한 외교경험을 전혀 갖지 못했다. 중국이나 소련 이외에도 전쟁 말기에 스웨덴[2]이나 스위스[3], 바티칸을 통한 화평공작이 임기응변식으로 이루어진 것은 정부 내에서조차 정보가 공유되지 못한 탓도 있었지만, 이러한 외교경험의 미숙함이 그 배경에 있었다.

---

2 1945년 4월, 시베리아를 경유하여 귀국한 주일 스웨덴 공사 밧게를 통해 연합국 측에 화평조건을 탐색하고자 한 사실을 말한다.

3 스위스 주재 해군 무관 후지무라 요시로藤村義朗 중좌 등이 미국의 정보 참모기관의 알렌 덜레스와 접촉을 시도한 '덜레스 공작'을 말한다.

소련에 대폭양보 제안

스즈키 내각은 전쟁종결을 모색하지 않으면 안 되었다. 중국에 대한 화평공작이 파탄에 이른 이상 마지막 희망은 소련밖에 없었다. 5월 11~14일 사흘간에 걸쳐 개최된 최고전쟁지도자회의(고이소 내각이 1944년 8월에 대본영정부연락회의를 폐지하고 설치한 조직)에서 ①대일참전 저지, ②호의적 중립의 획득, ③전쟁종결에 유리한 중개 의뢰, 이 세 가지가 소련에 대한 교섭방침으로 결정되었다.

나아가 그 대가로 ①사할린 남부의 반환 ②소련 수역에서의 어업권 포기 ③쓰가루津軽 해협의 개방 ④구舊 러시아 세력권이었던 북만주에 있는 몇몇 철도의 할양 ⑤내몽골의 소련 세력 범위의 용인 ⑥뤼순·다롄의 조차권 양도, 나아가 경우에 따라서는 치시마 열도의 북쪽 절반을 양도하는 것까지 인정하되, 조선의 확보 및 남만주의 중립지대화와 만주국의 독립은 유지하는 것으로 합의를 보았다.

일본으로서는 극적인 대폭양보라 할 수 있는 것으로, 이를 바탕으로 6월 3일부터 히로타 고키広田弘毅 전 외상과 야콥 말리크Jacob Malik 주일 소련대사 사이에 교섭이 시작되었다. 그러나 그 사이 23일에 오키나와 전투가 일본의 완패로 끝났으며, 교섭은 진척을 보지 못한 채 29일에는 히로타가 일소 상호불가침을 목적으로 한 협정체결을 제안했다. 만주국의 중립화, 석유공급을 교환조건으로 한 어업권의 포기, 나아가 소련 측이 희망하는 조건을 고려한다는 것까지 덧붙였지만 말리크가 병이 났다는 핑계로 응하지 않아 교섭은 틀어지고 말았다.

대소 화평교섭이 좌절된 한편, 포츠담회담 개최 소식이 전해져

초조해진 일본 정부는 고노에 후미마로近衛文麿를 천황특사로 소련에 파견해 직접 교섭을 벌이기로 결정했다. 그러나 7월 13일의 고노에 특사파견 신청에 대해 소련은 즉각적인 회답을 주지 않으면서 포츠담회담이 시작되는 18일이 되어서야 고노에 특파의 목적이 명확하지 않기 때문에 회답을 할 수 없다고 전해왔다. 사실상의 교섭거부였다. 그러나 명확하게 거부 의사를 표명하지 않은 것이 바로 소련 외교의 노련함이었다.

| 야콥 말리크 |

이미 대일참전을 결정한 스탈린은 포츠담에서 미국으로부터 확실한 합의를 얻어 연합국의 일원이라는 대의명분을 갖고 참전하는 것을 노리고 있

| 히로타 고키 |

었다. 포츠담회담에서는 일본 측의 화평중개 의뢰가 있었다는 사실을 미·영 수뇌에게 폭로하고 자신들은 중개할 의사가 전혀 없다고 명언했다. 한편 미국은 소련으로부터 정보를 제공받고 표면상으로는 기뻐했지만, 이미 훨씬 전부터 일본 외무성과 주駐소련대사관 사이에 오간 암호전보를 해독해 화평공작 움직임을 알고 있었다는 사실은 조금도 내색하지 않았다.

외무성의 인식

이처럼 일본의 대소 화평공작은 비장함을 넘어 우스꽝스럽기조차 한 것이었다. 그럼에도 불구하고 외무성은 어디까지나 교섭을 계속하라고 사토 나오타케佐藤尙武 주소련대사에게 훈령했다. 처음부터 대소 화평공작에 회의적이었던 사토는 전쟁종결을 진언하는, 비통하기까지 한 전보를 줄곧 본국에 송신했다.

7월 27일, 도고 시게노리 외상 앞으로 보낸 전신에서는 "이번 대전종결 같은 큰 문제를 제기함에 있어 우리 쪽의 확고한 결심도 없이 오로지 빙빙 돌려서 설득하는 방식으로 우리의 의도를 설명하고 소련을 움직이려는 불철저한 방법은 도저히 생각할 수 없는 일"이라며 정부의 성숙하지 못한 대응을 격렬하게 비판했다(《大東亞戰爭關係一件》第一卷).

분명한 사실은 히로타와 말리크 회담 이후 일본은 소련에게 무엇을 원하고 있는지, 또 소련에게 구체적으로 어떤 대가를 지불할 수 있는지 모호한 상태인 채 단지 외교 교과서적으로 상대의 진의 파악에만 시종일관 매달렸다는 것이다. 결국 붕괴 직전 상태에 처한 국가의 '화평공작'이라고는 할 수 없었다. 실제로 몰로토프 외상은 말리크에게, 일본이 구체안을 제시해오지 않는 이상 상대할 필요도 없다고 냉정하게 잘라 말했다(《外交なき戰爭の終末》).

미일개전 시 외상을 지내고(이듬해 9월에 사임), 스즈키 내각에서 외상으로 복귀한 도고 시게노리도 대소 화평공작은 이미 때가 늦었다는 것을 충분히 자각하고 있었다. 오히려 본토결전을 주장하는 육군을 억눌러 전쟁을 조기에 종결시킬 기회를 엿보고 있던 도고는 육군이 바라는 대소 화평공작을 이용해서 일거에 종전을 이끌어내려 했다.

그러나 그가 대소 화평의 중개 역할을 기대한 히로타는 그 진의를 이해하지 못했으며, 또 주소대사 사토가 애매한 교섭태도를 비판한 것처럼 대소 화평교섭은 외무성 내부에서도 일치된 견해가 존재하지 않았다.

게다가 사토는 참모본부가 이전부터 경질을 요구했던 것처럼 군부에서도 좋은 평판을 얻지 못하고 있었다. 결국 아무런 기본적 합의도 없이 상호불신 속에서 진행된 도고의 대소 화평공작은 외교전에서 이미 소련에 지고 있었던 것이다.

화평공작의 목적

육군이 중심이 되어 추진한 대소 화평공작에 대해 외무성은 처음부터 내켜하지 않았다. 앞서 언급한 5월 11일부터 극비로 열린 최고전쟁지도회의 구성원회의(이때의 회의는 정확히 지도회의의 구성원 여섯 명, 즉 스즈키 수상과 도고 외무대신, 아나미 고레치카阿南惟幾 육군대신, 요나이 미쓰마사米內光政 해군대신, 우메즈 요시지로梅津美治郎 참모총장, 오이카와 고시로及川古志郎 군령부총장의 회합)에서 우메즈 참모총장은 소련군이 극동 방면으로 활발하게 이동하고 있기 때문에, 태평양 방면으로부터의 공격과 그 위로 가해지는 만주 방면으로부터의 공격에는 대처할 수 없으므로 소련의 참전을 외교로 저지해야 한다는 의견을 제시했다. 이것이 전쟁 막바지에 대소 화평공작을 시도하게 된 계기였다.

참모총장이 되기 전에 관동군 사령관을 지낸 우메즈는 1939년

'노몬한 사건'[4]으로 타격을 입은 관동군의 재건에 수완을 발휘했지만, 미일개전 후 급속히 진행된 관동군의 전력 저하에 줄곧 골치를 앓고 있었다. 지도회의 구성원들 중에서 우메즈는 대소전에서 관동군이 제 역할을 하지 못할 것이라는 인식이 명확했고, 그런 만큼 무슨 수를 써서라도 소련의 참전을 저지하지 않으면 안 된다는 생각에 초조했던 것이다.

벌써부터 육군은 극동 방면에서 소련군의 증강과 대일참전 기색을 살피고 있었다. 육군의 대소작전 준비에 관해서는 제4장에서 상세하게 언급하겠지만, 1년여 전부터 대본영大本營에서는 소련참전을 상정한 장기지구전 태세로 전환을 도모하기 시작했고, 1945년 1월에는 관동군이 만주 동남부와 조선 북부를 확보하기 위한 지구전 계획을 수립해놓은 상태였다. 그래서 만약 소련이 참전할 경우 만주 북부와 서부를 포기하기로 이미 결정해두었다. 그리고 최고전쟁지도회의에서 대소 화평공작이 결정된 후인 5월 30일, 대본영은 관동군에 대해 대소작전 준비명령을 시달하였으며, 관동군은 당초 계획에 입각해 만주 전역의 4분의 3을 포기하고 동부 산악지대와 조선 북부에서 대소 지구전에 돌입하기 위한 준비를 개시했다.

육군은 외무성의 화평공작에 미약한 기대를 걸었을 뿐 그저 수수방관하고 있었던 것은 아니었다. 본토결전의 일환으로 소련참전을 상정한 작전계획을 실행에 옮기고 있었다. 하지만 관동군의 전력이 현저하게 약화됨으로써 소련참전이 일본의 군사적 붕괴로 이어질 것이라는 사실은 불을 보듯 뻔한 일이었다. 육군의 목적은 가능한

---

[4]　1939년 5월부터 9월에 걸쳐 만주국과 몽골인민공화국 사이의 국경선을 둘러싸고 일본군과 소련군 사이에 벌어진 국경분쟁사건. 결과는 일본군의 참패로 끝났다.

한 참전을 지연시켜서 단지 시간을 벌겠다는 불확실한 목적뿐이었다. 그렇게 함으로써 점차 다가오는 미군과의 본토결전에서 소련이 단지 방관해주기만을 바라는 기대감이 만연해 있었다. 군사적 파국에 직면했다는 현실과 소련참전이라는 불길한 전조 앞에서 육군의 엘리트 막료들은 냉정한 사고를 완전히 상실하고 있었던 것이다.

다른 한편, 포츠담선언의 내용에 대해서는 육군도 큰 관심을 갖고 있었다. 특히 포츠담선언에 소련의 가담 여부가 문제가 되었지만 선언에 그 이름은 없었다. 트루먼이 소련을 무시하고 혼자 작성한 것이 스탈린의 초조감을 불러일으켰다는 사실은 짐작조차 하지 못한 채 소련이 중개할 의사를 갖고 있다는 정반대의 판단 착오를 범하고 말았던 것이다.

애매한 대응의 귀결

스즈키 수상은 육군과 외무성이 전혀 다른 의도를 갖고 있으면서도 표면적으로는 대소 화평공작을 주장하는 이상 양자의 균형을 잡는 것 이외에 달리 방법이 없었다. 그런 가운데 포츠담선언이 발표되었지만, 결국은 소련을 통한 화평교섭에 달렸다는 양측의 타협으로 포츠담선언을 관망할 수밖에 없었다. 그러나 본토결전에 의한 철저항전을 주장하는 육군의 눈치를 보면서 신중한 태도를 보이던 중에 '묵살黙殺'이라는 정부 발표가 언론을 통해 흘러나왔다. 이러한 정부의 애매한 대응이 8월 6일의 히로시마廣島 원폭투하, 나아가 8일의 소련의 대일 선전포고로 이어지게 된 것이다.

그러나 실제로는 나카 아키라仲晃의 연구(《黙殺−ポツダム宣言の真実と日本の運命》〈上〉)가 밝히고 있는 것처럼, 전후 일본에서 논의되고 있는 것처럼 '묵살' 발언이 미국의 원폭투하와 소련의 대일참전의 원인이 된 것은 아니었다. 트루먼은 포츠담선언에 대한 일본 정부의 반응에는 그다지 관심을 보이지 않았으며, 처음부터 원폭투하를 결심하고 있었다고 봐야 할 것이다. 선언의 발표에 이르기까지 트루먼의 행동을 자세히 검토해보면, 포츠담선언은 차라리 원폭투하를 준비하는 정치적 의식儀式이었다고 할 수 있다.

일본의 일거수일투족에서 다음 행동(원폭투하와 대일참전)을 정당화할 구실을 엿보고 있던 미국과 소련에게 일본의 행동이나 발언 내용은 사실 특별한 의미가 없었다. 일본은 미일개전 당시에도 외교적 미숙으로 '속임수 도발'이라는 절호의 공격소재를 미국에 안겨주고 말았지만, 전쟁종결 과정에서도 포츠담선언에 대한 애매한 대응으로 미국과 소련에게 자신들의 행동을 정당화하는 절호의 구실을 제공했던 것이다.

조약을 연장하지 않을 것이라고 통고했지만 일소중립조약은 다음해(1946년)까지 유효했으며, 대일선전의 대의명분이 되어야 할 포츠담선언에서 소련은 배제되어 있었다. 그런 상황에서 포츠담선언을 둘러싼 일본 정부의 서투른 대응이 절호의 기회를 안겨주었다.

히로시마에 원폭이 투하되었다는 정보가 모스크바에 전해진 것은 8월 7일 오전이었다. 전쟁의 열매는 힘으로 따지 않으면 확실히 맛볼 수 없다는 것을 잘 알고 있던 스탈린은 그날 오후, 극동소련군에게 대일 군사작전 발동을 지령했다.

소련의 대일 선전포고

8월 8일, 화평공작은 아무 의미 없는 일이라는 사실을 알면서도 소련의 회답을 줄곧 기다리고 있던 사토에게 몰로토프로부터 오후 5시(일본 시간 오후 11시)에 크레믈린으로 와달라는 연락이 왔다. 화평공작에 대한 회답일 것으로 생각하고 찾아간 사토에게 몰로토프는, 세계평화를 추구한 포츠담선언을 거부한 일본은 평화의 적이므로 9일부터 전쟁상태에 들어간다는, 일본에 대한 선전포고를 일방적으로 전달했다. 더욱이 이와 같은 소련의 참전과 포츠담선언 참가는 미·영·중 3국의 양해 없이 이루어진 일방적 참전이었다.

게다가 소련은 교묘한 함정을 마련해두고 있었다. 선전포고 직후 사토를 비롯한 일본대사관 직원들은 몰로토프에게 전달받은 선전포고문을 다급하게 도쿄의 외무성에 타전했는데, 뒷날 사토나 마쓰모토 슌이치松本俊一 외무차관이 회상하고 있는 것처럼 이 선전포고문은 외무성에 전달조차 되지 못했다(《日本のいちばん長い夏》). 소련은 일본대사관에서 발신되는 통신을 차단하고 있었던 것이다.

일본 정부는 소련의 선전포고를 알지 못한 채 소련군의 공격에 직면하게 되었다. 모스크바 시간보다 여섯 시간 빠른 자바이칼5 시간 9일 오전 0시를 공격개시 시간으로 정했다는 것을 봐도 시간벌기의 속셈이 있었다는 것은 명백한 일이었다.

몰로토프는 얄타회담 직후, 일본이 회담 내용을 문의했을 때 일본에 관한 협의는 없었다고 대답했으며, 일소중립조약을 연장하지

5　러시아의 동시베리아에 위치한 지역으로 바이칼 호의 동쪽 지역.

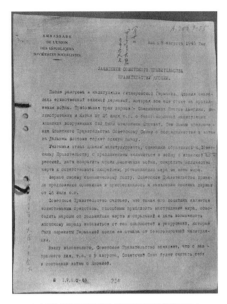

| 소련이 일본에 보낸 대일 선전포고 통지문(8월 8일) |

않는다고 통고할 때도 사토 대사에게 중립유지라는 소련의 자세에는 변함이 없다고 말했다. 결국 일본은 몰로토프의 술책에 완전히 넘어가버렸던 것이다.

절차만을 고집한 결과, 하찮은 실수를 범한 일본의 대미선전포고와 달리, 소련은 훨씬 더 교묘한 수법–표면적으로는 국제규정에 따르면서도 실제로는 이를 위반한–을 사용하면서 공격을 개시했던 것이다. 포츠담선언이나 소련의 대일선전포고 방식을 보면, 개전이나 종전에 관한 국제규정이 얼마나 모호하고 강대국의 편의에 따라 왜곡되는지, 또 한편으로는 절차의 정당성이라는 하찮은 기술에 집착하는 것이 얼마나 우스운 일인지 알게 된다.

포츠담선언에 참여하지 않았던 소련이 포츠담선언 수락 거부를 참전 구실로 삼기에는 상당한 무리가 있었다. 그러나 소련으로서는 구실만 있으면 아무리 이치에 맞지 않더라도 문제가 되지 않았다. 선전포고를 한 후, 자바이칼 시간으로 9일 오전 0시에 소만蘇滿 국경에 진주하고 있던 소련군은 일제히 만주로 밀어닥쳤다. 소련군의 진격은 만주에 그치지 않고 조선 북부는 물론 사할린 남부와 극동 전역으로 파급되었다.

소련을 최후의 보루로 삼아 연합국과 화평공작을 시도하려 했음에도 불구하고 보기 좋게 배반당한 일본 정부는 소련에 맞서 선전포고를 하지 않았다. 육군은 이 지경에 이르러서도 화평의 실마리를 남겨두기 위해 선전포고에 반대했다고 하지만, 외무성으로서는 일소중립조약을 위반한 소련에 도의적 우위성을 확보하기 위한 유일한 저항이기도 했다.

참전 다음날인 10일에 말리크 주일대사를 면담한 자리에서 소련의 선전포고를 전해들은 도고 외상은 소련의 부당행위와 포츠담선언 거부 사실 확인에 소홀했던 것을 비난하면서 소련이 취한 태도는 후일 역사의 비판을 받게 될 것이라고 말하는 것이 고작이었다.

소련참전의 충격

미일개전 후, 일본의 전역戰域은 태평양지역이 주전장이었으며, 전쟁 말기에는 일본 본토가 태평양 방면으로부터 공격을 받았다. 한편 조선이나 만주국은 공습이 있긴 했지만 거의 피해를 입지 않았다. 그런 상황에서 돌연 소련군이 진격해 지상전이 시작되었다. 이렇게 해서 대일본제국의 전 영역이 전화戰禍에 휩싸여 붕괴해갔다.

소련의 참전으로 일본의 지도층이 받은 충격을 이루 다 헤아릴 수 없었다. 천황의 측근으로 조기화평파였던 기도 고이치 내대신의 일기에 의하면, 8월 9일 쇼와천황이 전쟁종결을 서두를 것을 기도에게 지시한 내용이 다음과 같이 적혀 있다.

오전 9시 55분부터 10시에 걸쳐 황실 서고에서 배알하다. 소련이 우리 나라에 선전포고를 하고 오늘부터 교전에 들어갔다. 따라서 전국戰局의 수습에 관해 급속히 연구하고 결정해야 할 필요가 있다고 생각하므로 수상과 충분히 간담을 갖도록 하라는 말씀이 있었다. 다행히 오늘 아침 수상과의 면담이 예정되어 있어서 곧바로 협의를 해야 할 것이라고 아뢰었다(《木戸幸一日記》).

같은 날, 미군은 나가사키長崎에 원폭을 투하했다. 기도는 약 한 시간 후에 다시 천황을 배알하고 나가사키에 원폭이 투하되었다고 보고했음에도 불구하고 일기에는 그에 관한 내용을 일체 적지 않았다. 다른 정계 지도자들의 일기에도 나가사키 원폭투하를 기술한 것은 의외로 적고, 소련참전 일색으로 도배되어 있다. 그만큼 소련 참전의 충격이 컸던 것이다.

포츠담선언이 발표되고 이를 한 차례 '묵살'한 정부의 관심은 본토결전을 외치는 주전파主戰派에 끌려가고 있는 육군을 어떻게 하면 제지할 것인가에 있었으며, 소련의 참전으로 인해 포츠담선언 수락은 잠시도 유예할 수 없는 일임을 깨달았다. 이를 전기로 패전을 향한 절차를 밟아나가기 시작했지만, 그럼에도 그렇게 하기까지는 일주일이 넘는 시간이 걸렸다.

육군 중에서도 중견 엘리트층이 가장 강경한 주전파였다. 그러나 소련참전이라는 엄중한 현실을 직시하는 사람은 거의 없었다. 대본영 육군부陸軍部 내에서는 소련참전의 제1보가 날아들자 즉시 〈소련의 참전에 따른 전쟁지도대강(안)〉이 작성되었는데, 놀랍게도 여기서는 아직도 전쟁의 계속과 '황실을 중심으로 하는 국체호지國体護持

및 국가 독립유지를 최소한'으로 해서 소련을 통한 화평교섭을 계속한다는 것을 방침으로 삼고 있었다. 게다가 여기서 중요한 움직임이 발견되는데, 그것은 계엄령 시행을 통한 군사정부 수립이라는 쿠데타 계획의 부상이었다(《機密戰爭日誌》).

8월 9일 회의 - 분열된 내각

소련참전이라는 최악의 사태가 목전에 다가왔음에도 불구하고 육군 내부에서는 광신적인 본토결전을 주창하는 목소리가 높아지고 있었다. 그 연장선상에서 육군이 주도하는 쿠데타가 현실로 다가오고 있었다. 2·26사건[6]을 상기시키는 육군 쿠데타의 그림자는 정부 내 화평파에게 불안한 위압감과 공포심을 갖게 만들었다.

한편 조기화평을 지향하는 그룹 중에서도 고노에나 기도 등의 그룹은 이 같은 육군 쿠데타 이상으로 공산주의자들의 혁명을 우려하고 있었다. 〈고노에 상주문近衛上奏文〉에서는 전쟁종결을 도모하는 이유를, 군부 등의 배후에 있는 공산분자에 의한 공산혁명을 저지하고 국체를 호지하기 위함이라고 적고 있다. 철저한 탄압으로 일본

6　1936년 2월 26일 일본 육군의 황도파 청년장교들이 반란사건. 1930년대 일본 군부 내에서 청년장교를 중심으로 특권계급을 제거해 국가개조를 해야 한다고 주장하는 황도파皇道派와 중앙집권적 통제를 강화해 총력전을 수행할 수 있는 고도국방국가高度國防國家를 수립해야 한다는 고급 군인 중심의 통제파統制派 사이에 파벌싸움이 벌어졌다. 하지만 방법만이 다를 뿐 두 파벌 모두 군부독재체제와 파시즘체제 수립을 향한다는 점은 마찬가지였다. 1936년 2월 26일 새벽에 황도파 청년장교들은 1천 400여 명의 병력으로 내각 인사와 주요 기관을 습격해 내대신과 대장상 등을 살해하고 통제파 숙청과 군사정권 수립을 요구했다. 하지만 천황과 국민의 반대로 쿠데타는 결국 실패로 돌아가고 말았다. 이 사건으로 외상 히로타 고키廣田弘毅를 수반으로 하는 내각이 수립되었는데, 쿠데타 위협을 악용해 정치에 관여하는 육군을 막아내지 못하여 결국 군부의 꼭두각시로 전락하고 말았다. 그 후 군과 정부는 독점자본과의 유착·군비확장·민중탄압을 강화하여 파시즘이 득세하게 되었다.

공산당은 파멸상태에 있었음에도 불구하고 그들은 군부의 주전파 중에 공산분자가 있다는 망상에 사로잡혀 있었던 것이다.

전쟁 막바지의 일본은 제1차 세계대전에서 패한 결과, 제정러시아를 붕괴시킨 러시아혁명 전야와 흡사했다. 공산주의 소련의 참전으로 패전과 함께 국민의 불만을 흡수한 공산혁명이라는 환영은 그들로 하여금 조기화평을 서두르게 하는 심리적 압력으로 작용했던 것이다.

기도로부터 '성지聖旨'를 전해들은 스즈키 수상은 8월 9일 오전 10시 반부터 최고전쟁지도회의 구성원회의(수상·육해군 대신·참모총장·군령부 총장·외상을 합한 여섯 명)를 개최했다. 그 자리에서 스즈키 수상과 도고 외상, 요나이 해군대신은 황실유지, 즉 국체호지의 유보만을 조건으로 수락해야 한다고 주장했으나, 아나미 육군대신을 비롯한 우메즈 참모총장과 도요타 소에무豊田副武 군령부 총장(5월 말에 오이카와及川에 이어 취임)은 ① 일본군의 자주적 철병 ② 전쟁 책임자의 자주적 처벌 ③ 연합국에 의한 보장점령保障占領7은 하지 않는다는 세 가지 조건도 추가해야 한다고 주장하며 물러서지 않았다. 이런 지경에 이르러서조차도 군부는 체면에 구애되어 일본의 입장에 맞는 조건을 나열하며 저항했던 것이다.

이 회의 도중 나가사키에 원폭이 투하된 사실이 전해졌다. 그러나 구성원회의에서는 아무런 결론도 내리지 못한 채 오후 2시 반에 열리는 각의로 결정을 미루었다. 각의에서는 장장 세 시간이나 논의를 계속하다가 한 시간 휴회한 뒤에 다시 오후 6시 반부터 회

7　조약상의 일정조건 이행을 상대국에 간접적으로 강제하는 수단으로, 상대국 영역領域의 일부나 때로는 전부를 점령하는 것을 말한다.

의를 재개했지만 역시 결정을 내리지 못했다. 다만 각료 가운데 전쟁 계속을 완강하게 주장한 이는 없었고, 외무대신 측의 한 가지 조건과 육군대신 측의 네 가지 조건 중 어디에 찬성할 것인가가 문제의 핵심이었다. 그러한 가운데 대소 화평공작이 실패한 이상, 내각은 총사직해야 하지 않겠는가라는 오타 고조太田耕造 문부대신의 발언에 스즈키 수상은 총사직을 완강히 거부하고 현 내각에서 책임을 지겠다는 각오를 밝혔다. 아나미 육군대신을 포함한 다른 각료들도 총사직론에 동조하는 사람은 없었다(〈阿南日記〉〈終戰時ノ記録〉). 결국 오후 10시 반, 아무런 결정도 하지 못하고 산회한 뒤, 스즈키 수상은 마침내 쇼와천황에게 성단聖斷을 요청하기로 결단을 내렸다.

첫 번째 성단-포츠담선언 수락

스즈키 수상은 8월 9일 오후 11시경, 천황을 배알한 자리에서 어전회의를 개최하고, 추밀원 의장 히라누마 기이치로平沼騏一郎의 출석을 허가해달라고 요청했다. 그러고 나서 11시 50분부터 황거皇居의 문고가 있는 지하참호에서 어전회의가 열렸다. 15평 정도의 지하참호 정면에 둘러쳐진 여섯 폭의 금병풍을 배경으로 육군 약식복장 차림의 천황이 자리를 잡았고, 그 오른쪽으로 스즈키와 아나미, 우메즈, 그 왼쪽으로 히라누마와 요나이, 도고, 도요타가 착석했다. 이들 외에 논의에 가담하지는 않았지만, 최고전쟁지도회의 멤버로서 육군성 군무국장 요시즈미 마사오吉積正雄와 해군성 군무국장 호시나 젠시로保科善四郎, 종합계획국장관 이케다 스미히사池田純久, 내각 서기관

| 8월 9일의 어전회의 |

장 사코미즈 히사쓰네迫水久常가 열석하였으며, 시종무관장 하스누마
시게루蓮沼蕃가 천황의 오른쪽 구석에 배석자로 대기했다.

회의 초반에 도고가 포츠담선언 수락은 불가피하다고 말하자, 아
나미는 본토결전을 주장했다. 요나이는 도고에 동조했고, 히라누마
는 무려 40여 분에 걸쳐 육해군 대신에게 질문을 거듭한 끝에 도고
의 주장에 찬성했으며, 우메즈와 도요타는 아나미의 주장에 동조했
다. 그 결과 선언수락이냐 본토결전이냐는 3대 3으로 양분되어 남은
스즈키의 거취가 주목되었으나 그는 자신의 의견을 말하는 대신 자
리에서 일어나 천황 앞으로 다가가 성단을 내려주기를 진언했다. 천
황은 스즈키가 자리에 앉는 것을 보고 "계획에 실행이 따르지 못한
다"며 본토결전론을 철회하고 "견디기 어려운 것을 견뎌내지 않으면
안 된다"는 말로 포츠담선언 수락에 찬성한다는 뜻을 밝혔다.

천황의 발언이 끝나자 참석자들 사이에서 오열하는 소리가 새어

나오는 가운데 스즈키가 일어나서 회의 종료를 알렸고, 전원이 일어서서 천황에게 절을 함으로써 어전회의는 포츠담선언 수락을 결정하고 종료되었다. 시각은 벌써 날을 넘겨 10일 오전 2시 20분이었다. 회의가 끝나자 스즈키는 속히 수상관저로 되돌아와 각의를 재개하고 오전 4시에 포츠담선언 수락을 일본 정부 자격으로 정식으로 결정했다.

도고는 공습으로 피해를 입고 문부성 청사 내로 이전한 외무성으로 돌아가 마쓰모토 슌이치 차관 이하 직원들과 함께 스위스와 스웨덴 정부 앞으로 보내는 포고문 작성에 착수했다. 오전 6시 45분에 가세 슌이치加瀬俊一 스위스공사(정무국 제5과장 가세 도시카즈加瀬俊一와 한자로 동명이인)와 오카모토 스에마사岡本季正 스웨덴공사 앞으로 제일 먼저 전문이 발신되었다. 국내에서는 포츠담선언 수락 사실이 절대 비밀에 부쳐져 있었지만, 국외에서는 마쓰모토 차관의 결단으로 10일 밤, 당시의 기간 통신사였던 도메이 통신同盟通信과 방송국을 통해 그 내용이 공개되었다.

이때의 통고문은 "제국 정부는 1945년 7월 26일, 포츠담에서 미·영·중 3국 정부 수뇌에 의해 발표되고 이후 소련 정부가 참가하게 된 공동선언에 열거된 조건을, 포츠담선언이 천황의 국가통치대권 변경 요구를 포함하고 있지 않다고 이해한 위에 수락한다"는 문언이었다. 요컨대 "천황의 국가통치대권 변경 요구를 포함하고 있지 않다"는 것은 환언하면 '국체호지國體護持'를 의미하는 것이었다.

연합국의 대응과 의도

미국 정부는 일본의 회답을 받고 곤혹스러웠다. 일본 정부의 통고
는 무조건항복을 요구한 선언을 수락한 것인지, 아니면 거부한 것
인지가 분명하지 않았기 때문이다. 워싱턴 시간 10일 오전 7시 33
분, 트루먼은 일본 정부로부터 정식 수락문이 도착하기 이전에 해
외방송을 통해 일본의 선언수락 사실을 알게 되었다. 트루먼은 곧
바로 번즈 국무장관과 스팀슨Henry L. Stimson 육군장관, 포레스털James
Forestal 해군장관, 리히William D. Leahy 통합참모본부 의장을 소집하고
대응을 협의했지만, 역시 천황의 통치대권 변경을 포함하고 있지
않다는 대목을 둘러싸고 의견이 나뉘었다.

　스팀슨이나 리히는, 이 문안을 인정하기만 하면 일본은 항복할
것이라며 즉시 회답하기를 원했다. 하지만 번즈는 끝까지 무조건항
복에 집착하면서 일본 정부의 문서는 부대조건을 달고 있다며 거부
할 것을 주장했다. 트루먼 역시 "이런 큰 단서"가 붙어 있는 답신을
과연 무조건항복으로 볼 수 있는지 판단을 내리기가 쉽지 않았다
《트루먼 회고록》.

　결국 포레스털이 제기한 천황 지위의 보전이라는 일본의 요청은
받아들이지만, 포츠담선언에서 요구한 내용은 명확하게 실시한다
는 타협안으로 합의가 이루어졌다. 그리고 회답문의 초안은 국무
성에서 번즈가 작성하기로 결정했다. 최종적으로 국무성에서 작성
하고 각의에서 결정된 회답문은 "항복하는 시점부터 천황 및 일본
국 정부의 국가통치 권한은 항복조항의 실시를 위해 필요하다고 인
정되는 조치를 취하는 연합국 사령관의 제한 하에 둔다"는 것이었

| 트루먼 대통령과 번즈 국무장관 |

다. 번즈의 이 회답안은 나아가 천황에 의한 일본군의 즉각적인 정전停戰과 무장해제 명령, 그리고 일본 정부의 연합국 포로 즉시 해방은 물론 "최종적인 일본국 정부 형태는 포츠담선언을 준수하고 일본 국민이 자유롭게 표명하는 의사에 의해 결정되어야 한다" "연합국 군대는 포츠담선언에 열거된 목적들이 완수될 때까지 일본국 내에 주둔해야 한다"는 등의 내용으로 이어졌다(《日本外交年表並主要文書》). 일본의 최대 관심사인 '국체호지'를 보증한다는 내용은 명기되지 않았으나 천황의 존재를 전제로 한 내용인 것은 분명했다.

번즈 회답안을 결정한 미국은 곧바로 다른 연합국의 동의를 얻기 위해 원안을 보냈다. 우선 8월 10일 밤 영국은 회답안에 있는 "천황 및 대본영이 항복문서에 조인한다"는 구절의 수정을 요구했다. 그 결과, "천황이 일본 정부 및 대본영에 서명 권한을 부여한다"로 수정되었다. 다음날인 11일에 중국은 전면 찬성한다는 회답을 보내왔다. 소련은 '연합국 최고사령관'을 한 명이 아니라 복수로 할 것을 요구하고, 극동소련군 최고사령관 바실레프스키Aleksandr Vasilevsky 원수를 추천했다. 만주를 완전히 점령하기 위해 일소전을 조금 더 지연시키고 싶었던 소련으로서는 전쟁의 조기종결은 불리한 것이었다. 설령 전쟁이 여기서 끝난다 하더라도 독일 점령과 마찬가지로 일본 점령에 대해서도 강력한 발언권을 갖고, 그에 상응하는 권익을 확실하게 손에 넣고 싶었던 것이다.

그러나 소련의 이 같은 요구는 미국의 강경한 거부에 부딪혀 철회되었다. 최종적으로 연합국의 동의하에 '번즈 회답안'이 결정되자 11일자로 스위스를 경유해 일본 정부에 전달되었다. 트루먼은 그와 동시에 연합국 최고사령관으로 더글러스 맥아더Douglas MacArthur를 임명했으며, 소련을 배제하고 미국이 단독으로 일본을 점령하기로 결심을 굳혔다. 이때는 소련의 개입이 실패했지만 이것은 단지 서막에 지나지 않았다.

'번즈 회답안'을 둘러싼 대립

미국에서는 포츠담선언 수락을 둘러싼 일련의 움직임이 이미 누설되기 시작해 전쟁종결을 환영하는 목소리가 날로 높아지고 있었다. 필리핀의 민도로 섬에서 포로가 되어 레이테 섬의 포로수용소에 있던 오오카 쇼헤이大岡昇平는 8월 10일 밤, 미군 함대의 기적과 예광탄이 흩어지는 가운데 미군 장병들이 야단법석을 떨고, 타이완인 포로들도 양동이를 두드리며 기쁨을 발산하는 다른 한편에서 일본인 포로들의 '무관심'한 모습을 그의 소설 《포로기俘虜記》에서 그리고 있다. 또 '번즈 회답'에 대한 일본 정부의 수락 여부는 알 수 없었지만 "현실은 그것을 강제하고 있다"는 사실을 깨닫게 된 오오카에게, 이날부터 14일까지의 나흘간은 일본 정부의 우유부단함에 대한 분노 이외에는 그 어떤 것도 없었다. 오오카는 15일에 정식수락 사실을 알게 되었을 때 포로들의 반응은 "전무全無"하다시피 했으며 그들에게 "일본의 항복 날짜는 8월 15일이 아니라 8월 10일이었다"고 적고 있다.

샌프란시스코 방송에 발표된 번즈 회답을 외무성과 도메이 통신, 육해군 해외방송 수신소가 차례로 수신한 것은 8월 12일 오전 0시 45분경이었다. 그러나 번즈 회답은 국체호지의 보증 여부를 어느 쪽으로도 해석할 수 있는 것이어서 정부와 육군은 번즈 회답의 해석을 둘러싸고 대립했고, 정부 내에서는 또다시 논의가 공전될 뿐이었다.

미국이 스위스를 경유해 전달한 정식 회답이 일본 측에 전달된 것은 8월 12일 오후 6시 40분이었다. 이미 해외방송을 통해 내용을 파악하고 있던 도고는 12일 아침 일찍 스즈키 수상에게 미국의 답신 내용을 전달하고, 오전 11시에는 천황에게 회답의 취지와 대응에 관해 상세히 설명했다. 천황은 도고에게 회답 수락에 찬성이며, 스즈키 수상에게도 그러한 취지를 전달하라고 지시했다.

도고는 즉시 스즈키를 면회했는데, 그 자리에 히라누마 추밀원 부의장이 내방해 번즈 회답 중에서 항복문서 조인 및 최종적인 일본 정부의 형태에 관한 두 가지 사항에 대해 승복할 수 없다고 말했다. 게다가 스즈키는 이미 아나미 육군대신을 통해 번즈 회답이 불

충분하다는 말을 들은 상태였다. 이런 의견들을 접한 스즈키의 태도에서 도고는 일말의 불안감을 느끼지 않을 수 없었다.

스즈키 간타로의 고독한 싸움

8월 12일 오후 3시부터 개최된 임시각의에서 천황의 발언에 뜻을 굳힌 도고는 번즈 회답의 타당성을 설명하고 선언수락을 주장했다. 이에 대해 아나미는, 천황이 연합국 최고사령관의 권한에 종속되는 것과 일본 정부의 최종적 형태가 일본 국민의 의사에 맡겨지는 것에 반대하고, '회답'이 불만족스러우므로 미국에 다시 조회를 해야 하며, 더불어 무장해제와 보장점령에 관해서도 의견을 덧붙여야 한다고 주장했다.

육군은 외무성과는 별도로 해외방송을 수신해 독자적으로 내용을 분석한 결과, 천황은 외무성이 번역한 것과 같이 "연합국 최고사령관의 제한 하에 둔다"는 것이 아니라 "연합국 최고사령관에 예속된다"고 번역하는 것이 맞으며, 이처럼 천황의 존엄을 모독하는 회답은 받아들이기 어렵다는 결론을 내리고 있었다. 우메즈와 도요타 참모총장은 이날 오전 8시 30분에 입궁해 이미 천황에게 반대의견을 내놓은 상태였다.

게다가 또 다른 각료도 무장해제 강제에 반대한다는 의견을 내놓았다. 스즈키조차도 국체호지에 대한 확인이 애매하며, 무장해제의 강제도 참기 어려우므로 미국에 재조회한 후에 만약 들어주지 않으면 전쟁 계속은 불가피하다고 발언했다. 결국 각의 분위기가 불리하다고 본 도고는 정식으로 번즈 회답이 오지 않았다는 것을 이유로 다음날 계속 심의하기로 하고 그 자리에서 벗어났다.

| 스즈키 간타로 |

잠시도 유예할 수 없음에도 불구하고 논의가 제자리를 맴돌기만 하는 것을 보고 울분을 풀 길이 없던 도고는 스즈키에게 선언 수락을 단독으로 상주할 각오라고 강한 어조로 말했다. 그러나 내각 방침에 반대하는 단독상주는 내각이 통일되어 있지 않다는 것으로 내각 총사직과 직결된다. 냉정을 되찾은 도고는 오후 6시 반에 기도 내대신을 면회하고, 스즈키가 히라누마 등의 의견에 동조해 미국 측에 다시 조회할 것 같으니 설득에 진력을 다해달라고 요청했다. 스즈키의 표변이라고도 볼 수 있는 태도에 놀란 기도는 오후 9시 반에 스즈키를 면회하고 선언수락을 요청했다. 이에 스즈키도 완전히 동감한다고 해서 도고의 불안은 일단 해소되었다.

당시 각의에서 스즈키의 '표변'이 스즈키의 우유부단함을 드러낸 것이라고 비판하는 연구도 있다. 그러나 전후에 출간된《기도일기木戸日記》(平和書房, 1947년판, 제목은 일기이지만 내용은 일기 형식의 회고록)에 기록된 당시 상황에 대해 스즈키는 "침묵을 지킴으로써 히라누마 추밀원 의장의 의견에 반대를 표명하지 않았던 것이며 이를 오해해서는 안 된다"고 특별히 적어놓았듯이 내각의 불일치를 반드시 회피하지 않으면 안 되었던 스즈키의 입장에서 이 임시각의는 각료들의 생각을 파악하고 강경한 의견의 김 빼기를 꾀하는 자리였다. 같은 화평파인 요나이는 이 각의에서 아무런 발언도 하지 않았다. 그러나 내전 회피를 지상명제로 삼았던 요나이도 스즈키와 마찬가지로 정치적 의도에서 침묵한 것으로 생각된다.

처음부터 정치적 기반이 없이 수상이 된 스즈키는 내각에서도 궁중에서도 고독했다. 내각에서는 해군 후배에 해당하는 요나이조차 본심을 밝히지 않았다. 또 궁중에서도 역시 해군 후배인 시종장 후지타 히사노리藤田尚德 정도가 스즈키의 심정을 이해하고 있었을 뿐, 조기화평파인 기도나 고노에, 도고 등과도 마지막까지 긴밀한 의사소통은 이루어지지 못했다.

전후에 시종장인 후지타가 회상록에서, 고노에나 기도를 천황의 진의를 이해하지 못한 "귀족"이라고 비판한 바 있지만, 스즈키도 천황과 측근들 사이에 벽을 만들기 일쑤였던 기도에 대한 불신감을 마지막까지 떨쳐버리지 못했던 것으로 보인다. 전후에 고노에가 자살한 후, 스즈키가 후지타에게 "나는 죽지 않습니다"라고 한 것만큼 스즈키의 강인한 정신력과 정치가로서의 인내를 잘 나타낸 말도 없을 것이다.

황족·왕공족⁸의 참집參集

임시각의에서 회답 수락 여부를 놓고 논의가 한창인 가운데, 궁중에서는 또 다른 움직임이 전개되고 있었다. 쇼와천황은 8월 12일

---

8   한일합방 이후 대한제국 황족의 신분을 새롭게 규정한 용어. 일본 황족에 준하는 신분으로 간주되었다.

오후 3시 20분, 궁중의 초대로 참집한 황족 다카마쓰미야^{高松宮}, 미카사노미야^{三笠宮}, 가야노미야(賀陽宮-쓰네노리 왕^{恒憲王}과 구니나가 왕^{邦壽王}), 구니노미야^{久邇宮}, 나시모토노미야^{梨本宮}, 간인노미야^{閑院宮}, 아사카노미야^{朝香宮}, 히가시쿠니노미야(東久邇宮-나루히코 왕^{稔彦王}과 모리히로 왕^{盛厚王}), 다케다노미야^{竹田宮} 등에게 포츠담선언 수락 의사를 밝혔다.

그러자 제일 연장자인 나시모토노미야 이하 각 황족들은 천황의 결정에 따르기로 맹세했다. 두 시간에 걸친 이 회동은 황족회의라고 불리는데, 실제로는 황족회의의 구성원인 황족 이외의 인물들도 참석했다. 바로 이은^{李垠}과 이건^{李鍵}이라는 두 명의 조선왕조의 후예였다.

이은은 대한제국(청일전쟁 후에 조선왕조가 개칭한 국명) 최후의 황제 고종의 황태자이다. 그는 이토 히로부미^{伊藤博文}가 암살되고 한일합방이 이루어진 결과 황태자에서 폐위되어 '왕족'이 되었다. 왕비는 황족인 나시모토노미야^{利本宮}에서 시집 온 방자^{方子}이나. 이건은 이은의 형인 이강^{李堈}의 장남으로 '공족公族' 지위를 부여받아 '이건 공'으로 불렸다. 그는 전후 모모야마 겐이치^{桃山虔一}로 개명하고 일본인으로 살았지만 몰락귀족의 대명사처럼 항상 스캔들에 시달렸다. 아우인 이우^{李鍝}는 이 회동이 있기 불과 일주일 전에 제2총군 참모로 주둔하고 있던 히로시마에서 원폭으로 사망했다. 대일본제국이 멸망해가는 가운데 천황과 가장 가까운 입장이었던 황족과 왕공족 중에서 유일한 전사자는 조선 공족^{公族}이었다(1940년 9월 장자커우^{張家口}에서 전사한 기타시타카와노미야 나가히사 왕^{北白川宮 永久王}은 정확하게 말하면 훈련 도중에 사고로 사망했다).

천황은 회동 전 기도에게 조선 문제와 관련해서 왕공족의 처우가 거론되면 어떻게 해야 하는지 물었다. 기도는 지금은 그런 문제를 논의할 때가 아니므로 나중으로 미루십사 하고 대답했고, 이 하문이 있은 후에 기도는 궁내대신인 이시와타 소타로石渡莊太郎와도 이점에 대해 서로 확인했다. 실제로 회동이 시작된 뒤에는 조선 문제에 관해 아무도 입에 올리지 않았다. 쇼와천황을 중심으로 황족의 단결을 확인한 다카마쓰노미야 등과 함께, 35년 전에 조선왕조를 병합한 대일본제국의 종언에 입회한 두 사람의 조선왕조 후예는 단지 "삼가 받들겠다"고 대답했을 뿐이었다.

8월 13일 각의 – 수락인가 재조회인가

8월 13일 오전 8시 반이 지난 시각, 최고전쟁지도회의 구성원회의가 열렸다. 전날 각의와 마찬가지로 도고의 수락설과 아나미·우메즈의 재조회설의 대립으로 몇 차례 회의가 중단되면서도 오후 3시경까지 계속되었지만 결론이 나지 않았다. 회의 도중인 오후 2시경, 도고는 궁으로 들어가 천황을 배알했다. 천황은 도고의 주장을 지지하며, 스즈키 수상에게도 그러한 취지를 전하라고 지시했다.

아무런 결론도 얻지 못한 구성원회의에 이어 오후 4시경부터 각의가 열렸다. 여전히 대립은 계속되었다. 게다가 도고에게는 육군의 쿠데타 계획 소문이 빈번하게 전해지고 있었다. 사태는 일각의 유예도 허락하지 않는 상황의 연속이었다.

스즈키는 평소와 달리 각료들의 의견을 강력하게 요구했다. 아나미는 재조회설을 주장했고, 마쓰자카 히로마사松阪広政 사법대신은 국체호지에 위배된다는 이유로 수락에 반대했다. 아베 겐키^{安倍源}^基 내무대신은 마쓰자카와 같은 이유로 반대했지만 재조회와 전쟁의 지속 여부에 대한 판단은 수상에게 일임했다. 또 각의에서 아베는 성단이 최고전쟁지도회의에서 이루어지는 것은 헌법상 문제가 있지 않은가 하는 의문을 제기했다. 첫 번째 성단은 어전회의로, 아베가 인식하고 있던 최고전쟁지도회의는 아니지만 실질적으로 출석자는 지도회의의 구성원에 히라누마가 포함된 것에 불과하며, 수상과 외무대신, 육군대신을 제외하면 각료는 거의 전무했기 때문이다. 따라서 헌법상 규정되어 있지 않은 최고전쟁지도회의의 구성원들의 결정에 따른 성단은 엄밀하게 해석하면 헌법상의 정당성을 결여한 것이라고 할 수 있었다. 나중에 언급하겠지만 이는 대일본제국의 근간인 메이지^{明治} 헌법체제 그 자체의 모순에서 비롯되는 것으로, 성단을 둘러싼 혼란의 최대요인이기도 했다.

그러나 각의에서 아베의 의견에 동조하는 사람은 없었다. 수락 반대를 주장하는 세 사람 중에 마쓰자카와 아베의 주장은 감정적인 것으로, 반대의견으로 채택할 만한 구체성을 갖고 있지 못했다. 그러나 아나미의 경우는 구체성 있는 '재조회'를 주창했기 때문에 각의에서 의견통일이 이루어지지 못했다. 그래서 스즈키는 천황의 의지는 전쟁종결에 있으므로 자신은 그것을 따른다, 그러니 천황에게 오늘 각의의 내용을 전달하고 재차 성단을 요청하겠다는 말로 각의를 종결지었다(〈終戰時ノ記録〉).

종전을 위한 '성단'

번즈 회담에 대한 답신이 오지 않아 더 이상 참을 수 없었던 트루먼이 본토폭격을 재개한 가운데 두 번째 어전회의가 열렸다. 8월 14일 오전 8시 40분, 스즈키가 기도와 함께 배알했을 때 천황이 어전회의 소집 의사를 밝혀 10시 50분쯤 최고전쟁지도회의 구성원과 내각각료 합동 어전회의가 개최되었다. 천황의 소집이라는 이례적인 형식으로 어전회의에 소집된 사람은 지난번 어전회의 참석자와 스즈키 내각 전 각료를 포함해 모두 스물세 명이었다. 지난번 어전회의와는 달리 천황을 마주하고 출석자는 3열로 나란히 앉았다. 이는 전회와 같이 출석자가 논의를 할 만큼 한 후에 천황의 결단을 기다리는 것이 아니라 처음부터 천황의 의지를 전달하는 자리로 설정된 것이었다. 따라서 이번에는 '회의'라는 명칭을 썼지만 수락설과 재조회설 양쪽이 격론을 벌이는 형식이 아니라 재조회설을 주장하는 아나미와 우메즈, 도요타에게 의견을 개진할 기회를 주는 것에 그치고 출석자 전원이 천황의 결단을 받드는 형태가 되었다.

이미 첫 번째 성단으로 포츠담선언 수락, 즉 일본의 패배는 확정된 상황이었다. 그 후의 번즈 회답을 둘러싼 대립은 선언수락과 재조회 여부일 뿐, 선언 자체를 거부하는 것은 아니었다. 10일에 내려진 성단이 의미하는 바를 충분히 이해하고 있었던 아나미로서는, 첫 번째 성단으로부터 두 번째의 성단에 이르는 5일간은 대일본제국을 지탱해온 제국 육군의 종언을 받아들이기 위해 필요한 시간이었다고 할 수 있었다. 아나미의 일기가 8월 10일에서 끝나는 것도 결코 우연이 아니었을 것이다.

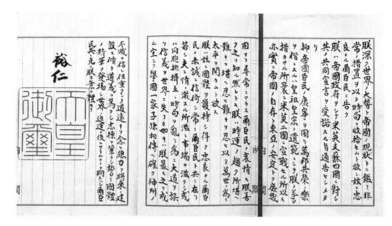

| 히로히토 종전조서 |

    회의는 스즈키가 지금까지의 경과를 보고한 후 스즈키의 지명으로 우메즈와 도요타, 아나미가 차례로 재조회설을 개진했다. 그것이 끝나자 천황은 일어나서 지난번에 말한 자신의 견해는 가볍게 결정한 것이 아니며 지금도 변함이 없다, 연합국의 태도는 호의적이라고 해석한다, 전쟁 계속은 국토도, 민족도, 국체도 파멸시키고 만다, 더 이상 국민을 고통스럽게 해서는 안 된다, 반대의견을 가진 사람도 나의 의견에 동의해주기 바란다, 국민에게 호소할 일이 있으면 마이크 앞이라도 서겠다고 말했다. 천황이 발언하는 도중에 참석자의 오열이 시작되고 천황도 눈물을 흘렸다.

    천황의 발언이 끝나자 스즈키가 일어나서 천황에게 급히 종전조서안終戰詔書案을 봉정하면서 그에 덧붙여 성단 요청을 사죄하고 어전회의는 정오에 종료되었다. 첫 번째 성단이 내려진 어전회의는 두 시간 반, 두 번째 어전회의는 한 시간 만에 끝났다는 사실에서도 알 수 있듯이, 천황의 의지를 전원에게 철저하게 주지시키고 일본의 패배를 직시하는 의식이었다.

어전회의가 끝나고 점심식사를 한 후, 각의가 개최되어 포츠담선언 수락조서 초안에 대한 심의가 시작되었다. 오후 8시 반이 되어서야 겨우 스즈키가 조서 초안을 천황에게 봉정해 재가를 거친 후, 전 각료가 연서해서 조서가 발포된 것은 오후 11시였다. 끝까지 저항했던 아나미는 담담하게 서명을 하고, 각의 종료 후 도고에게 지금까지의 일에 대해 지나칠 정도로 정중하게 예를 표하고 자리를 떠났다.

운명의 8월 15일

선언수락 조서 발포와 동시에 연합국 측에도 정식 수락이 통보되었다. 그리고 8월 15일 오전 11시부터 오후 1시까지 천황의 임석 하에 추밀원 본회의가 개최되어 도고가 선언수락 경위에 관해 설명했으며, 도중에 정오에 시작된 옥음방송을 듣기 위해 잠시 중단한 후에 1시가 넘어서 폐회되었다.

화평파가 우려하고 있던 육군 중견층에 의한 쿠데타 계획도 14일 심야부터 15일 새벽에 걸쳐 고노에 사단 일부에 의한 궁성점거 사건이 발생했지만, 결국은 성사되지 못하고 끝났다. 최후까지 본토결전을 주장했지만 쿠데타에는 동조하지 않았던 아나미는 최후의 성단이 내려지자 육군대신 관저로 돌아가 반란군이 황거에서 소란을 피우는 가운데 자결했다.

한편 본토결전을 한탄하고 있던 대부분의 중견막료들은 반란에 가담하지 않았다. 그들은 군인인 동시에, 그 이상으로 관료이기도 했다. 관료는 주어진 틀 속에서 능력을 발휘하는 습성을 가진 만큼 혁명가처럼 주어진 틀 그 자체를 타파하는 것이 불가능한 종류의 사람들이다. 최후에는 포츠담선언 수락이라는 틀을 본능적으로 추종했던 것이다.

이렇게 해서 포츠담선언 수락에 의한 대일본제국의 패배와 해체는 확정되었다. 그러나 최후까지 '국체호지'가 쟁점이 되었지만 '제국신민'에 대한 특별한 논의는 없었다. 이 점이 후일, 제국붕괴 후에 커다란 문제를 낳게 되었다.

'제도'에 집착한 천황

전황의 성단으로 전쟁은 끝났다. 본토결전을 강경하게 주장해온 육군도 최후에는 순순히 성단에 따랐다. 그렇다면 좀 더 일찍 성단이 내려졌다면 원폭도 소련의 참전도 피할 수 있었고, 그토록 많은 희생을 내지 않고 끝날 수 있지 않았을까. 혹은 전쟁 그 자체도 회피할 수 있었을지 모른다. 일반적인 감각으로 볼 때 그런 의문이 드는 것은 당연한 일이다. 그러나 일이란 그렇게 단순하지가 않다. 천황의 성단은 천황의 의지만 있으면 간단히 내릴 수 있는 것이 아니라 지극히 특수한 정치환경이 아니면 있을 수 없는 사태이다. 아래에서는 다소 길지만 성단의 메커니즘에 관해 살펴보도록 하자.

쇼와천황이 언제부터 전쟁종결을 모색하기 시작했는지에 관해서는 논의가 분분하다. 최근에는 패전 직전까지 전쟁 계속을 고집했다는 시각까지 나오고 있다. 그러나 이러한 견해는 메이지 헌법체제 하의 천황대권이 쇼와천황의 행동을 얼마나 제약했는가 하는 중대한 측면을 간과하고 있는 것은 아닐까.

천황은 국가원수로서의 통치대권(국무대권)과 육해군 대원수로서의 통수대권(군령대권), 나아가 영전榮典 수여를 실시하는 영전대권이라는 세 가지 대권을 가지며, 나아가 헌법에는 규정되어 있지 않은 대권으로서 천황가의 가장으로서의 황실대권과 신도神道의 제주祭主로서의 제사대권이라는 두 가지 대권까지 모두 합해서 다섯 가지 대권을 갖는다. 그러나 대권이라고 해도 천황이 자유롭게 행사할 수 있는 것은 아니며, 특히 천황대권 중에서 가장 중요한 통치대권과 통수대권은 각각 국무대신(내각총리대신 및 각 성省의 대신)과 군령기관의 장(참모총장 및 군령부 총장)이 책임을 지고 보필하는 형식에 입각해서 비로소 행사할 수 있게끔 헌법상 규정되어 있었다. 즉 통치대권과 통수대권은 천황이 마음대로 행사할 수 있는 것이 아니라 보필 책임자의 의견에 따라 실시되는 것이 바람직하다는 것이다(그런 만큼 결과에 대한 책임은 천황이 아니라 보필자가 지게 되어 있다). 황실전범과 황실령으로 규정되어 궁내대신이 보필자인 황실대권도 마찬가지이며, 제도상으로 천황의 개인적 의지를 자유롭게 행사할 수 있는 것은 제사대권뿐이다.

헌법학자 미노베 다쓰키치美濃部達吉로 대표되는 이러한 천황기관설은 공식적으로는 1935년에 일어난 국체명징운동國體明澄運動[9]에 의해 부정되었다. 그러나 실제로 이 운동은 사상적 부정에 그치고 제

9　1935년 일본 전역에서 논쟁을 불러일으켰던 미노베 다쓰키치의 천황기관설을 배격하면서 전개된 일련의 사상운동.

| 쇼와천황 히로히토 |

도적 부정에까지는 이르지 못했다. 천황기관설을 공격한 군부도 실
질적으로는 기관설적인 헌법운용을 하지 않으면 자신들이 의도하
는 정치를 할 수 없다는 모순을 안고 있었기 때문이다. 즉 천황기관
설은 천황을 떠받들기 위한 이론적 근거가 될 수도 있었던 것이다.
그리고 쇼와천황 자신도 헌법상으로 규정된 기능으로서의 '천황'을
고지식하게 준수하고자 했다.

　근래의 연구에서는 많은 1차사료의 발굴로 쇼와천황의 '육성'이
밝혀짐에 따라 천황의 개인적 사상이나 성격 같은 퍼스낼리티가 종
전終戰 과정에서 어떠한 영향을 미쳤는지 논하는 경향이 강하다. 그
러나 그러한 논의에서는 메이지 헌법체제 하에서 개인적 의지가 제
한되고 제도적 역할이 요구되는 국가기능으로서의 천황이라는 시
각視覺이 간과되고 있는 것은 아닐까.

　천황의 경우에는 자신의 내면에 있는 생각과 외면으로 드러나는

행동이 반드시 일치하는 것은 아니다. 이처럼 분립된 대권을 구분해서 사용하는 것과 대권행사의 제한이라는 제도상의 문제가 전쟁 종결에 이르는 과정에서 천황의 행동에 커다란 영향을 미쳤다고 생각할 필요가 있는 것이다. 개인과 제도의 갈등 속에서 쇼와천황은 줄곧 제도로서의 천황을 고집했다. 나아가 국가통치체제 및 육해군의 유지와 더불어, 제사를 중심으로 한 천황가를 유지하는 것도 고려해야 했다. 천황대권을 축으로 하는 메이지 헌법체제는 하나의 정치적 장치에 불과했으며, 그 자체가 해체되는 것은 받아들일 수 있는 일이었다.

쇼와천황으로서는 국체라는 애매한 추상개념은 여차하면 미련 없이 떨쳐버릴 수도 있었다. 하지만 천황가를 유지해야 하는 구체적인 문제는, 천황가의 역사적 무게 앞에서 124대 천황으로서 결코 가볍게 판단할 수 있는 문제가 아니었다. 천황이 유일하게 주체적으로 행사할 수 있는 제사대권에는 비록 제도적 제약은 없었지만, 천황가의 유구한 역사적 무게에서 주어지는 심리적 제약이 드리워져 있었다.

'정당한 절차'에 대한 집요한 추구

전쟁 말기에 나온 천황의 발언이나 행동은 각각의 대권에 대응해 이루어진 것이라는 사실을 분명하게 이해할 필요가 있다. 그리고 거기에서 고노에나 기도 같은 측근들과 쇼와천황의 결정적 차이를 찾아볼 수 있다.

메이지 헌법체제 하에서 천황이 정치에 개입하지 않는 것을 신조로 삼았던 제1세대 원로 사이온지 긴모치西園寺公望와, 그 한계를 줄곧 느끼고 있던 제2세대 내대신 마키노 노부아키牧野伸顯, 나아가 메이지 헌법체제를 제도피로制度疲勞로 파악하고 신체제운동을 추진하고자 한 제3세대의 고노에나 기도 같은 그룹은 더욱더 강력한 천황의 정치적 주체성을 추구했다. 따라서 고노에나 기도가 종전공작에서 천황의 적극적 개입을 원한 것은 지극히 당연한 일이었다(일찌감치 '성단'에 의한 전쟁종결을 생각하고 있었던 사람은 기도였다). 하지만 이러한 생각은 쇼와천황으로서는 받아들이기 어려운 것이었다. 그것은 고노에보다 열 살 가량 어렸음에도 불구하고 청년기에 사이온지의 강력한 영향을 받은 데다, 아직 천황이 된 지 얼마 되지 않았을 무렵 장쭤린張作霖 폭살사건(1928)[10]을 둘러싼 정부의 대응에 화가 치밀어 호된 질책으로 다나카 기이치田中義一 내각을 총사직(1929)으로 내몰았던 쓰라린 경험이 있었기 때문이기도 했다.

《기도일기木戶幸一日記》에서 때때로 천황과 의견이 맞지 않았던 부분도 바로 그런 점이었으며, 전쟁종결을 요청한 〈고노에 상주문〉에 대한 천황의 반발도 애당초 전쟁의 계기를 만들어놓고 내각을 내팽개친 고노에에 대한 불신감 외에도, 보필자가 아닌 입장임에도 천황대권에 개입하는 원칙론에서 비롯된 혐오감이 그 배경에 있었음을 간과해서는 안 될 것이다. 또 《다카마쓰노미야 일기高松宮日記》에 자주 등장하는 다카마쓰노미야와의 불화나 황족의 의견을 완고하게 받아들이려 하지 않는 천황의 태도, 게다가 전후 일부에서 주장

10　1928년 6월 4일에 베이징에서 북벌군에게 패배하고 펑톈奉天으로 돌아가던 장쭤린이 일본 관동군의 음모로 폭살당한 사건. 관동군은 이 사건을 중국 국민당의 음모로 꾸며 만주를 직접 점령하려고 하였다.

했던 천황퇴위론을 물리친 것도 그 연장선상에 있다고 할 수 있을 것이다.

미일개전 당시 '선전조서宣戰詔書'는 보필자가 참석한 각의결정을 거친 후에 천황의 재가를 받아 발포되었다. 즉 대미개전은 메이지 헌법에 의거한 정당한 절차를 거쳐 실시되었던 것이다. 그렇게 해서 개시된 전쟁을 종결시키려면 정당한 절차가 필요했다. 즉 전쟁 종결에 대한 각의결정이 없으면 천황이 어떤 생각을 갖고 있든 아무런 결정도 내릴 수가 없었던 것이다.

왜 '성단'이 필요했을까

종전 시 스즈키 내각에서 아나미 육군대신의 반대가 계속되는 한 언제까지나 각의결정은 이루어질 수 없었다. 각료 중에서 한 사람이라도 반대하면 내각 불일치로 내각은 총사직 사태에 이르기 때문이다. 화평파 최후의 비장의 카드이기도 한 스즈키 내각의 총사직은 그대로 본토결전으로 직결되는 것이나 다름없었다. 그것을 피하는 유일한 방법은 각의에서 부결시키는 것이 아니라 논의가 두 동강이 나서 결정이 불가능한 이상사태가 되는 것이었다. 그렇게 해서 비로소 각의를 주재하는 수상이 천황에게 보필자로서의 권한-즉 천황의 성단을 요청하는 것-을 행사할 수 있게 되는 것이다. 기도나 고노에, 나아가 내각에서 도고로부터 우유부단하다는 비판을 받으면서도 스즈키는 이러한 정치상황이 연출되기를 기다려야만 했던 것이다.

포츠담선언 수락을 결정한 어전회의는 패전 직전에 처음 개최된 것이 아니었다. 본래 헌법상 규정되어 있지는 않지만, 긴급하고 중대한 국가정책을 결정할 때 열리는 것으로, 청일전쟁 때 메이지천황 임석 하에 처음 개최되었다. 통치와 통수가 병립하는 메이지 헌법체제에서 유일하게 원로와 내각각료, 군령책임자가 천황 앞에 회동해 정치와 군사전략의 통일된 의지를 확인하는 장이었던 것이다.

메이지 시기에는 가끔 개최되었지만, 사전에 원로가 중심이 되어 정책조정이 이루어졌기 때문에 천황은 하문下問하는 일은 있어도 스스로 의견을 말하는 일은 없었다. 다이쇼大正기부터 쇼와 초기에 걸쳐 오랫동안 개최되지 않았으나 중일전쟁 개전 후인 1937년 11월에 정치와 전략의 일치를 지향하는 고노에 후미마로 내각에 의해 대본영 정부연락회의가 설치되면서 가끔씩 열리는 일이 있었다.

저 유명한 대미개전을 결정한 1941년 9월 6일의 회의도 어전회의였다. 그러나 본질적으로는 대본영 정부연락회의(및 그 후신에 해당하는 최고전쟁지도회의)에서 결정된 내용을 천황 임석 하에 국가의 최고방침으로 권위를 부여하는 의식儀式적인 요소가 강했다. 어전회의 본래의 모습은 사전에 정부와 육해군 사이에서 정치적 합의가 이루어지고, 회의에서는 격렬한 토론을 주고받는 일 없이 천황은 특별히 발언하지 않는 것이다. 그러나 형식적이라고는 하지만 어전회의는 국가 최고의사 결정의 장으로, 이곳에서의 발언은 공식발언이 된다. 그렇기 때문에 정부의 방침이 결정되어 있는 경우, 천황은 보필자에 대해 하문할 수는 있지만 자신의 의사를 밝힐 수는 없다.

과거 메이지천황이 취한 태도도 마찬가지였다. 만약 그 자리에서 정부의 방침에 반대의사를 표명하면 그것은 보필자에 대한 불신임을 의미하는 것으로 내각총사직과 직결된다. 쇼와천황은 보필자가 상주·배알했을 때 자신의 의견이나 의문을 적극적으로 발언했다고 하지만, 그것은 배알이라고 하는 정치적 정당성도 강제력도 발생하지 않는 자리였기 때문에 가능했던 것이다. 천황으로서 자신의 의사를 공식적으로 표명하고, 그 발언에 정치적 정당성을 부여해 보필자에게 영향력을 미칠 수 있는 것은 형식적인 어전회의밖에 없었다. 그러나 거기서는 공식발언이 허용되지 않는 모순을 안고 있었다.

스즈키 수상은 천황이 갖는 이러한 정치권력의 모순이 존재하는 상황에서 본토결전파를 제압하고 전쟁종결의 성단을 끌어내야만 했던 것이다. 기도가 헌법상의 정당성을 무시하고서라도 이끌어내려 했던 '성단'과 스즈키가 끌어내고자 한 '성단'은 근본적으로 다른 것이었다.

전쟁 말기의 종전공작은 정치의 의사결정 기능이 마비된 가운데 헌법의 원칙론을 묵수墨守하는 쇼와천황을 어떻게 납득시켜 성단을 끌어낼 것인가 하는 틀을 만드는 것이었다고 할 수 있다. 성단이 내려지기까지 낭비라고도 할 수 있는 시간을 헛되이 보내고, 원폭투하나 소련참전이 없었으면 실현되지 못했다는 것은 근래의 연구에서 말하는 것처럼 지도층의 우유부단이나 자기보신이 원인이었다는 차원의 문제가 아니었다. 최대의 원인은 천황대권을 축으로 하면서도 실은 교묘하게 천황의 정치개입을 배제한 메이지 헌법체제가, 천황을 보필해야 하는 사람이 국가운영의 책임을 방기하고 분파주의에 빠져 이익대표자로서 행동할 경우, 제도적으로 기능마비가 일어날 수밖에 없는 근본적인 결함을 안고 있었다는 데에 있었다.

전쟁 막바지에 정부와 외무성은 육군의 폭발을 어떻게 막을 것인가에 정신을 집중했고, 육군은 본토결전을 외치면서도 실제로는 자기 조직의 이익을 어떻게 유지할 것인가에 부심했다. 전쟁이라는 외국을 상대로 한 정치투쟁을 전개하고 있음에도 불구하고 그들은 같은 일본인을 상대로 한 정치투쟁에 골몰한 결과, 중대한 판단 착오를 거듭해 대일본제국을 완벽한 붕괴로 몰고 갔다. 조정과 타협의 정치게임에 집중하고, 그와 표리일체를 이루는 국제감각의 결여가 지금도 계속되고 있는 일본 정치풍토의 고질병이라고도 할 수 있겠으나, 제국 붕괴의 과정에서 실로 그 결함이 가장 확실하게 나타났다고 할 수 있다.

워싱턴에서 발표된 일본의 항복 소식

8월 14일 오후 11시에 포츠담선언 수락조서가 발포됨과 동시에 외무성은 스위스의 가세 공사에게 선언 수락을 스위스 정부를 통해 연합국에 전달하라는 훈령을 보냈다. 또 스웨덴의 오카모토 공사에게도 재스위스 공사관 앞으로 전신을 보냈다. 이로써 일본의 포츠담선언 수락은 정식으로 연합국에 전달되었다.

 워싱턴 시간 14일 오후 4시 5분, 번즈 국무장관은 스위스 주재 해리슨 공사로부터 그토록 기다리던 일본의 항복 소식을 전달받았다. 번즈는 곧바로 워싱턴 시간 오후 7시에 연합국의 네 수도(워싱턴, 런던, 모스크바, 충칭)에서 동시에 일본 항복 뉴스를 발표할 준비를 마쳤다. 그리고 오후 6시에 스위스 정부로부터 일본 정부의 공식 회답이 전해지자 예정대로 오후 7시, 트루먼은 백악관의 대통령 집무실

| 일본의 항복을 발표하는 트루먼 |

에서 일본이 포츠담선언을 수락했다는 사실을 책상 앞에 서서 발표
했다.

　뉴스는 순식간에 미국 전역으로 퍼져 백악관 북측에 많은 군중이
모여들었다. 트루먼은 일부러 옥외로 나가 브이 자 사인을 그리며
환호에 답하고 집무실로 돌아와 자택에 있는 어머니에게 전화를 걸
었다. 런던과 충칭에서도 일본의 항복 소식을 환희로 맞았다. 다만
모스크바에서만은 불길한 침묵이 흘렀다.

'민간인 포기' 지시

일본에서는 외무성이 포츠담선언 수락을 발표하는 한편, 도고 대동아성[11] 대신(외상 겸임)의 이름으로 아시아 각지의 재외공관에 암호 전신을 보냈다. 당시 만주국을 포함한 중국이나 동남아시아 점령지는 대동아성의 관할 하에 있었다. 아시아 태평양지역에서 일본군의 무장해제와 철수는 대본영의 지령에 따라 실시되었지만, 민간인의 보호와 귀환[引揚] 문제는 대동아성의 현지공관에 맡겨졌다.

일반적으로 포츠담선언 수락 통보와 옥음방송으로 전쟁은 종결된 것으로 보기 쉽지만, 구체적인 패전처리는 지금부터 시작이며 이것이야말로 중요한 문제였다. 게다가 조선과 타이완, 만주라고 하는 식민지뿐만 아니라 중국을 비롯한 동남아시아, 태평양 제도의 점령지를 포함해 유럽의 전장보다 훨씬 더 광대한 지역에 3천만 명이 넘는 민간인이 흩어져 있었다. 특히 일본 정부의 보호가 미치지 않게 된 민간인의 취급이 커다란 문제가 될 것이 분명했다. 그럼에도 불구하고 일본 정부가 패전을 받아들이는 과정에서 이처럼 중요한 문제를 깊이 논의한 흔적은 발견할 수 없다.

본토결전을 굽히지 않는 군부를 억누르고 어떻게 하면 전쟁을 종결시킬 것인가에 관심이 집중된 결과, 국체호지라는 추상적인 문제만 쟁점이 됨으로써 정부에서는 패전에 따라 상정되는 문제를 드러내거나 구체적인 대응책을 검토하지도 못했던 것이다.

대동아성은 포츠담선언 수락을 통보한 암호 제715호의 별전別傳으로서 암호 제716호(최고도의 기밀을 의미하는 관장부호)로 구체적인 지시를 전달했다. 거기에는 "거류민은 가능한 한 (현지에) 정착하는 방

11　'대일본제국'의 위임통치령이었던 지역 및 제2차 세계대전 중에 점령한 지역을 통치하기 위해 1942년 11월에 설치한 성省을 말한다. 이른바 대동아공영권 제국을, 다른 외국과는 별도로 취급하여 외무성 관할에서 분리시켜 일본의 대對 아시아·태평양지역 정책의 중심에 둔다는 구상에서 비롯되었다.

침으로 한다"고 되어 있었다. 즉 대동아성은 현지정착방침으로 사실상 민간인을 방기했던 것이다. 동시에 전신에서는 조선인과 타이완 주민에 대해 "추후 모종의 지시가 있을 때까지는 종전대로 그대로 두며 학살 등의 처치가 없도록 유의한다"고 했으나 "추후 모종의 지시"는 결국 이후에도 내려지지 않은 채 그들에 대한 보호책임은 연합국 측으로 고스란히 떠넘겨지고 말았다(《三ヶ国宣言條項受託に関する在外現地機関に対する訓令》).

대일본제국의 자기부정

8월 14일에 발신된 이 전신은 대일본제국의 자기부정이며, 또한 '제국신민'이었던 조선인과 타이완 주민의 생명과 재산의 보호를 일본 정부가 실질적으로 포기한 것이었다.

8월 15일 정오, 쇼와천황의 옥음방송이 라디오에서 흘러나왔다. 방송은 조선과 타이완, 사할린, 남양군도, 나아가서는 만주국에서도 전파를 탔다. 이 방송은 '제국신민'을 향한 천황 최초의 육성이었지만, 이때의 '제국신민'은 이미 '일본인'만으로 한정되어 있었다. '내선일여內鮮一如' '일시동인一視同仁'이라는 슬로건 하에 황민화한 '제국신민'으로서의 조선인이나 타이완인, 그 밖의 소수민족은 여기에 포함되지 않았다.

옥음방송과 뒤이은 내각 고론告諭 방송 후, 스즈키 수상이 천황을 배알하고 사표를 봉정한 후 내각은 총사직했다. 천황에게 두 차례나 성단을 주청한 사실에 대해 책임을 진다는 것이 그 이유였다. 원로 재상 스즈키 간타로에게 이날은 다음 세대에 의한 새로운 일본 건설의 출발로 삼는 하나의 정치적 결단이기도 했지만, 현실적으로는 이날부터 새로운 일본이 탄생한 것이 아니라 오히려 제국의 청산이 시작되었다. 그러나 이날의 내각 총사직으로 제국의 청산은 유야무야되고 말았다.

이렇게 해서 일본의 전후는 조선과 타이완, 만주를 의식적으로 분리한 '일본국'이 되는 것으로 출발했다. 그러나 옥음방송 이후 그 때까지 격렬하기 그지없었던 미군의 공습이 하루아침에 멈춘 본토와는 달리 '버려진' 이들 지역에서는 여전히 전투가 계속되었고, 오히려 확대되는 양상마저 띠고 있었다. 실로 8월 15일은 새로운 격동의 시작이었다.

8월 15일의 옥음방송은 대일본제국을 구성하고 있던 일본과 그 밖의 지역을 실태로서나 의식으로서나 분리시켰다는 의미에서 역사적으로 중요한 분기점이 되었다.

제 3 장

경성

꿈의 '해방,

소련의 조선 침공

한일합방 이래 일본의 식민지 지배 실행기관으로서 조선에 군림해 온 조선총독부의 마지막 총독은 아베 노부유키阿部信行였다. 아베는 육군대장으로, 1939년 8월에 독소불가침조약 체결로 외교상 교착 상태에 빠져 총사직한 히라누마 기이치로의 뒤를 이어 내각 총리대 신을 지낸 인물이다. 내각 발족 직후 제2차 세계대전이 발발하자, 세계대전 불개입 입장을 취했지만 이렇다 할 만한 업적도 남기지 못해 육군에서 외면당하고 반년도 지나지 않아 총사직했다.

역대 조선총독은 전적으로 고위급 군인이 취임했지만 수상 경험 자로서 총독이 된 인물은 한국병합 전 통감부 시대에 한국통감이었 던 이토 히로부미伊藤博文로, 우연히도 조선 지배의 최초와 최후의 인 물이 수상 경험자였다. 그러나 이토 히로부미에 비해 격이 떨어지 는 아베가 최후의 조선총독이었다는 사실은 조신 지배의 최후가 어 떤 것이었는가를 상징적으로 보여준다고 할 수 있다.

8월 9일 오전 0시에 소련군이 만주로 밀려들어왔다. 그로부터 30 분 뒤에는 소련군 전투기가 한반도로 출격, 니가타新潟 등 동해의 몇 몇 항구와 만주를 잇는 요충지인 함경북도의 나진에 수차례 폭격을 가했다. 그리고 다음날에는 나진을 비롯한 주변지역 주민의 피난이 시작되었고, 그로 인해 소련과 국경을 접하고 있는 함경북도는 혼 란의 도가니에 빠졌다《朝鮮總督府終政の記錄》.

소련군의 조선 북부 침공은 만주에 주둔하고 있는 관동군이 한반 도로 향하는 퇴로를 차단하려는 목적에서 실시된 작전이며, 주작전 인 만주 침공을 측면에서 지원하는 것이었다. 따라서 한반도의 중심 도시인 경성(京城, 총독부에 의해 공식적으로는 한국병합 후인 1910년 10월 1일 한성漢城에서 경성으로 개칭. 일본 패전 후인 1946년 10월 18일에 서울시가 되었다)까지 침공하는 것도, 또 38도선을 확보하려는 것도 아니었다. 당초에는 완전히 군사작전상의 필요에서 이루어진 것으로, 정치적 의도는 없었다는 것이 오히려 사태를 복잡하게 만드는 결과를 초래했다.

소련군 침공 사태에 직면한 경성의 조선총독부는 황망한 움직임을 보였다. 나아가 이러한 혼란에 더해 이튿날인 10일에는 도쿄로부터 포츠담선언 수락 움직임이 전해졌다. 사태의 급격한 전개에 총독부 내에서도 치안을 담당하는 경무국이 가장 민감하게 반응했다. 일본이 항복하면 이미 한반도에 진격한 소련군이 일거에 서울을 점령하고, 형무소에 수감되어 있는 조선인 정치범의 해방이 이루어져서 친소정권이 수립되면 일반 민중에 의한 약탈폭행이 빈발할 것을 두려워했다.

조선인 지도자에 대한 권한이양

조선총독부의 2인자인 정무총감 엔도 류사쿠遠藤柳作도 소련의 진격과 일본 패전이라는 사태를 목전에 두고 당시 조선에 재류하고 있던 약 70만 명이 넘는 일본인의 생명과 재산을 어떻게 지킬 것인가 하는 문제로 깊이 고민했다.

한일합방으로 종래의 통감부에 이어 조선총독부가 설치된 직후 조선으로 건너와 초대총독 데라우치 마사다케寺內正毅와 제2대 총독

하세가와 요시미치長谷川好道 초기
무단통치기에 총독부 관료를 지
낸 엔도는 아베 내각의 서기관장
(현재의 내각 관방장관)을 지낸 관계
로, 아베가 조선총독에 취임할 때
정무총감에 발탁되어 다시 조선
으로 와서 조선 지배의 최후를 지
켜보게 된다. 무단통치 전환의 계
기가 된 1919년 3·1독립운동도 직
접 지켜본 엔도로서는 일본의 패

| 조선의 마지막 총독 아베 노부유키 |

전과 그로 인해 야기될 혼란은 충분히 예상하고도 남을 정도였다.

1943년 11월 22일부터 26일까지 이집트의 카이로에서 미·영·중
3국 수뇌(루스벨트, 처칠, 장제스)가 참석한 가운데 카이로회담이 개최
되어 회담 종료 후인 12월 1일 카이로선언이 발표되었다. 선언 가
운데에서 미·영·중 3국은 "조선 인민의 노예상태에 유의하여 이윽
고 조선에 자유와 독립을 가져올 것을 결의한다"며 조선의 식민지
지배로부터의 해방과 독립을 처음으로 선언했다. 그리고 이 카이로
선언에서 명확해진 목표는 포츠담선언에서 "카이로선언 조항은 이
행된다"고 명기되어 계승되었다.

포츠담선언에서 조선 해방이 명기된 이상, 일본이 패전하면 조선
은 일본 영토가 아니라는 것이 확실했다. 그러나 거기에 살고 있는
일본인을 어떻게 취급할 것인지는 확실하지 않았다. 한일합방 이전
의 상태로 돌아가 거류민으로서 잔류할 수 있을지, 모든 일본인이
조선에서 추방될 것인지, 조선총독부 소멸 후에 잔류하든 추방되든

누가 일본인의 생명재산을 보호할 것인지……. 이 같은 난제에 골치를 앓고 있던 엔도에게 경무국장인 니시히로 다다오^{西廣忠雄}가 복안을 제안했다.

니시히로는 일반 민중의 약탈이나 폭행에 대한 방지책으로 정치범을 즉시 석방해서 조선인에 의한 치안유지 조직을 수립하는 것이 효과적이며, 이를 위해 여운형^{呂運亨}이나 안재홍^{安在鴻}, 송진우^{宋鎭禹} 같은 명망이 높은 민족운동가들에게 협력을 의뢰한다는 구상이었다. 엔도 역시 해방으로 조선인 자신들에 의한 정부가 조만간 수립될 것을 예측하고, 총독부 기능이 상실되어 사회가 혼란에 빠지기 전에 신정권의 조선인 지도자에게 총독부 권한, 특히 치안유지 기능을 맡기고 일본인의 보호를 도모하는 것이 최선의 방책이라고 생각했다. 니시히로의 제안은 때마침 적절한 것이어서 곧바로 치안을 맡길 조선인의 인선에 착수했다.

조선건국준비위원회 결성

제1차 세계대전 종결 직후인 1919년에 발생한 3·1독립운동의 실패로 해외로 망명한 독립운동가들은 상하이^{上海}에 '대한민국임시정부'(이하 '임정')를 수립하고 독립운동을 계속했다. 그러나 중일전쟁이 발발하자 충칭의 국민정부 밑으로 들어가 미일전쟁 시에는 일본에 '선전포고'를 했다. 충칭 임시정부 주석은 김구^{金九, 1876년생}였다. 한편 임정의 초대 대통령이면서 내분으로 임정에서 떨어져 나온 노혁명가 이승만^{李承晩, 1875년생}은 미국에서 조선독립운동을 벌였다. 그 외에

| 건국준비위원회 발족식에서 연설하는 여운형, 1945년 8월 16일 YMCA 강당 |

과거 만주 국경 주변에서 활발하게 게릴라 활동을 벌여온 김일성金
日成. 1912년생이 이끄는 항일 빨치산은 소련 영내로 피신해 있었다. 이
러한 해외 독립운동가와는 별도로, 조선 내에서도 조선총독부의 감
시를 받고 있던 민족주의자 여운형1885년생과 지하에 잠복해 있던 공
산주의자 박헌영朴憲永. 1900년생 등이 있었다.

　망명지인 상하이에서 신한청년당을 조직해 독립운동을 벌인 전
력이 있는 데다, 임정에 소속되긴 했지만 임정 내부의 파벌투쟁에
염증을 느끼고 조선으로 돌아온 여운형은 요주의 인물로 총독부의
감시를 받았다. 과거 고려공산당 활동으로 일본 경찰에 체포되어 3
년간 옥중에 있었고, 출옥 후에는 전시중임에도 불구하고 진보적인
언론활동을 계속해 총독부의 압력에도 굴하지 않았던 그의 태도는
조선 전역에서 폭넓은 지지를 받고 있었다. 엔도는 여러 독립운동

가 중에서 이 여운형을 주목했다.

옥음방송이 발표되기 네 시간 전인 8월 15일 오전 8시, 엔도는 총독부에서 여운형과 직접 협상을 벌였다. 이 자리에서 일본의 포츠담선언 수락 사실을 알리고 조선인에 의한 자치조직 결성을 요청했다. 엔도는 조선총독부 행정기구를 여운형을 중심으로 한 조선인 자치조직으로 그대로 이관해 사회적 혼란을 최소한으로 막으려 했다. 독립운동의 기수로서 조선인의 신망이 두터웠던 여운형은 생각지도 못한 이 제안을, 정치범의 즉시석방 등의 요구를 교환조건으로 즉석에서 결정하고 받아들였다. 국제정세 분석에 밝았던 그는 단파라디오를 통해 연합국 측의 정보를 일찍부터 파악하고 있었으며, 일본의 패전이 멀지 않았음을 예상하고 정확하게 1년 전 8월에 '조선건국동맹'이라는 지하조직을 결성, 일본 패전 후의 상황에 대비한 준비를 은밀하게 진행하고 있었다.

엔도의 제안을 받아들인 여운형은 8월 15일 옥음방송이 발표되자마자 곧바로 경성에서 조선건국준비위원회(이하 '건준')를 결성했다. 건준의 위원장은 여운형, 부위원장은 과거 〈조선일보〉 주필로서 계몽가로 평판이 높았던 온건파 민족주의자 안재홍1891년생이 맡았다. 이로써 당시 조선에 있던 각 계열의 사상 신조를 가진 독립운동가를 규합한 정치조직이 탄생하게 되었다.

조선총독부의 기능부전

조선총독부는 건준이 결성된 다음날인 8월 16일, 그동안 수감되어 있던 정치범의 석방을 개시했다. 여운형 등은 정오에 그들을 맞는 수천 명의 군중 앞에서 건준 결성 사실을 알리며 열변을 토했다. 오후 3시에는 안재홍이 경성방송국을 통해 건준 결성과 건준에 의한 치안유지와 정규군의 편성, 나아가 식량배급의 유지 등의 정책을 발표했다. 신정부 수립이라고도 볼 수 있는 이 방송은 남북한 전역으로 퍼지고 조선 민중의 기대와 흥분은 절정에 달했다. 그런 가운데 여운형을 중심으로 한 건준은 독립 후 정통정부로서의 조건을 갖추어나갔다.

한편 16일에 엔도는 조선총독부 식산국장을 역임하고 당시 경성전기회사 사장이던 호쓰미 신로쿠로穗積真六郎 등 일본인 유력자들을 불러 아베 총독 임석 하에 사태를 설명했다. 그러나 여기서 엔도는 총독부에서 적극적으로 사태를 수습할 의지를 보이지 않아 호쓰미 등을 실망시켰다.

옥음방송 후에도 38도선 이북에서 소련군의 군사행동은 멈추지 않았다. 소련은 평양을 향해 계속 진격했으며, 전화戰禍가 확산됨에 따라 총독부의 지방기관은 기능을 잃게 되었다. 한편 총독부의 지배기구가 손상되지 않았던 38도선 이남에서도 경성과 지방의 연락이 두절되곤 해서 사회질서를 유지할 수 있으리라는 전망이 서지 않았다.

조선에서는 일본인이 사회 중추부에 군림해 있었지만, 전화국 교환수나 철도 운전수, 우편배달부, 하급 관리, 나아가 순경에 이르기까지 사회의 실무는 조선인이 담당하고 있었다. 그 중에서도 치안유지의 중핵을 담당하는 경찰관의 7할이 조선인으로, 패전 당시 일본인 경찰관은 겨우 6천 명에 불과했다(《朝鮮總督府終政の記録》).

패전으로 인해 그때까지 조선인들을 억압해온 정치권력이 와해되었기 때문에 한국병합 이래 절대권력을 자랑했던 조선총독부는 점차 조선 전역을 통제하기가 불가능해졌다. 총독부가 여운형 등의 건준 결성을 후원한 이유는 적극적인 의도에서라기보다는 사태 수습을 떠넘기려 한 기색이 농후했다.

일본인 조직의 결성

총독부의 미온적인 태도에 실망한 재조在朝 일본인들 사이에서는 총독부에 의지하지 않고 자력으로 사태를 헤쳐나가려는 분위기가 조성되었다. 〈아사히신문朝日新聞〉 경성지국장이었던 이쥬인 가네오伊集院兼雄가 중심이 되어 일본인 민간인의 연락기관이 이미 18일에 결성되었다. '경성내지인세화회京城內地人世和會'라고 이름 붙인 이 단체의 회장에는 호쓰미가 취임했다. 사실 이 명칭에는 당시 재조 일본인의 패전의식이 짙게 배어 있다. 명칭이 결정되기까지 '일본인세화회'로 할 것인지 아니면 '내지인세화회'로 할 것인지 논의가 분분했으나 이쥬인은 거류민단으로서의 성격을 강조했고, 호쓰미도 이 단체가 장래 거류민단의 모체가 될 것으로 판단했다.

조선에 거주하고 있던 일본인 중에서는 한일합방 전인 1876년의 '강화도조약'으로 거류민이 되어 인천이나 부산에서 살면서, 벌써 제2세대와 제3세대가 된 사람들도 많았다. 따라서 재조 일본인 사이에서는 아무런 생활기반도 없는 일본 본토로 귀환하기보다는 한일합방 이전 상태, 즉 거류민으로 되돌아갈 수 있으면 좋다고 생각하고 계속 잔류해서 조선 땅에 뼈를 묻고 싶다는 의견이 강했다. 당시 경성 가까이 있는 데다 부산과 더불어 가장 오래 전부터 일본인이 정착해 살았던 인천에서는 잔류냐 귀환이냐를 놓고 의견이 두 쪽으로 갈라질 정도였다.

이러한 심리적 배경 하에서 '일본인세화회'라는 명칭은 조선을 일본으로부터 분리하고 외국시하는 것이라고 해서 용인되지 않았고, 그 대신 식민지 의식이 강한 '내지인세화회'라는 명칭이 지지를 받았다. 덧붙여 말하면 '내지인'이란 전시 중에 조선인을 지칭한 '반도인^{半島人}'과 대비되는 말로 일본인을 지칭하는 용어였다.

'경성내지인세화회'의 결성 소식은 라디오를 통해 조선 전역에 알려졌고, 이를 기화로 각지에서 세화회가 속속 결성되었다. 경성내지인세화회는 당초 재조 일본인 사이의 연락기관으로 자리매김했지만, 패전 후 사회혼란이 격화됨에 따라 피난민을 포함한 재조 일본인을 보호하고 지원하는 사회원호조직이 되었다. 그리고 그 지원에는 무기력한 총독부를 대신해 제17방면군(조선군)이 적극적으로 팔을 걷고 나서게 된다.

조선군의 막강한 군비

조선 지배의 실무는 조선총독부가 맡고 있었다. 그러나 이를 군사력으로 지탱했던 것은 조선군이었다. 조선군의 기원은 오래 전인 1904년 러일전쟁 개전 직후에 체결된 한일의정서에서 일본의 주류권^{駐留權}이 인정되고, 한국 주찰군^{駐箚軍, 외교 사절로 머물러 있는 군대}으로 탄생한 것으로 거슬러 올라간다.

조선군은 경성 교외에 있는 용산과 함경북도의 나남羅南에 사단을 두었으며(조선군 사령부는 용산에 소재), 외지에 설치한 군대로서는 최대 규모를 자랑했다. 게다가 당초에는 헌병을 통해 경찰력도 장악하고 있어서 총독부의 강권지배를 지탱하는 존재로서 중시되었다. 3·1독립운동을 계기로 종래의 무력에 의한 강권지배가 '문화통치'로 전환되면서, 조선군도 그 영향력이 저하되었지만, 1931년 만주사변이 일어나자 관동군을 지원하기 위해 독단적으로 압록강을 건너 사변 확대의 방아쇠를 당겼으며, 당시 사령관이었던 하야시 센쥬로林銑十郎는 '월경장군越境將軍'으로 명성을 날렸다.

만주사변 이전까지는 한 개 사단 정도의 병력밖에 없었던 관동군에 비해 조선군은 두 개 사단으로 약 두 배 규모를 자랑했다. 그러나 1932년에 만주국이 탄생하면서부터는 한반도의 군사적 중요성이 떨어지고, 거대화해가는 관동군과는 대조적으로 조선군의 지위도 저하되어 대전 말기인 5월 30일, 본토결전이 현실화하자 한반도는 38도선을 경계로 군사작전구역이 분할되었다. 한반도 전역은 조선군관구가 되었고, 조선군사령부는 조선군관구사령부로 개칭, 유사시에는 38선 이북의 군사작전은 관동군이, 이남은 제17방면군의 지휘 하에 들어가게 되었다. 나아가 소련과 국경을 접하고 있는 함경북도의 나남사단은 관동군에 편입되었다.

패전 직전에 소련군이 침공하자 한반도는 남북으로 군사작전 담당지역이 분할되어 38도선 이북의 소련군과의 전투는 관동군이 담당하게 되었다. 용산에 있던 조선군관구사령부는 제17방면군의 지휘 하에 들어가 패전 무렵에는 실질적으로 38도선 이남만을 관할하고 있었다.

대본영은 본토결전이 시작되면 오키나와를 점령한 미군이 일본 본토 진공작전의 일환으로 대륙과 일본의 연락을 차단하기 위해 제주도나 한반도 남부에 상륙할 것으로 예측하고 있었다. 그렇기 때문에 제주도를 포함한 조선 남부에 제17방면군을 신설해서 미군의 상륙에 대비하고자 했던 것이다. 또 제17방면군 사령관은 조선군관구 사령관을 겸임하고 있었으므로 실질적으로는 조선군관구사령부와 일체였다.

대본영의 예상과는 정반대로 미군은 커다란 희생을 낳을 우려가 있는 제주도 상륙이 아니라 제해권과 제공권을 장악해 일본 본토와 한반도를 분단시키는 작전을 구사했다. 그러나 일본군은 제주도의 군사요새화를 급속하게 서둘렀다. 그래서 제주도 방위를 담당하는 제58군이 설치되어 패전 직전에는 병력이 반년 사이에 약 1천 명에서 6만 명으로 60배까지 불어났다. 당시 22만 명을 헤아리는 제주도민의 소개疏開는 수송선박의 부족 등으로 중단되었기 때문에 만약 전쟁이 장기화되어 미군이 상륙해서 전투가 벌어졌다면 제주도는 도민을 끌어들인 '제2의 오키나와'가 되었을 공산이 컸다.

제17방면군의 증강은 제주도뿐만 아니라 미군의 상륙이 예상되는 조선 남부 연해에서도 이루어져 만주와 화북에서 부대가 속속 이동해왔다. 이런 긴박한 상황 속에서 일본은 패전을 맞았다. 그렇기 때문에 증강된 제17방면군은 손상을 입지 않은 채 조선 남부에 존재하게 되었던 것이다(자료들에 따라 다르기 때문에 정확한 숫자는 명확하지 않지만 패전 당시 남한에는 약 23만 명의 육군, 약 3만 명의 해군 병력이 존재했다고 한다).

평온한 패전 후의 10일간

15일 정오 옥음방송을 들은 경성제국대학 의학부 조교수 다나카 다다시田中正四는 전시 중에 학술조사차 뉴기니를 방문했을 때부터 패전을 예감하고 있었다. 패전을 비관한 다나카는 그날 오후 강의를 휴강하고 앞으로 닥쳐올 고난을 각오하며 밤을 맞았다. 그러나 "역사적인 그날 밤에는 아무런 일도 일어나지 않은 채 날이 밝았고, 다음날 아침에는 '지극히 평온'한 경성 거리를 지나 평소와 다름없이 대학으로 출근했다."(《痩骨先生紙屑帖》)

마침 옥음방송이 발표된 직후인 이날 오후 1시부터 경성운동장에서 히로시마에서 원폭으로 서거한 이우李鍝의 장례식이 아베 총독과 엔도 총감, 고쓰키 요시오上月良夫 제17방면군 사령관, 그리고 천황 대리로서 궁내성 식부式部[1] 차장 호죠 우토시나가坊城俊良가 참례한 가운데 육군장으로 엄숙히 거행되었다. 경성은 옥음방송이 발표된 직후에는 의외일 정도로 차분했다는 사실을 당시 서울에 살았던 한국인들의 증언에서도 확인할 수 있다.

경성 거리가 소란스러워진 것은 16일부터였다. 다나카는 대학에서 돌아오는 길에 "히노마루(일장기)를 卍자나 卐자 모양으로 기워서 네 모서리가 점집 깃발 같은 모양"의 태극기가 거리에 흘러넘치고, 전차나 트럭에 가득 탄 사람들이 만세를 부르고 있는 것을 목격한다(《痩骨先生紙屑帖》). 경성 거리가 독립만세를 외치는 조선인들로 흘러넘치게 된 것은 15일 정오 옥음방송 직후가 아니라 하루 지

---

1   궁중의 의식을 맡아보는 직책.

나서부터였다.

　다나카가 재직했던 대학은 17일이 되자 조선인 교직원과 학생들이 점거해버리고 일본인 교직원은 순식간에 주눅이 든 입장에 처했다. 그러나 경성의 소동은 채 이틀도 지나지 않아 다시 평온을 되찾았다. 그러자 지금껏 우왕좌왕하던 일본인들이 침착함을 되찾은 동시에 조선인이 의외로 온순해서 '돌연 강경하게' 나오는 형국이 되었다. 다나카의 대학에서도 일본인 교원들이 패전 당시의 저자세에서 강경자세로 돌아서서 조선인이 하는 짓은 용납하기 어려우니 단호하게 눌러야 한다는 말까지 나오게 되었다. 마침내 경성에서는 며칠 전 일본이 패했다는 사실이 마치 '거짓말처럼' 패전국민으로서 실감이 나지 않는 기묘한 기운이 감돌기 시작했다(《瘦骨先生紙屑帖》).

　사실 남한에서 폭행 약탈이나 관공서 습격 같은 사건은 17일부터 22일까지 집중되었지만, 23일 이후에는 급감했다. 또 황민화의 상징이었던 조선신궁[2]에서는 이렇다 할 혼란에 휩싸이는 일 없이 16일 승신昇神 의식[3]이 엄숙히 거행되어 미마타시로御靈代[4]와 가미다카라神寶[5]는 내지內地의 궁내성으로 봉환되었다. 그리고 신사의 사전祀殿은 그 후에도 손상되지 않았으며, 최종적으로는 10월 8일에 미군정청의 허가를 받아 일본인에 의해 해체·소각되었다. 이처럼 경성은

2　일제 강점기에 서울 남산에 세워졌던 신도神道의 신사. 총독부가 조선에서 일본의 식민행정과 황민화 정책을 추진하기 위해 세운 것으로, 1925년 조선신사에서 조선신궁으로 명칭이 바뀌었다. 조선신궁의 주제신은 일본 건국신인 아마테라스 오미카미와 메이지천황이었다. 1930년대 후반부터는 전쟁 시국을 맞아 총독부가 신궁 참배를 강요해 참배객이 크게 늘어났다. 일본 패전 다음 날인 1945년 8월 16일에 스스로 폐쇄 행사인 승신식을 연 뒤 해체작업을 벌여 10월 7일 소각 처리되었다.

3　신이 강림한 곳에서 되돌아가는 의식.

4　미마타시로는 '고신타이御神體'라고도 하며 거울鏡, 검劒, 돌石 등이 그것인데, 신이 강림하여 깃들여 있는 신령神靈의 일부라고 믿는다.

5　신사의 본전에 보관되어 있는 유서 깊은 보물

지배와 해방 사이에서 조금씩 흔들리고 있었다.

38도선 이북이 전화에 휩싸여 대혼란에 빠진 것과는 대조적으로 이남은 조선인의 시위운동이나 산발적인 폭력행위, 일본기관이나 기업에 있던 조선인의 사보타지가 있었지만 대혼란과 같은 사태로는 발전하지 않았으며, 사회는 일정한 질서를 유지하고 있었다.

8월 16일부터 25일 사이에 일어난 살상사건의 피해자는 일본인(살해 6건, 상해 8건, 폭행 21건)보다도 조선인(살해 21건, 상해 67건, 폭행 118건)이 더 많았다. 경찰관이나 관리였던 조선인이 친일파로 가장 먼저 지목되었던 것이다(《朝鮮總督府終政の記錄》). 일본인을 상대로 한 사건이 별로 일어나지 않았던 요인으로는 권위를 잃어가고 있던 총독부와는 달리 여전히 군사력을 유지하고 있던 제17방면군의 존재를 무시할 수 없다. 경성내지인세화회가 발족했을 때, 제17방면군은 이 단체에 대한 전면적인 지원 방침을 표명하고, 군용전화를 사용해서 조선 각지에 세화회 결성을 제안했으며, 또 관할부대를 통해 세화회에 협력하도록 명령을 내렸다. 이는 군조직이 완전히 유지되고 있었기 때문에 가능한 일이었다.

조선인 단체의 난립과 군의 개입

한국에서는 8월 16일 이후 우후죽순처럼 각종 정치단체가 결성되었다. 건준은 이러한 단체를 통합하는 입장이었지만, 순식간에 통제불능 상태에 빠져버렸다. 여운형은 사소한 사상이나 신조, 정치적 입장을 넘어 조선인의 대동단결을 원했지만, 식민지 시대에 온

건한 자치운동을 주창했던 우파민족주의자 송진우1890년생는 그의 호소에 응하지 않고 건준과는 일관되게 거리를 두고 있었기 때문에 처음부터 여운형의 계획에 차질이 생겼다.

결국 유형무형의 '독립조직'이 난립해 제각기 정치적 정통성을 주장하기에 이르자 한국사회는 통합은커녕 극심한 혼란에 빠졌다. 그 와중에 18일 여운형이 괴한의 습격으로 중상을 입어 치료를 하느라 귀중한 일주일을 허비해야만 했다. 게다가 여운형이 휴양하는 동안 건준을 이끌고 있던 안재홍이 온건파 규합에 나섰지만, 오히려 건준 내부에서 좌경화를 강화하는 결과를 초래하였으며, 이를 계기로 안재홍은 건준에서 이탈하게 된다.

16일에 이루어진 안재홍의 방송은 정책발표인 동시에 일본인의 생명과 재산을 지킬 수 있도록 한국인 스스로의 경거망동을 경계하자는 것이었다. 하지만 이 방송을 계기로 서울에서는 한국인들의 시위행동이 격화되었고, 경찰서 접수에서부터 무기 압수, 더 나아가 행정·교육·언론 각 기관이나 기업 등의 접수가 빈발하면서 총독부의 기대와 달리 사태는 반대 방향으로 전개되기 시작했다. 예상 외의 사태에 당황한 엔도는 17일 여운형에게 건준의 활동을 제한해달라고 요청했다. 그리고 18일에는 니시히로가 안재홍에게 건준의 해산을 요구했지만, 안재홍이 이 제안을 거부하면서 총독부의 구상은 빗나가고 말았다. 이런 가운데 서울의 혼란에 가장 먼저 반응을 보인 곳은 서울의 치안임무를 담당하고 있던 제17방면군 예하의 조선군관구사령부였다.

엔도와 여운형의 협상을 알고 있던 군은 총독부를 대신해 치안유지의 전면에 나서기로 결정하고, 18일에 라디오로 치안유지를 위해

서는 무력행사도 불사할 것이라고 발표했다. 그리고 20일에는 서울 각지에 부대를 배치, 본격적인 치안확보에 나섰다. 군은 건준을 "중견간부 이하는 거의가 공산계"이며 그들이 조선 민중을 "선동하고 치안을 교란"시키고 있다고 간주하고 있었다(《朝鮮の狀況報告》). 서울이 며칠 만에 평온을 되찾게 된 이유는 여기에 있었다. 그리고 이러한 상황을 보고 총독부도 태도를 180도 전환해 건준에 권력을 이양한다는 당초의 구상은 어느 사이엔가 사라져버리고 말았다.

건준을 단념한 총독부

패전 전후 총독부가 보이던 저자세는 갑작스런 변화의 조짐을 보였다. 22일, 내무성이 총독부에 한반도의 일본군 무장해제는 38도선 이북은 소련군이, 남쪽은 미군이 담당한다는 연락을 해왔다. 이로써 서울에 미군이 진주한다는 사실이 명백해지고, 지금까지 우려해온 소련군의 서울 진주라는 사태는 피할 수 있게 되었다. 그러나 미군의 진주는 일본군의 무장해제와 한반도에서의 철수를 의미했다. 그렇게 될 경우 방면군을 대신해 총독부가 미군과 협력해서 치안유지를 담당할 것으로 예상했다. 사실 내무성에서는 19일, 조선과 타이완, 사할린에 머물고 있는 민간인은 "가능한 한 현지에서 공존친화共存親和의 결실을 거둘 수 있도록 인고하고 노력한다"는 방침을 결정했다. 앞서 제2장에서 본 것처럼, 14일에 대동아 대신이 보낸 통첩은 대동아성 관할지역(만주국·관동주 및 일본군 점령지역)의 재류 일본인이 그 대상이었지만, 조선과 타이완, 사할린을 관할하는

내무성도 이를 따른 것이다(〈朝鮮 台湾及樺太二関スル善後措置要領〉). 일본 정부의 이 같은 방침은 총독부에게는 커다란 문제였다. 민간인은 계속 현지에 머물러 있는데, 그들을 보호해야 할 군대는 본국으로 귀환해야 하는 사태에 직면한 것이다. 약체화한 경찰력에는 더 이상 기대할 수 없는 상황에서 진주해오는 미군이 과연 어떻게 나올지가 최대의 관심사였다.

26일 도쿄에 진주군과 연락을 담당할 '종전연락중앙사무국'이 설치되자, 총독부는 27일 서울에 '종전사무처리위원회'를 설치했다. 총독부는 통치기능이 약화되어 이전처럼 제 기능을 발휘하지는 못했지만, 이 위원회는 그 설치 목적이 진주해오는 미군에게 사무인계를 담당한다는 매우 중요한 의미를 가지고 있었다. 즉 이 시점에서 총독부는 권력이양의 상대를 미군으로 한정하고 있었으며, 이 같은 사실은 패전 시점에서 채 반달도 지나지 않아 건준을 포기했다는 것을 의미하기 때문이다. 전화에 휩싸이지 않았던 남한에서 사회적 대혼란이 일어나지 않은 대신, 한국인들 사이에서 정치적 혼란이 확대되었던 것이 치명상이 되었던 것이다.

총독부는 29일 도쿄로부터 9월 7일에 미군이 진주한다는 연락을 받고, 그 준비로 분주해졌다. 한편 제17방면군은 오키나와에 진주한 미군과 직접 절충을 벌여 한국에는 오키나와의 미 제24군이 진주하는 것으로 결정되었다. 제24군은 원래 제주도 상륙작전을 상정해서 편성된 부대로, 군사령관인 하지John R. Hodge 중장이 그대로 군정의 최고책임자로 부임하게 되었다.

미군의 진주-일본의 조선 지배 종언

9월 6일, 미 제24군 선견대 대표로 김포비행장에 도착한 해리스 Charles S. Harris 대장代將은 일본군 및 총독부 측과 예비교섭을 시작했다. 그 결과, 항복문서 조인식까지 서울과 인천지구에 주둔하는 일본군 부대는 서울 남쪽을 가로지르는 한강을 지나 수원 이남으로 철퇴하기로 결정했다. 그리고 태풍의 영향으로 예정보다 하루 늦은 8일에 하지 중장이 제24군 휘하 제7사단을 이끌고 인천에 상륙, 9일 아침 서울로 진주했다.

  9월 9일 16시, 조선총독부 제1회의실에서 미군 태평양방면 최고 사령관인 재조선 미군사령관 하지 중장과 미 해군대표인 킨케이드 Thomas C. Kinkaid 대장으로 대표되는 승전국 미국과, 제17방면군 사령관 고쓰키 요시오와 진해 경비사령관 야마구치 기사부로山口儀三郎 중장, 그리고 조선총독부 아베 노부유키로 대표되는 패전국 일본 사이에 북위 38도선 이남 일본군의 무조건항복과 시정권施政權 이양 등을 결정한 항복문서 조인식이 거행되었다. 그리고 16시 20분에 총독부 정문 앞에 펄럭이고 있던 일장기가 내려가고 미국 군악대가 연주하는 가운데 성조기가 게양되었다. 정문 앞에 모여든 수천 명의 군중들은 일제히 '박수'를 터뜨렸다.

  이렇게 해서 한일의정서로부터 41년, 한일합방으로부터 35년에 걸쳐 계속된 일본의 조선 지배는 마침내 종언을 고했다. 그러나 그 과정에서 조선인이 주체적으로 참여하는 일은 없었다. 정치적 혼란 속에서도 여운형이 이끄는 건준은 남한 일대에서 영향력을 확대해 나갔지만 그 성격은 차츰 좌경화 양상을 띠었고, 마침내 8월 28일

| 항복문서에 서명하는 아베 노부유키 |

에는 조선 민중의 통일기관으로 신정권 수립에 매진할 것을 선언했다. 또 총독부와 미군 사이에서 예비교섭이 진행되고 있던 9월 6일에는 '전국인민대표자대회'를 개최해서 민주적인 인민정부로서 '조선인민공화국'의 즉시 수립을 결정, 국가조직법안을 채택하고 중앙위원 및 고문을 선출했다. 이로써 한국인의 비원인 독립국가가 오늘내일 사이에 금방이라도 수립될 것 같은 기세였다.

'그저 쓴웃음을 지을 뿐'

'조선인민공화국'의 즉시 수립을 결정한 9월 6일은 여운형과 그가 이끄는 건준으로서는 절정기였다고 할 수 있다. 그러나 같은 날 진행된 미일예비교섭에서는 그들의 기대와 어긋나는 협상이 이루어지고 있었다. 총독부와 미군의 실무 담당자 사이에 이루어진 예비 교섭에서 총무과장인 야마나 미키오山名酒喜男는 교섭위원인 아고R.W. Ago 대령에게 현재 총독부의 기능이 대폭 저하되고 있는 상황이므로 한국인 유력자를 등용해서 인사쇄신을 꾀해야 한다고 제언했다. 이에 대해 아고 대령은 현상 유지로 충분하다고 대답하면서 총독부 측의 제언을 물리쳤다. 또 야마나가 "조선인은 미군을 독립의 복음을 가져오는 구세주로 환영하고 있는데 (실제로는) 어떠한가?"라고 묻자 아고는 "그저 쓴웃음을 지을 뿐"이었다고 한다. 야마나는 이같은 태도를 보고 아고를 비롯한 미군 장교들이 한국인의 통치능력을 전혀 평가하지 않고 있으며, 또 한국의 독립은 아직 멀었구나 하는 것을 깨달았다고 한다(《朝鮮總督府終政の記録》).

사실 9월 8일 미군이 상륙할 때, 건준은 여운형의 환영 메시지를 지닌 사절을 인천에 보내 하지에게 면회를 신청했다. 그러나 미군은 그들을 만나려 하지 않았다. 이어서 9월 7일에는 미 태평양 육군 최고사령관 및 연합군 총사령관 맥아더의 이름으로 '포고령 제1호'를 발표하고, 맥아더의 권한 하에 북위 38도선 이남의 조선에 당분간 군정이 실시된다고 공포했다. 이 포고령 제1호에 의해 여운형이 추구한 '조선인민공화국'의 즉시 수립은 완전히 부정되고 말았다. 또 이 포고령 제5조에서는 남한의 공용어를 영어로 규정했다. 지금까지 공용어였던 일본어가 영어로 바뀌었을 뿐이었다. 또 항복문서 조인 직후에 하지는 한국인에 대한 성명을 발표했는데, 그 내용은 미군의 정책에 대한 절대 복종을 요구하는 것으로 한국의 독립은 거기에 좌우된다는 고압적인 것이었다.

총독부도 미군도 한국인의 통치능력에 조금도 기대하고 있지 않았던 것이다. 이 같은 사실과 더불어 9월 9일 총독부 정문에 성조기가 나부끼는 모습을 보고 한국인들이 '박수'를 쳤다는 것은 너무나도 역설적인 광경이었다고 하겠다.

조선공산당의 등장과 총독의 귀환

건준 내부의 온건파 민족주의자를 대표하는 안재홍은 건준이 좌경화하는 가운데 고립되어 9월 4일 건준을 탈퇴, 조선국민당朝鮮國民黨을 조직하고 여운형과 결별했다. 또 송진우도 16일 한국민주당韓國民主黨을 조직하고, 미군정에 적극적으로 협력했다. 그리고 10월 10일에는 아놀드Archibald V. Arnold 군정장관이 조선인민공화국을 부인하고 해체를 명령함으로써 여운형은 급속히 정치적 구심력을 상실하게 되었다. 하지만 이를 대신해 강력한 징치집단으로 등장한 깃이 바로 조선공산당이며, 그 지도자는 박헌영이었다.

박헌영은 1925년 4월 조선공산당 창설에 참여했으며, 일본 식민지 시대에 전개된 조선 공산주의운동의 중심적 활동가였다. 세 번이나 체포되고서도 전향하지 않았던 그는 전시 중에 공산당 재건을 도모하면서 지하로 잠적, 광주의 기와공장에서 직공으로 은신하던 중에 8·15를 맞았다. 그는 건준이 활동을 막 개시할 무렵 돌연 서울에 모습을 드러냈다. 그때까지 그의 경력에서 뒷받침되는 카리스마는 사회주의나 공산주의 활동을 해온 좌익계 독립운동가들을 끌어들이기에 충분했으며, 건준이 퇴조해가던 9월 11일 조선공산당 재건을 선언했다. 이후 남북에 걸쳐 박헌영은 조선공산당 지도자로서 정치의 전면에 등장하게 된다.

이러한 한국인 내부의 혼란은 아랑곳없이 패전 전후부터 심신이 모두 쇠약해져 병상 신세를 지기 일쑤였던 아베는 항복문서 조인식에 참석하는 것조차도 어려울 정도였다. 9월 12일 미군이 조선에서 퇴거하라는 명령을 내리자 19일 미군이 준비한 비행기를 타고 일본으로 돌아갔다. 그에 앞서 아베의 가족도 재빨리 자신들의 나라로 돌아갔다. 식민지 통치기관의 최고책임자로 유일하게 무사히 일본으로 귀환한 아베는 귀국 후 9월 28일부로 조선총독을 퇴관하고, 그 후에도 전범으로 재판받는 일도 없이 도쿄에서 안온한 만년을 보냈다.

엔도를 비롯한 조선총독부 간부들은 사무인계를 위해 당분간 군정청의 고문으로 잔류, 일부는 공금 용도에 의혹이 제기되어 구류된 경우도 있었지만 연내에는 전원이 조선을 떠났다. 북한에서 소련군에게 구인된 일부 간부를 제외하면, 조선에서 절대적인 권력을 장악했던 총독부 간부는 조용히 조선에서 물러간 것이다.

총독부로부터 시정권을 이양받은 미군은 9월 20일 미군정청을 설치하고 실질적인 군정을 개시했다. 호쓰미 등 내지인세화회도 그에 앞서 15일에 '일본인세화회'로 개칭했다. 잔류와 귀국, 그 사이에서 흔들리고 있던 재조 일본인도 미군정의 본격적인 개시로 대일본제국의 종언을 피부로 실감하는 가운데 본국 귀환을 결심하지 않을 수 없었다.

민간인 귀환

미군은 한반도에서 모든 일본인을 본국으로 철수시킨다는 방침을 세웠다. 먼저 병사의 귀환을 우선하기로 했다. 포츠담선언에는 일본군의 즉각적인 무장해제와 조기 본국 귀환을 조건으로 하고 있었지만, 민간인에 관해서는 아무런 언급이 없었다. 연합국은 무엇보다도 병사의 귀환을 중시했다.

조선에서는 항복문서 조인 이후, 제17방면군에 소속된 부대의 무장해제도 진행되었다. 미군의 진주가 느린 속도로 진행되었기 때문에 일거에 이루어지지 않고 지역에 따라 시간차가 있었다. 그렇기 때문에 모든 부대의 무장해제와 철수가 완료된 것은 10월 들어서였다. 그리고 제17방면군의 철수가 완료된 직후부터 재조 일본인의 귀환 계획도 실행에 옮겨졌다. 10월 3일 아놀드 군정장관의 재조 일본인의 본국송환 발표를 계기로 일본인의 귀환이 본격화되었다. 북한에서 탈출해온 일본인을 제외하고 이듬해 봄까지 40만 명이 넘는 남한 내 민간인의 거의 대부분이 일본으로 귀환했다. 그 반면, 일본에서도 많은 한국인들이 고향으로 돌아왔다. 이처럼 한국인과 일본인이 자신들의 고국을 향해 오갔던 현해탄을 사이에 두고 한국과 일본은 분리되고 있었다.

또 그 사이 8월 24일에 한국인 징용노동자를 태운 우키시마마루浮島丸호가 시모기타下北 반도에서 한국을 향하던 중 마이즈루舞鶴 항에서 폭발로 침몰해 549명(일본인 선원 25명 포함)이 희생되었으며, 10월 14일에는 한국에서 일본인을 태운 다마마루珠丸호가 이키가쓰모토壱岐勝本 만에서 역시 폭발로 침몰해 545명이 넘는 인명이 희생되는 비극이 발생하기도 했다. 이 두 건의 해난사고는 도오야마루洞爺丸호 조난사건(1954년 태풍으로 세이칸靑函 연락선이 침몰한 사고. 사망 및 실종 1천 155명) 다음으로 큰 희생자를 낳은 사고로, 이러한 비극은 현재 일본에서는 거의 잊혀지고 있다.

조선 독립에 대한 영·미의 저평가

연합국은 카이로선언에서 일본의 식민지 지배 하에 놓여 있던 조선의 해방을 주장했으며, 포츠담선언도 그 정신을 계승하고 있다. 그러나 전쟁종결로 해방과 동시에 독립국가가 수립된 것은 아니며, 일정 기간 연합국의 신탁통치를 받기로 결정되었다. 제2차 세계대전에서 연합국은 자유와 민주주의를 표방했지만, 민족자결과 식민지 해방을 내건 것은 아니었다. 본래 연합국의 주적이었던 독일은 '제3제국'이라고 불렸지만, 식민지를 갖지 못한 이름뿐인 '제국'이었다. 그래서 대독일전에서 민족자결이나 식민지 해방은 대의명분이 될 수 없었다.

추축국 중에서 최대의 식민지 제국이었던 일본이 참전한 후에도 이 같은 자세는 마지막까지 변하지 않았다. 그렇게 된 데에는 세계 최대의 식민지 제국이었던 영국의 존재가 무엇보다 컸다. 인도를 중심으로 한 식민지에 의해 지탱되고 있던 대영제국의 입장에서 식민지 해방을 슬로건으로 내 거는 것은 자살행위나 다름없었기 때문이다. 또한 영국 다음 가는 식민지 제국이었던 프랑스나 인도네시아를 식민지로 갖고 있던 네덜란드에게도 이런 사정은 마찬가지였다. 다민족 국가인 소련이나 중국도 국가의 분열을 야기할 수 있는 슬로건을 내걸 이유가 없었다. 필리핀을 식민지로 갖고 있으면서 제2차 대전 발발 전에 필리핀 독립을 결정한 미국만이 연합국 중에서 이질적이었던 것이다.

연합국 중에서 조선 독립에 집착한 것은 중국이었다. 전후 중국의 안정을 위해 한반도에 독립된 국가가 불가결하다고 생각했던 장제스는 카이로회담에서 조선 독립을 언급할 것을 강력하게 요청했고, 그 결과 카이로선언에 그러한 내용이 포함되었다. 하지만 카이로선언의 초안단계에서는 조선 독립이 "at the earliest possible moment(가능한 한 빠른 시일 내에)"로 되어 있었으나 논의를 계속하는 가운데 표현이 약화되어 최종단계에서는 이 회담에 이은 테헤란회담과 노르망디 상륙작전에 골몰한 처칠에 의해 "in due course(적절한 시기에)"로 수정되어버렸다(FRUS, The Conference of Cairo and Teheran). 영국은 조선의 독립이 인도 독립문제로 번지는 것을 무엇보다 우려했던 것이다.

루스벨트는 같은 민주당 출신 대통령으로, 제1차 세계대전 후 세계를 주도하고자 했던 우드로 윌슨Woodrow Wilson이 주창한 민족자결을 전후구상의 주축에 놓고 있었다. 그러나 앞에서 언급했듯이, 다른 연합국 수뇌들은 그다지 관심을 나타내지 않았다. 게다가 루스벨트 자신도, 스페인의 노예적 식민지 지배에서 해방되어 민주주의의 진열장으로 발전했다고 미국이 자부하고 있던 필리핀처럼, 정치·경제적으로 미성숙한 민족에 대해서는 성급히 독립시킬 것이 아니라 일정 기간 연합국의 신탁통치 하에 정치·경제적인 발전의 토양을 배양한 후에 독립시켜야 한다는 생각이었다.

조선의 독립에 대해서도 루스벨트는 즉시 독립을 생각하지 않았으며, 독립까지 20년 내지 40년은 걸린다고까지 말했다. 그는 1천 300년 이상 통일국가의 역사를 갖고 있었을 뿐 아니라 불과 35년 전까지 독립국가였던 조선을 필리핀 정도로밖에 인식하지 못했던 것이다.

30분 만에 결정된 '38도선'

미국으로서는 대일전 과정에서 한국의 전략적 중요성은 줄곧 크지 않았으며, 그것은 한국 자체에 대한 무관심과도 관련이 있었다. 그렇기 때문에 소련의 대일참전으로 소련군이 한반도에 진격해도 미군의 대응은 신속하지 않았고, 따라서 소련군이 일거에 한반도 전역을 석권할 우려가 있었다.

소련 참전 후인 8월 10일, 일본으로부터 처음으로 포츠담선언 수락 의사가 전해지고 번즈 회답안이 황급히 작성되고 있던 워싱턴에서는 그날 밤부터 다음날 새벽까지 SWNCC(국무·육군·해군 3성 조정위원회)가 개최되었다. 여기에서 일본 항복 시 연합국 군대에 최초로 발포된 일반명령 제1호의 초안이 작성되었다. 그 중심 내용은 일본의 무장해제를 담당할 연합국의 관할구역을 확정하는 것이었다. 조선에 대해서는 이미 소련군이 진격해 있는 반면, 미군은 아무런 발판도 마련하지 못한 것이 문제였다. 이대로라면 한반도에서 일본군의 무장해제는 소련군이 담당하게 되어 사실상 조선은 단 며칠밖에 대일전에 참가하지 않은 소련의 단독점령 하에 놓이게 될 상황이었다.

3년 반 동안 대일전을 거의 단독으로 수행해온 미국으로서는 한반도를 미군의 관할구역에 넣고 싶었지만 소련에 맞서 한반도에 상륙하는 것은 시간적으로나 능력상으로나 불가능한 일이었다. 한반도 어딘가에 미국과 소련의 경계선을 그어서 최소한의 영향력이라도 확보하는 것밖에 바랄 수가 없었다. 소련의 한반도 진격과 일본의 항복이라는 긴박한 상황 하에서 불과 30분 만에 SWNCCC 회의에 초안을 제출하라는 명령을 받은 본스틸Charles H. Bonesteel 대령과 러스크Dean Rusk 대령은 벽에 걸린 작은 지도를 보면서 경성을 미군 관할지역에 포함시키고, 한반도를 거의 2등분할 수 있는 북위 38도선을 미소의 경계선으로 정하는 초안을 완성했다(*FRUS, 1945, vol.6, As I Saw It*).

역사적 대사건은 흔히 인간의 야심이나 이상에서가 아니라 무지나 태만에서 비롯되지만, 지금까지도 지속되고 있는 한반도의 남북분단은 조선에 대해 제대로 알지도 못한 두 명의 군인에 의해 결정되었다고 할 수 있다. 또한 이 초안 작성에 관여한 러스크는 후일 케네디John F. Kennedy와 존슨Lyndon B. Johnson 정부에서 국무장관이 된 바로 그 딘 러스크이다. 그는 베트남의 남북분단을 유지하기 위해 미군의 적극 개입을 주도한 것으로 유명하다.

이때 그어진 38선은 패전 직전 '대륙명 1399호'에 의해 관동군과 제17방면군 작전구역의 경계가 되었던 것과 겹친다. 전후 어느 시기까지 38도선은 패전 직전 대본영에서 내렸던 결정이 한 요인이었다고 언급되기도 했지만, 실제로는 단지 우연의 일치일 뿐이다.

한편 미군의 완만한 움직임과 달리 신속하게 움직였던 소련군도

| 찰스 본스틸 |

| 딘 러스크 |

38도선 이남까지 진출하려고 하지는 않았다. 이는 본래 작전이 관동군의 퇴로를 차단하는 것이었기 때문에 조선의 병목에 해당하는 원산(동해안 쪽)과 평양(서해안 쪽) 라인을 확보하는 것이 최우선이었으며, 작전계획에서 벗어나는 서울을 점령할 의사는 없었기 때문이다. 일본군의 저항도 완강했고, 미국이 초조해할 만큼 소련군의 진격도 그다지 신속하지 않았다. SWNCC에서 38도선을 경계로 하기로 결정한 시점에서 소련군은 38도선은 물론이고 국경에서 가까운 함경북도의 북단 지역밖에 점령하지 못한 상태였다. 따라서 미국이 38도선을 미소 양군의 경계선으로 하자고 제안했을 때 스탈린이 흔쾌히 동의한 것도 당연한 일이었다.

스탈린의 최대 목표는 뤼순旅順과 다롄大連을 포함한 요동반도였다. 한반도는 연해주에 접한 부분만 확보할 수 있으면 충분했다. 사실 미국만이 아니라 소련으로서도 한반도는 특별히 중시해야 할 지역이 아니었다. 도리어 이러한 무관심이 방침이 정해지지 않은 즉흥적인 정책으로 이어져 문제를 복잡하게 만들었다.

소련군의 진주와 일본군의 무장해제

남한에서는 한국인들 사이에서 벌어지는 격렬한 권력투쟁에도 아랑곳없이 일본에서 미국으로 평온하게 권력이 이양되고 있었지만, 북한에서는 기묘한 권력 이양이 진행되고 있었다.

8월 15일을 지났음에도 불구하고 소련의 진격은 멈추지 않았으며, 전투는 여전히 계속되었다. 청진 부근까지 진출해 있던 소련군과의 전투가 중지된 것은 19일이 되어서였다. 또 전투의 최전선이 된 함경북도에서는 만주 국경 부근인 무산茂山까지 피신해 있던 와타나베 시로渡部四郎 함경북도 지사 이하 도청 간부들이 15일의 옥음방송으로 일본 정부가 항복했다는 사실을 안 것은 1주일이나 지난 21일이었다(그 후 25일에 지사 이하 도청 간부는 소련군에 억류되었다). 38도선 이북에서 실제로 전투가 벌어진 곳은 함경북도뿐이며, 그 외의 지역은 정전협정 조인 후에 소련군이 순차적으로 진수했다.

북위 38도선 이북에서는 16일 이후 한국인의 시위운동과 일본기관의 점거 등이 빈발하고, 각지에서 민족계나 공산계 정치조직의 움직임이 활발했다. 소련군은 21일에 원산과 함흥에 진주했고, 24일에는 선견대가 비행기로 평양에 들어왔다. 소련군이 진주하기 전 평양에 있던 평안도청의 후루카와 가네히데古川兼秀 지사를 비롯한 간부들은 12일 밤 단파방송을 통해 포츠담선언 수락의 움직임을 파악했다. 비상사태를 앞두고 후루카와는 경성에서 엔도 정무총감 등이 했던 것과 마찬가지로 13일, 조만식曺晩植에게 협력을 요청했다.

평소 두루마기 한복 차림의 조만식1882년생은 기독교도이며 마하트마 간디의 무저항주의에 크게 영향을 받았던 인물이다. 3·1독립운

| 1945년 10월 14일 평양에서 열린 소련 군정집회. 조만식과 치스차코프 사령관, 로마넨코 소장, 레베데프소장(오른쪽부터) |

동에 관여했다는 이유로 1년간 투옥되었고, 그 후에는 경제적 자립을 지향한 국산품 애용운동인 '물산장려운동'을 주도했다. 그리고 1932년에는 〈조선일보〉 사장을 지냈고 창씨개명과 신사참배를 거부하는 등 기독교 계통의 민족주의자로서 명성이 높았다.

후루카와의 요청을 받은 조만식은 15일 평안남도 치안유지위원회를 결성하고, 다음날인 16일에는 서울과 마찬가지로 정치범 석방을 주도했다. 그리고 치안유지회는 서울의 건준에 호응해 조선건국준비위원회 평안남도 지부로 개칭했다.

한편 평양에는 조선군관구 하에 평양사관구(平壤師管區, 사령관 다케시다 요시하루竹下義晴 중장)가 설치되어 대소전과 관련해서 관동군의 지휘를 받았다. 평양사관구사령부는 서울에 있는 조선군관사령부의 지시를 바탕으로 치안유지에 적극적으로 임할 것이라고 공표했다.

서울과 마찬가지로 평양에서도 건준 지부의 활동을 사관구사령부가 관장하려는 움직임이 있었다. 그러나 서울과 달리 소련군의 진주가 매우 빨라서 24일에는 선견대, 26일에는 치스차코프Chistiakov 사령관이 지휘하는 소련 제25군 본대가 도착했다. 그리고 소련 측 라닌 육군 중좌와 다케시다 사령관 사이에 정전협정이 조인되어 26 일 오후 12시부터 일본군의 무장해제가 이루어졌으며, 다음날인 27 일에는 소련군의 본격적인 진주가 시작되면서 다케시다 사령관 등 은 구금되어 만주로 이송되었다.

민족계와 공산계의 균형

후루카와 지사와 도청 간부들은 소련군과의 최초의 교섭에서 일본 측 행정기구의 유지와 일소 공동으로 치안을 유지하기로 일단 확약 받았지만, 사관구가 소멸되자 소련군의 대도는 갑자기 돌변했다. 26 일 오후 8시부터 일본의 행정기관은 폐지되고 평안도 인민정치위 원회로 인계된다는 사실이 갑작스럽게 발표되었다. 그리고 바로 그 다음날 평안도청의 행정권이 이양되었다. 그리고 9월 5일에는 후루 카와 지사를 비롯한 도청 간부들이 소련군에게 체포되었다.

평안도청이 폐지되고 출범한 평안남도 인민정치위원회는 조만식 의 건준 지부와 조선공산당 평안남도 지구위원회의 합작으로 탄생 한 행정조직으로, 민족계와 공산계의 균형으로 성립되었다. 소련군 이 진주한 38도선 이북은 공산주의자들이 활발한 움직임을 보였지 만, 실제로는 건준 계통에 속하는 민족주의자 쪽이 숫자도 많고 영 향력도 더 컸다.

해방 후 북한의 각도(평안남도·평안북도·함경북도·함경남도·강원도·황해도)에서는 자연발생적으로 자치조직이 만들어졌는데, 이 조직들이 건준의 지방지부가 되었고 점차 행정기능도 확충되었다. 그러나 소련군 진주 후에는 각도마다 인민위원회로 재조직되어 총독부의 도청 기능을 인수했다(강원도만 도청은 38도선 이남인 춘천에 있었으므로 도청 기능을 접수할 수 없었다). 소련군은 표면적으로는 남한에서 갑자기 군정을 선포한 미군과 달리, 조선인에 의한 인민위원회를 행정의 주체로 삼는 간접통치 형식을 취했다. 하지만 실제로는 각 인민위원회의 인적 구성은 민족계와 공산계가 균형을 이루고, 다수파인 건준계로부터 주도권을 탈취하고자 했다. 조만식이 인민정치위원회의 위원장이 되었으나 주도권은 공산계가 쥐고 있었다. 조만식의 온건노선은 소련에 의해 봉쇄되었고, 그 대신 등장하는 인물이 바로 김일성이다.

김일성의 등장

당초 평안남도 인민정치위원회의 부위원장은 서울의 조선공산당에서 파견한 현준혁玄俊赫이었다. 그러나 위원회 결성 후 얼마 지나지 않은 시점인 9월 3일, 괴한의 총을 맞고 암살되었다. 공산계의 지도자가 부재한 가운데, 9월 19일 소련의 수송선을 타고 김일성이 원산에 상륙한다.

10월 14일, '소련해방군 환영 평양시민대회'가 개최된 평양공설운동장에서 김일성은 처음으로 군중 앞에 모습을 드러냈다. 이때

젊은 김일성의 서툰 연설에 청중 들이 실망했다는 것은 유명한 이 야기이지만, 이미 이 시점에서 소 련은 김일성을 북한의 지도자로 추대하기로 결정해놓고 있었다. 김일성 세력은 박헌영이 이끄는 조선공산당으로부터 이탈을 꾀하 기 시작한다. 10월 23일에는 '조 선공산당 북조선분국' 설치가 서 울의 조선공산당 중앙위원회에

| 김일성 |

의해 승인되고, 이것이 마침내 '조선노동당'으로 발전해나간다.

　행정면에서는 그때까지 연결되지 못하고 있던 각도 인민위원회 조정기관으로서 '북조선 5도행정국'(5도는 평안남도·평안북도·함경북도 ·함경남도·황해도)이 11월 19일에 설치되었다. 하지만 12월에 미·영· 소 3국의 외상이 참가한 모스크바 3상회담에서 과도정부의 수립과 최장 5년간의 신탁통치가 결정되었다. 이에 소련군은 조만식 등이 주도한 신탁통치반대운동을 저지했고, 이듬해 1946년 2월 8일 소련 군이 공인한 잠정기관으로 '북조선 임시인민위원회'를 수립함으로 써 김일성이 주석에 취임한다. 이렇게 해서 후일 조선민주주의인민 공화국의 모체가 탄생하게 되었다. 소련은 처음부터 일관되게 정당 도 행정조직도 남한과는 전혀 다른 북한 독자의 노선을 추구했다.

'주어진 독립'의 고충

대한민국임시정부 주석인 김구는 미군의 지원으로 조직된 광복군의 대일참전을 추진하기 위해 시안西安에 머무르고 있다가 그곳에서 일본의 항복 사실을 알았다. 그가 자서전(《백범일지》)에서 "하늘이 무너지는 것 같았다"고 표현했듯이, 그의 머릿속은 복잡한 생각으로 가득했다. 비원이었던 식민지 지배로부터의 해방, 그리고 자민족에 의한 국가의 독립이 현실이 되었음에도 불구하고 허탈감을 감출 수 없었던 것이다.

김구는 18세 때 갑오농민전쟁(동학혁명)에 참가, 명성황후 암살사건에 의분을 느끼고 일본인 장교를 살해, 투옥되었지만 탈옥한 전력이 있었다. 신민회新民會에 참가해 애국계몽운동을 추진하다가 재차 투옥되었으나 3·1독립운동 후에 상하이로 망명한 다음 임정에 참여했다. 이승만 면직 후에는 임정의 최고책임자로서 사쿠라다몬櫻田門 사건(1932년 1월, 김구의 지시를 받은 이봉창이 쇼와천황이 탄 마차에 폭탄을 투척한 사건)과 홍커우虹口 공원 폭탄사건(1932년 4월, 천장절에 상하이 홍커우 공원에서 일어난 폭탄테러사건. 윤봉길이 투척한 폭탄에 상하이파견군 사령관 시라카와 요시노리白川義則가 사망하고, 주중공사 시게미쓰 마모루重光葵, 제3함대 사령장관 노무라 기라사부로野村吉三郎 등이 중상을 입었다)을 일으키는 등 과격한 항일운동을 전개했다.

무장투쟁파武鬪派였던 김구가 추구한 것은 주어진 독립이 아니라 획득한 독립이었다. 즉 조선인 자신의 힘으로 일본의 식민지 지배로부터 조선을 해방시키는 것이었다. 그러나 현실에서는 광복군이 일본에 맞서 싸우기도 전에 전쟁은 끝나버렸다. 김구 자신도 이 전쟁에서 무언가 구체적인 관여를 하지 못했다는 사실때문에 장래 국제관계에서 발언권이 약화될 것을 우려하지 않을 수 없었다(《백범일지》).

김구의 우려는 불행히도 적중했다. 그런 사실은 김구가 조국으로 귀국할 때 이미 나타났다. 11월 5일, 김

| 조국으로 돌아온 김구 |

구와 부주석 김규식金奎植 등 임정 인사들은 충칭을 떠나 상하이에서 10일여를 체재한 후에 23일, 미군 비행기를 타고 조국 땅을 밟았다. 김구로서는 실로 26년 만의 귀국이었다. 그러나 이 귀국은 건국의 첫걸음에 어울리게 임시정부 주석으로서 입국하고자 하는 김구의 희망이 미군에게 받아들여지지 않고 개인 자격으로 겨우 허락을 받은 것이었다.

대한민국임시정부는 전쟁 종결 후 한반도에 친親중국정권을 수립하여 동방의 안정을 확보하려는 장제스의 비호를 받아 본부도 충칭에 두었으나 미국과 영국의 승인을 받지는 못했다. 이는 중국의 영향력이 연합국 내에서 약했던 것도 하나의 원인이었지만, 그것보다는 '정부'라고 이름을 붙이긴 했어도 한 번도 통치統治의 경험이 없는 독립운동가의 정치단체에 불과했기 때문이었다. 독일의 점령으로 망명이 불가피했던 폴란드 망명정부처럼 나라를 통치한 국가의 망

명기관과는 사정도 성격도 전혀 달랐다는 것이 근본적인 원인이었다. 따라서 미일개전과 동시에 대한민국임시정부가 일본에 '선전포고'를 했다고는 하지만 연합국에게는 완전 무시를 당했다. 결국 김구가 이끄는 임정은 미군에게 항일 게릴라 단체 정도로밖에 인식되지 않았던 것이다.

임정에 대한 연합국의 이 같은 태도는 제2차 세계대전이 자유와 민주주의의 기치를 내걸고 있었지만, 식민지 해방전쟁이 아니었음을 여실히 보여주는 상징적인 것이었고 할 수 있다.

미국이 선택한 이승만

김구의 귀국보다 한 달 정도 앞선 10월 16일, 이승만도 미국에서 귀국했다. 그러나 김구와 달리 미국은 이승만에게 호의적이었다. 이승만을 군정의 최대 협력자로 삼겠다는 계획이 있었기 때문이다. 미국으로서는 정체도 모르는 대한민국임시정부라는 조직을 상대하기보다는 친미 성향의 노혁명가를 추대하는 것이 훨씬 더 유리하다고 판단했다. 그런 점을 충분히 고려한 끝에 중국의 영향력이 큰 김구보다 장기간 미국에 체류했을 뿐 아니라 오스트리아인 부인을 두고 영어에도 능숙한 이승만을 지목했던 것이다.

이승만은 임정의 초대 '대통령'이었지만 상하이에 머물렀던 기간은 겨우 반년 정도에 불과했으며, 그의 독선적인 언동이 화근이 되어 1925년에 탄핵·면직되어 사실상 미국에서 망명생활을 해야 했다. 그리고 이승만이 떠난 후에 임정을 이끌었던 사람이 한 살 아래의 김구였다. 사실 이승만은 아무런 정치기반도 갖지 못한 채 조국으로 돌아왔던 것이다.

이승만은 대한제국 시대인 1896년에 자주독립과 국정개혁을 부르짖는 개화파 관료들이 중심이 되어 설립한 독립협회에 참가했다. 하지만 수구파에 의해 투옥되었고, 1904년 출옥한 후에 미국으로 건너가 하버드 대학에서 수학

| 이승만 |

하고, 프린스턴 대학에서 철학박사 학위를 취득하는 등 미국을 주된 활동무대로 삼아 국제무대에서 조선의 독립을 호소했다. 이 같은 그의 경력은 많은 다른 독립운동가들이 일본이나 중국에서 유학하고 극동을 활동무대로 삼은 것과는 진혀 다른 것으로, 그것이 오히려 최고참 독립운동가로, 게다가 국제파인 이승만에게 국민적 기대를 모으게 했다. 이승만은 이러한 기대와 미군의 후원을 배경으로 송진우가 이끄는 한국민주당 등 우파세력의 지지를 얻었으며, 10월 23일에는 '독립촉성중앙협의회獨立促成中央協議會'를 조직, 남한에서의 권력기반을 견고하게 만들었다.

미국은 특정 국가의 역사나 실정은 물론 그 나라에 관해 아무것도 모른 채 친미 성향의 인물을 밀어붙여 형식적인 민주주의 국가를 수립한 결과, 오히려 독재국가를 만들어 사태를 악화시킨 사례가 적지 않다. 지난 20세기의 현대사에서 남베트남과 중남미, 중근동 등에서 되풀이되었던 미국 외교의 잘못이 이미 남한에서 나타나

고 있었던 것이다.

암살·숙청·행방불명

일본의 패전으로 조선의 식민지 지배는 끝났지만, 한반도가 향후 어떻게 될 것인지 전혀 전망이 보이지 않는 상황이 지속되었다. 그런 가운데 '해방' 후 3개월이 지난 12월, 모스크바에서 3국의 외상회의가 개최되었다. 이 회의에서 한반도에 과도정부를 수립해 최대 5년간 신탁통치를 실시하는 내용 등을 담은 모스크바협정이 체결되었다. 이로써 한반도에서 통일국가 수립은 유보되고 말았다.

남한에서는 이 결정을 대해 민족주의자를 비롯한 우파는 신탁통치 반대운동(반탁운동)을 전개하였고, 공산주의자와 사회주의자를 위시한 좌파는 신탁통치 찬성으로 돌아섬으로써 좌우파 간의 분열이 결정적으로 되었다. 그리고 이듬해인 1946년 3월 서울에서 개최된 모스크바 협정에 의해 설치된 미소공동위원회(모스크바협정에 의해 설치)에서는 모든 정당과 단체의 회의 참가를 주장하는 미국과, 3국 외상회의의 결과를 수용하는 정당과 단체만을 참가시켜야 한다는 소련이 격렬히 대립함으로써 회의는 아무런 결론도 내지 못한 채 결렬되고 말았다. 이 회의의 결렬로 이승만은 38도선 이남에 단독정부 수립을 주장하였으며, 김구 등 임정계나 중도파, 좌파는 이에 반발해 조선의 국내정치는 더욱더 혼란에 빠지게 되었다.

8·15 '해방'으로 정치의 전면에 등장한 사람들의 다수는 비극적인 최후를 맞았다. 건준을 통한 민족국가 수립에 실패한 여운형은

1945년 11월 조선인민당朝鮮人民黨을 창설하고, 이듬해 2월에는 민주주의민족전선民主主義民族戰線의 결성을 주도하면서 신탁통치에 찬성하는 좌파대표로서 좌우파의 합작을 마지막까지 추진했다. 그러나 1947년 7월, 이승만 계열의 우익청년에게 암살되고 말았다.

마지막까지 행정당국의 책임자로 북한에 남아 있던 조만식은 11월에 조선민주당朝鮮民主黨을 결성했지만, 계속 공산당과는 거리를 둠으로써 소련군의 경계를 받았고, 1946년 초반 반탁운동을 전개하던 도중 구금된 이래 소식이 두절되었다. 그 후 북한의 정치 지도자가 된 인물은 김일성이었다.

박헌영은 조선공산당 재건 결과, 북한에서도 조선공산당 북조선분국이 결성되는 등 조선 전역에서 공산주의운동의 중심적 지도자가 되었다. 그러나 점차 반공 태세를 강화한 미군정청과 대결노선을 지속하다가 1946년 여름에 미군정청이 공산당 간부들에 대한 대대적인 검거에 나서자 북한으로 피신했다. 조선공산당도 연말에는 남조선노동당(남로당)과 북조선노동당(후에 조선노동당)으로 재편되었고, 박헌영은 남로당 지도자로서 남한의 지하조직활동을 지도하면서 1948년 9월에 조선민주주의인민공화국이 건국되자 부수상 겸 외상이 되었다. 북한에서는 김일성에 이은 제2인자로 남진南進에 의한 통일에 적극적이었으나, 한국전쟁 휴전 직후 미국의 스파이 혐의로 당에서 제명당한 뒤 체포되어 1955년 12월에 처형되었다. 결국 박헌영은 한국전쟁 실패의 책임을 뒤집어쓰고 김일성에게 숙청당하고 말았던 것이다.

김구는 여운형의 조선인민공화국 참가를 거부하고 임정 중심의 정부수립을 주장했으나 미군정청은 끝까지 이를 인정하지 않았다.

게다가 일관되게 반공·반탁 자세를 굽히지 않았기 때문에 남한만의 단독정부 수립을 기도하는 이승만과 대립했고, 남북분단국가가 탄생한 후에도 남북한 두 국가를 인정하지 않고 남북통일을 통한 조선민족국가 수립을 마지막까지 추구했다. 그러나 그러한 이상도 실현하지 못한 채 이승만이 보낸 자객에 의해 1949년 6월에 암살되었다.

'9월 9일'의 굴욕

최후까지 살아남은 사람은 이승만과 김일성 두 사람이었다. 그러나 이 두 사람에 의해 수립된 두 개의 국가는 한반도 전역을 동족상잔의 전쟁으로 몰고 갔다. 패전으로 사회적·경제적 혼란에 시달리고 있던 일본은 한국전쟁 특수로 곤경에서 벗어나 전후 부흥의 길로 들어선다. 그것과는 정반대로 조선은 3년간 걸친 전쟁으로 국토는 황폐해지고, 남북분단은 고착화되어 현재에 이르고 있다. 근대 동아시아 국가 중에서 일본과 조선은 항상 음과 양의 관계에 있었는데, 대일본제국 붕괴의 영향을 가장 크게 받은 곳이 바로 조선이었다.

한반도의 '8월 15일', 즉 일본의 패전과 식민지 지배의 종언은 조선총독부가 항복문서에 조인한 '9월 9일'이다. 그러나 이날은 일본의 조선 지배의 마지막 날이기는 하지만, 조선 해방의 날은 아니었다. 일본을 대신한 미국의 지배가 시작된 날일 뿐이었다.

일본의 패전으로부터 3년이 지난 1948년 8월 15일, 이승만을 대통령으로 하는 대한민국의 건국식이 성대하게 치러지고, 이승만은 구 조선총독부의 발코니에서 대한민국의 건국을 소리 높여 선언했다. 대한민국은 왜 하필이면 이날을 건국기념일로 정했을까? 아니, 하지 않으면 안 되었을까? 그것은 3년 전인 8월 15일부터 9월 9일에 걸쳐 일어난 일들을 상기해보면 분명해진다.

8월 15일 이후 자신들의 힘으로 독립을 쟁취하지 못한 한국으로서는 9월 9일은 굴욕 이외에 아무것도 아니었다. 그들로서는 3년 전에 이룩하지 못한 일본으로부터의 독립을, 설사 허구였다 할지라도 독립을 달성하기 위해서는 반드시 8월 15일이어야만 했기 때문이다. 한편 북한의 건국기념일은 9월 9일이다. 어떤 의미에서는 북한 쪽이 정합성을 가지고 있다. 그러나 1945년 9월 9일 평양에서는 무언가 상기할 만한 일이 일어나지 않았다. 아니, 아무런 일도 일어나지 않았다. 38도선 이북의 시정권은 소련군이 진주한 장소에 따라 단계적으로 소멸되었기 때문에 명확하게 구분할 수 있는 날짜가 존재하지 않았던 것이다.

대일본제국의 붕괴 후 한반도에 출현한 두 개의 국가는 자력이 아니라 미소 양국의 구상에 따라 수립되었다. 그러나 조선민족을 대표하는 국가로서의 정통성을 자타가 공히 인정하도록 하려면 두 국가 모두, 일본의 패전과 동시에 자력으로 독립을 쟁취하고, 35년에 걸친 식민지 지배의 굴욕을 떨쳐버렸어야만 했다. 즉 남한도 북한도 탄생하면서 '건국의 신화'를 짊어지지 않으면 안 되었던 것이다.

제4장

타이베이

'항복'과 '광복' 사이

군사기지화–타이완총독과 군사령관의 일체화

타이베이는 실로 기묘한 패전을 맞았다. 8월 15일 12시, 타이완 전역에 옥음방송이 발표되어 타이완 재주在住 일본인은 일본의 패전을, 타이완 주민은 중화민국 복귀를 알게 되었다. 그러나 타이베이 거리는 식민지 해방과 조국 복귀를 축하하는 분위기로 일변하지 않고 패전 전과 다름없는 일상이 계속되었다.

타이완과 지척에 있는 오키나와를 점령하고 있던 미군이 타이완에 진주하는 모습은 보이지 않았다. 이는 카이로선언에서 타이완이 중화민국으로 복귀하기로 선언한 데다, 장제스가 이끄는 중국 국민정부군[國府軍]이 진주하기로 되어 있었기 때문이다.

그러나 충칭의 오지에 틀어박혀 일본군에게 저항하고 있던 국부군이 타이완에 진주하기까지는 상당한 시간이 필요했다. 그래서 국부군이 진주할 때까지 일본군이 그대로 주둔했으며, 타이완총독부가 행정과 치안을 이전처럼 집행했다. 즉 패전 전과 변함없이 일본인이 타이완을 실효적으로 지배하는 불가사의한 공간이 생겨났던 것이다.

전쟁 말기, 필리핀을 미군에게 빼앗긴 일본에게는 본토결전이 차츰 현실로 다가왔다. 미군이 본토 진공進攻의 교두보로 삼게 될 다음 상륙지는 어디가 될까? 대본영은 오키나와나 타이완을 예상하고 있었다. 만약 미군이 오키나와를 점령할 경우, 본토 상륙이 현실이 되고, 한반도를 통한 상륙도 가능해져서 일본과 중국 대륙의 연결은 완전히 차단된다.

타이완이 점령될 경우, 일본과 남방과의 연락은 완전히 두절되고

| 안도 리키치 |

만다. 나아가 중국 대륙 상륙도 가능하게 되고, 대륙의 일본군은 미국과 중국의 협공을 받는 사태에 이르게 된다. 어쨌든 일본으로서는 전쟁의 승패가 이미 판가름 나 있었지만, 대본영은 마지막까지 오키나와 상륙인가 타이완 상륙인가로 의견이 나뉘어져 있었다.

타이완에는 영유領有 직후부터 보병 2개 연대를 중핵으로 한 타이완군을 두고 있었으나 대전 말기 미군의 반공反攻이 거세지는 1944년 3월 22일에 타이완은 대본영으로부터 작전지 지정을 받아 사실상 전장으로 간주되었다.

7월에는 오키나와의 제32군이 타이완군의 지휘 하에 들어갔으며, 9월에 타이완군은 전력을 증강한 제10방면군으로 재편되었다. 제10방면군 사령관인 안도 리키치安藤利吉는 중일전쟁 때 남지나南支那방면군 사령관으로 광둥廣東과 하이난도海南道를 공략하고, 프랑스령 북베트남 진주를 지휘한 후 1941년 1월에 예비역으로 예편하였으나, 미일개전 전후인 11월에 재소집되어 타이완군 사령관이 되었다. 그리고 타이완군이 제10방면군으로 재편되면서 그대로 사령관으로 유임되었다.

잘 알려져 있듯이 타이완에는 행정기관인 타이완총독부가 설치되어 있었다. 한때는 문관이 총독이 되기도 했으나 중일개전 후부터는 예비역 해군대장인 고바야시 세이조小林躋造가, 그 뒤로는 현역 해군대장인 하세가와 기요시長谷川清 같은 무관들이 취임했다. 타이완이 전략적으로 남방 진출의 전진기지라는 성격을 갖고 있었기 때문에 총독 자리가 해군의 지정석이 되었던 것이다.

미군의 공격이 거세지는 가운데 제10방면군이 편성되어 마침내 타이완이 군사기지가 됨으로써 미군 상륙 같은 비상사태에 대비하기 위해 타이완총독과 군사령관을 일체화할 필요가 있었다. 그 결과, 1944년 12월 30일에 안도가 군사령관으로서 그대로 타이완총독에 취임했다. 그리고 총독부의 제2인자인 총무장관에는 내무성에서 온 효고兵庫현 지사 출신의 나리타 이치로成田一郎가 취임해 행정 경험이 없는 안도를 지원하게 되었다.

안도가 제10방면군 사령관이 된 직후인 10월 12일, 미 기동부대가 타이완에 대공습을 단행했다. 이에 일본은 기지 항공전력을 모두 동원해 반격을 가했는데, 이것이 이른바 '타이완만 항공전'이라 불리는 전투이다. 안도는 이때 빛나는 대전과大戰果를 올려 천황에게 칙어를 하사받는 영광을 누리기도 했다. 하지만 제10방면군 사령관으로서 유일한 군공軍功이 엄청난 허보虛報였다는 것은 과묵하고 솔직했던 안도의 불행을 암시하는 것이었다.

오키나와 함락 후 총독부의 대응

타이완에 대한 미군의 공습은 오키나와전 시작과 동시에 본격화되었다. 1945년 5월 31일에는 타이베이 시와 지룽基隆 시에 대한 대공습으로 총독부 본청사도 크게 무너지고 불에 타는 피해를 입었다.

격전이 거듭되는 오키나와에서는 6월 23일, 제32군이 옥쇄玉碎[1]를 함으로써 일본군의 조직적 저항은 종식되었다.

이 오키나와전은 타이완 주둔군과도 적지 않은 관련이 있는 전투였다. 1944년 10월에 벌어진 레이테 해전 때 타이완에서 제10사단과 공주령公主嶺 제68여단을 전용해서 전투에 투입한 일이 있었다. 그래서 이를 보충하기 위해 오키나와에서 제9사단을 타이완으로 차출한 결과, 오키나와의 방어가 허술해지는 바람에 미군의 상륙을 막지 못했다는 것이다. 제9사단의 타이완 차출과 오키나와로 보충 사단을 보내지 않은 것은 대본영의 판단에 따른 것이었으나, 오키나와 함락의 책임이 제32군을 지휘 하에 두었던 제10방면군 사령관 안도의 어깨를 무겁게 짓누르고 있었다.

그러나 미군의 오키나와 상륙은 한편으로는 타이완 상륙의 가능성을 현저히 저하시켰다. 미군의 오키나와 점령으로 일본 본토와 연락이 차단된 타이완은 고립되긴 했지만 식량의 자급이나 산업의 최소한 유지는 가능했기 때문에 섬 내에서 커다란 동요는 일어나지 않았으며, 오히려 미군 상륙이라는 긴장감에서 해방되었다는 분위기가 확산되었다.

패전 전후 타이완총독부가 취한 대책이 조선총독부의 대책과 크게 다른 점은, 자급자족체제가 될 경우 어떻게 할 것인지 재정을 포함한 구체적인 대책을 중앙정부와 밀접하게 논의하면서 이른 단계부터 준비를 해나갔다는 것이다. 안도는 오키나와 함락 후 총독부

---

1 옥쇄玉碎라는 말 자체는 '옥처럼 아름답게 부서진다'는 뜻으로, 대의大義나 충절忠節을 위한 깨끗한 죽음을 일컫는다. 2차 대전 당시 일본은 전 국민을 제국주의적 침략전쟁에 총동원하기 위해 '일억옥쇄一億玉碎'라는 말을 사용하였으며, 실제로 여러 전장에서 패전에 직면한 일본군과 민간인들이 옥쇄를 감행하기도 했다.

간부들을 소집해 타이완 고립화 이후의 대책을 협의하고, 필요한 재정적 뒷받침을 검토했다. 그 결과, 세입부족액 2억여 엔을 중앙정부에 추가예산으로 요청하기 위해 7월 초 재무국 주세과장인 시오미 순지塩味俊二를 도쿄에 파견했다. 시오미는 해군기로 미군에 점령된 오키나와를 크게 우회해서 본토에 도착, 대장성大藏省에서 군사공채로 보충하겠다는 약속을 받아냈다.

타이완총독부로서 행운이었던 것은 이때 파견된 시오미가 스즈키 간타로 수상의 비서관이었던 니시무라 나오미西村直已와 흉금을 터놓고 지내는 사이였다는 것이다. 그런 관계였기 때문에 수상관저에 연일 드나들면서 정부 내부의 움직임을 그때그때 총독부에 전해줄 수 있었다. 그래서 타이완총독부에서는 포츠담선언 수락 움직임도 일본과 거의 같은 시각에 파악했으며, 8월 15일도 비교적 냉정하게 받아들일 수 있었다.

옥음방송

8월 15일 옥음방송 후 총독부에서는 향후 방침을 정하기 위한 간부들의 협의로 17일에 부국장部局長 회의가 소집되었다. 회의에서는 국부군의 진주 시기 전망과 본국과의 통신확보 같은 내용 이외에, 타이완에 살고 있는 일본인의 정착과 철수, 관공리官公吏의 퇴직수당과 재취직 알선, 고등교육기관에 재적하는 학생의 내지 전입학, 공제조합과 재단법인에 대한 조치 등 꽤 구체적이고 상세한 내용까지 폭넓게 협의했다. 그 결과, 도쿄로 광공鑛工국장인 모리타 슌스케森田

俊介를 파견해서 내지와 타이완 사이의 연락을 확보하게 했다.

패전이라는 사태를 앞두고 안도가 가장 중시한 것은 도쿄의 중앙 정부와 연락망을 확보하는 것이었다. 식민지 관청은 의회 심의나 중앙관청과의 절충을 위해 도쿄에 각각 출장소(또는 사무소. 타이완총독부 도쿄출장소는 공습으로 소실되어 패전 시에는 도쿄제국대학의 도서관 한 쪽을 빌려 쓰고 있었다)를 두고 있었는데, 그곳을 통해 연락을 취할 수 있었다. 그러나 타이완총독부의 경우 모리타 이후에도 총무장관인 나리타 이치로成田一郎와 문교국장인 니시무라 도쿠이치西村德一를 도쿄에 파견하는 등 현지 사정을 알고 있는 사람을 파견해서 보다 정확한 정보를 중앙정부와 공유하고자 했다(하지만 나리타와 니시무라는 9월에 미군이 일본과 타이완 간 항로를 차단함으로써 타이완으로 돌아가지 못했다).

또 조선처럼 타이완에 재주하는 일본인에 대한 일본 정부의 방침은 현지정착을 기본으로 했기 때문에 타이완총독부에서도 타이완 거주 일본인이 타이완 섬 내에 머무를 것을 전제로 한 대책을 강구했다. 그러나 안도 총독은 영국주재 무관으로서 제1차 세계대전 종결 당시 유럽에서 본 경험을 통해 중국 측이 필요로 하는 일본인 이외에는 모두 송환될 것으로 예측하고 조기 귀환을 위한 선박의 배치를 도쿄에서 교섭하라고 모리타에게 지시했다.

또 패전 후 처음으로 부국장 회의가 열린 18일에는 인도차이나에서 소련으로 망명을 기도한 자유인도 임시정부 주석인 찬드라 보세 Chandra Bose가 중계지점인 타이베이 시의 쑹산松山 비행장을 이륙한 직후 탑승기가 추락해 사망하는 사고가 일어났다.

타이완 유력인사의 움직임

한편 일본 패전이라는 사태를 맞이한 타이완의 유력인사들 사이에서도 움직임이 일기 시작했다. 타이완은 조선과는 달리, 하나의 국가, 하나의 민족이 통째로 대일본제국 내에 편입된 것이 아니었다. 그렇기 때문에 타이완에서는 제국으로부터의 이탈을 지향하는 타이완 주민의 독립운동보다 대일본제국 내에서 정치적 권리의 확장을 지향하는 자치획득운동이 중심이 되었다. 이러한 운동의 중심적인 인물이 바로 린시엔탕林獻堂이었다.

린시엔탕1881년생은 타이완 중부 굴지의 명문가인 우펑霧峰 린씨 가문[林家] 출신이다. 젊은 시절 처음으로 일본을 방문했을 때, 당시 청나라 유신운동의 중심인물로 일본에 망명해 있던 량치차오梁啓超가 말한, 영국에 맞서 싸우지만 무력에 의존하지 않는 아일랜드의 온건한 저항노선에 영향을 받은 것이 그의 향후 정치행동을 규정했다고 한다.

린시엔탕은 이타가키 다이스케板垣退助2를 추종하는 타이완동화회(臺灣同化會, 1913년 결성)를 비롯해, 1920년대에 활발해지는 타이완 의회설치 청원운동 과정에서 탄생한 타이완문화협회(1921년 결성)와, 타이완 최초의 정당인 타이완민중당(1927년 결성) 활동을 거

2　1837~1919. 일본 최초의 정당인 자유당의 창립자이자 자유민권운동의 주도자. 무사 집안 출신으로 1868년의 메이지유신明治維新에 가담했으며, 정부 관리로 일하기도 했다. 내각에서 조선출병 계획을 반대하자 관직을 사임하고 정치단체를 결성해서 "국민이 선택한 의회"를 조직하자고 주장했다. 이후 정치 활동을 하면서 민주정치의 원리를 가르치는 학교를 세워 자유민권운동을 더욱 발전시키려고 애썼는데, 이러한 활동에 힘입어 일본 최초의 정당인 자유당을 조직하였고, 1890년 의회 정치가 시작되자 자유당의 상징적인 인물로 활동하며 사회개혁을 부르짖었다. 이런 한편으로, 정한론을 주장하며 조선 침략을 꾀하기도 했는데, 실제로 조선을 무력으로 제압하고 서구에 맞서 싸우자는 강경책을 내세우기도 했다.

| 린시엔탕 |

쳐, 타이완 지방자치연맹(1930년 결성)에 이르는 정치운동을 활발하게 전개했다. 그는 타이완총독부와 전면 대결하는 수단을 택하지 않고, 일본의 중앙정계나 여론과 교묘하게 연계해나가면서 타이완 주민의 정치적 권리를 확대하기 위해 노력했다. 언제나 타이완 주민의 정치운동의 중심에 있으면서도 다른 활동가와 달리 단한 번도 일본 관헌에게 체포되지 않았다는 사실은, 린시엔탕의 정치행동의 특징을 상징하는 것이라고 할 수 있다.

그러나 중일전쟁 개전 직후의 1937년 8월에 타이완 지방자치연맹이 해산된 이후로는 린시엔탕의 활동도 잠잠해지고 오히려 총독부에 대한 협력 자세가 두드러져 1945년 4월에 귀족원 칙임勅任의원에 선출되기에 이른다. 덧붙이면, 타이완 출신 최초의 귀족원 의원은 청일전쟁 때 타이베이으로 진격해온 일본군의 안내역을 계기로 일본 관헌과 연결된, 타이완 굴지의 재력가 구시엔룽辜顯榮이었다.

구시엔룽은 린시엔탕과는 사상이나 정치적 입장에서 대극점에 서 있는 인물이었으나 1937년에 사망했고, 아들인 구전푸辜振甫가 그 뒤를 이었다. 린시엔탕 외에 타이완인으로 이 시기에 귀족원 의원이 된 사람은 쉬빙許丙과 지엔랑산簡朗山이다. 쉬빙과 지엔랑산은 구시엔룽과 마찬가지로 일본 관헌에게 적극적으로 협력하면서 재력과 정치력을 획득한 '어용신사'로 불렸던 인물이다.

타이완 주민의 정치운동

린시엔탕이 추진한 정치권리 획득운동을 통해 다양한 정치신조를 가진 많은 활동가들이 배출되었다. 타이완 출신 중에서 쑨원孫文의 삼민주의三民主義에 가장 큰 영향을 받았던 장웨이수이蔣渭水, 1891년생도 타이완 민중당 결성까지는 린시엔탕과 행동을 같이했다. 그 후로는 농민운동 등을 통해 한층 더 좌경화하여 린시엔탕과 결별했다(1931년 사망). 또 유력한 우파 민족운동가였던 차이페이훠蔡培火, 1889년생는 린시엔탕과 항상 함께 행동했으나, 자치연맹 해산 후 1942년 타이완을 떠나 상하이로 건너갔다가 일본 패전 후인 1945년 11월 충칭에서 국민당 타이완성 당부위원으로 임명되어 다시 타이완으로 귀환했다. 그는 국민당이 지배하는 타이완에서 입법위원과 총통부 국책고문 등의 직책을 역임하며 정치생명을 이어갔다.

물론 린시엔탕 등과는 전혀 다른 길을 걸었던 인물들도 있었다. 셰쉐홍謝雪紅, 1901년생이나 쑤신蘇新, 1907년생은 타이완 공산당(1928년~1931년) 창설에 관계하고, 전후 1947년에는 2·28사건을 지도했다는 이유로 대륙으로 도망가서 중국공산당에 가입했다.

일본 통치시기에 다양한 형태로 전개된 타이완 주민의 정치운동은 실로 복잡하다. 린시엔탕처럼 점진주의를 지향한 사람, 장웨이수이처럼 신해혁명辛亥革命의 영향을 강하게 받은 사람, 차이페이훠처럼 전후에 국민당에 급속히 접근한 사람, 셰쉐홍처럼 공산주의운동에 가담한 사람 등 각양각색이었다. 그들의 정치운동은 정치권리 확대를 지향한 것이긴 하지만, 궁극적 목표는 일본으로의 동화同化인지, 자치권 획득인지, 더 나아가서는 타이완 독립인지, 중국 복귀인지가 명확하지 않았다. 유일하게 타이완 공산당만이 타이완 공화국 독립을 정강으로 내걸었을 뿐이었다. 타이완의 정치운동은 조선과는 달리 단순하고 명쾌한 민족독립운동 등과 같은 단일한 슬로건으로 수렴될 수 없는 것이었다.

게다가 급진적 좌파를 제외하면 이데올로기나 노선의 차이에 따른 당파성을 띤 명확한 정치적 대립이 구조화되어 있었던 것이 아니라 미묘한 협력관계도 존재했다. 따라서 본래는 대극적인 린시엔탕과 쉬빙 같은 '어용신사'가 행동을 같이하는 현상도 일어났던 것이다.

안도 총독과 린시엔탕의 회견

8월 20일 린시엔탕과 쉬빙 등은 총독부를 방문하고 안도 총독과 회담을 가졌다. 린시엔탕이 ①치안유지를 위한 협력관계 ②타이완 거주 일본인과의 협력촉진 ③일화日華 친선을 위해 연락역이 될 필요성, 이상의 세 가지에 관해 질문을 던지자, 안도는 문제가 발생할 경우 실제 협력의 요청 여부는 알기 어렵지만 일본과 타이완의 융화와 일화日華 친선에 진력해주기를 바란다고 대답했다.

안도는 린시엔탕 등과의 회견에서 기본적인 협력관계를 확인했지만, 구체적인 협력을 요청하지는 않았다. 조선총독부가 여운형에게 거의 일임하다시피 치안유지를 요청한 것과는 사뭇 대조적이다. 중화민국 접수가 결정되어 있는 이상, 총독부의 정식 교섭상대는 충칭의 국민정부였기 때문에 지방 유력자에 불과한 린시엔탕 세력의 정치적 지위가 아직 결정되어 있지 않은 상황에서는 어쩌면 당연하다고 할 수 있는 대응이었다.

게다가 안도는 이때 타이완총독과 제10방면군 사령관을 겸임하고 치안유지에 관해 총독부의 경찰력과 방면군의 군사력을 하나로 지휘할 수 있는 입장이었다. 제10방면군은 아무런 피해를 입지 않은 채 타이완에 주둔하고 있었다. 조선총독인 아베 노부유키가 육군 출신이면서도 제17방면군 사령관을 겸임하지 못하고 치안유지 기능으로서 중요한 군사력을 효과적으로 운용할 수 없었던 것이 패전 후 혼란의 한 요인이 되었던 것과는 크게 사정이 달랐다. 또 섬 내에서는 타이완 주민들의 대규모 시위나 파업이 발생하지 않았다. 폭력절도 사건이 산발적으로 일어나고 있었을 뿐, 서둘러 린시엔탕 등의 협력을 필요로 하는 사태에까지는 이르지 않았다.

안도와의 회견을 마친 린시엔탕은 30일 제10방면군으로부터 타이완성 행정장관공서公署 장관이 되는 천이陳儀를 환영하기 위해 난징南京을 방문해달라는 요청받았다. 그래서 31일 린시엔탕과 쉬빙, 구전푸 등은 이사야마 하루키諫山春樹 참모장 등과 함께 상하이로 날아갔다.

상하이 체재 중에는 중국 측 대표인 허잉친何应钦으로부터 9월 9일로 예정되어 있는 항복조인식[受降式]에 참석해달라는 연락을 받고 린시엔탕 등은 항복식 전날인 8일 난징으로 들어갔다. 그러나 당일 이사야마로부터 타이완 주민은 참석할 필요가 없다는 전갈을 받고 항복식에는 참석하지 못하고, 그 대신 타이완성 행정장관공서 비서장인 거징언葛敬恩과 회견하고, 타이완 통치방침에 관해 의견을 교환한 후 13일 타이완으로 돌아왔다.

린시엔탕의 입장에서 대일본제국의 해체는 지금까지 해왔던 운동의 목표가 소실되는 것을 의미했다. 그러나 조국 복귀가 이루어졌음에도 불구하고 국민정부가 타이완을 어떻게 통치할 것인지 예측하기 어려웠다. 또 그가 타이완 주민과 국민정부의 결절점이 될 수 있을지도 알 수 없었다. 실제로 그의 우려대로 국민정부는 린시엔탕을 비롯한 타이완의 명망가들을 타이완 통치에 활용하겠다는 생각을 하지 않았다.

일본인의 특이한 패전인식

9월 2일 항복문서 조인식 이후 타이완은 중국 본토와 마찬가지로 중국전구戰區로 취급되었다. 이로써 제10방면군을 지휘 하에 두게 된 지나파견군 총사령관 오카무라 야스지岡村寧次는 타이완을 포함한 군사·행정 양면에서 일본의 대표가 되었고, 9일에는 난징에서 중국전구 항복식이 실시되어 일본군의 무조건 항복과 시정권의 이양이 이루어졌다. 이날 이후 국민정부에 의한 타이완 접수가 개시되었다.

그러나 타이완이 중국전구가 된 후도 중국 측의 행동은 신속하지 못했으며, 타이완에 국부군이 나타날 조짐은 없었다. 타이완은 항복 전과 큰 변화 없이 평온했으며, 9월 5일에 타이베이 시에서 군 주최로 일본 육해군 전몰자 장례식이 거행된 것처럼 여전히 일본의 지배가 지속되고 있었다. 또한 9월 21일에는 표준시 변경이 이루어져 일본과 타이완은 1시간 차이가 나게 되어, 시간이라는 공간에서 타이완은 대일본제국에서 이탈하게 되었다.

총독부는 치안이 유지되고 있는 동안, 전시 중에 실시되고 있던 경제통제를 식량관리와 물가임금 통제를 제외하고 순차적으로 철폐했다. 이 조치가 타이완 주민의 경제활동을 자극해 일상생활은 급속하게 활기를 띠기 시작했다. 타이베이 시내는 주민들의 노점이 즐비했고, 물가는 올랐지만 식료품과 물자도 풍부하게 유통되었다. 미군의 폭격으로 피해를 입은 타이베이 시 최고·최대의 사원으로 유명한 룽산쓰龍山寺의 재건도 시작되었다. 타이완 주민들이 제일 먼저 주목한 것은 정치가 아니라 경제였다. 이는 조선에서 정치적 흥분이 고조된 결과, 정치단체가 난립했던 것과는 대조적인 광경이었다.

이런 가운데 대장성과의 절충으로 마련한 현금을 들고 9월 9일에 시오미 슌지가 타이베이로 돌아왔다. 이튿날인 10일에 열린 부국과장회의에서 도쿄 출장보고를 하고, 밤에는 나리타 총무장관의 초청으로 연회가 열렸다. 공습으로 불타서 벌판이 되어버린 데다, 진주군의 점령을 받는 가운데 패전을 받아들이기 싫이도 실감이 나지 않았던 도쿄에서 돌아온 시오미로서는 긴장감이 없는 타이완은 마치 딴 세계 같았다. 그는 그때의 놀라움을 다음과 같이 일기에 적고 있다.

타이완에는 아직 지나군이 주둔하지 않아 지극히 평온하고 조용하다. 그 때문인지 일반적으로 안이함이 지나치고, 총독부 등은 과거와 같으며 패전이나 무조건항복의 모습이 전혀 없다. 다음에 올 태풍을 이 같은 상황으로 과연 견뎌낼 수 있을지, 어떨지. 《秘錄·終戰直後の臺灣》

패전으로 타이완의 중화민국 복귀가 확정되었으나 재타이완 일본인 중에 본국으로 귀국을 희망하는 사람은 많지 않았다. 이러한 경향은 10월 25일 타이완 접수 후에도 얼마간 계속되었다. 시오미는 그 이유로 다음 일곱 가지를 들고 있다. ①일본 통치 하의 타성으로 장래의 생활 예상을 안이하게 보고 있었다는 것 ②천이 장관 부임 후에도 일본인에 대한 태도가 예상 외로 호의적이었다는 것 ③통제 해제 등으로 인해 일상생활은 전쟁 이전보다 더 윤택해졌다는 것 ④타이완 주민의 동정이 지극히 평온하고 조용했다는 것 ⑤일본 국내의 정황 악화를 추측할 수 있었다는 것 ⑥일본인의 송환은 1949년 이후가 될 것이라는 정보가 확산되었다는 것 ⑦치안이 대체적으로 평온하고 조용했다는 것이다.

조선이나 만주와 비교해볼 때 타이완 재주 일본인의 이 같은 패전 인식에는 특이한 점을 볼 수 있다. 이는 그들 자신이 타이완 주민들에게 위해를 당하거나 불안에 떨어본 적이 거의 없었다는 사실에 기인한다. 많은 사람들이 도시생활자였기 때문에 그들은 이미 생활용품의 품귀로 '다케노코 생활'[3]에 처해 있으면서도 살던 집에서 쫓겨나는 일도 없이 패전 전과 마찬가지로 시내도 자유롭게 돌아다닐 수가 있었다. 또 전쟁 전부터 지폐였던 타이완 은행권이 패전 후에도 기축통화로 계속 유통되고 있었다.

조선 각지에서 재조 일본인이 일본인세화회를 결성하고 있었던 것과는 달리 재타이완 일본인들은 스스로를 지키기 위한 단체를 적극적으로 조직하려 하지 않았다. 그것은 패전 전과 다름없이 타이완총독부가 엄연히 존재하고, 그들 개개인의 생활이 직접적인 위협

3　일본어로 '竹の子生活'이라고 쓴다. 죽순껍질을 하나씩 벗겨가듯 소지품을 하나씩 처분하며 근근이 생활비를 벌어가는 생활을 말한다.

에 노출되지 않았던 것이 큰 요인이었기 때문이다.

국민정부의 타이완 접수

국민정부의 타이완 접수는 완만하게 진행되었다. 타이완 접수 후 통치체제에 관해서는 전시 중부터 주도면밀하게 계획되었다. 루거우차오盧溝橋 사건[4]을 계기로 시작된 중일전쟁은 양국의 선전포고가 없었기 때문에 실태로서는 전면전이면서도 국제조약상으로는 지역 분쟁으로 취급되었다. 그러나 미일개전 후 중국이 일본에 선전포고를 함으로써 중일전쟁은 제2차 세계대전으로 연결되었다. 연합국의 일원이었던 중국은 일본에 빼앗긴 영토의 회복을 대일전의 명확한 목표로 정하고, 1943년 12월 카이로선언에서 "만주, 타이완 및 펑후도彭湖島와 같이 일본이 청나라로부터 빼앗은 일체의 지역을 중화민국에 반환할 것"이 명문화되었다는 사실을 받아들여 타이완 접수의 구체적인 계획을 진행해나갔다.

　1944년 4월 17일, 국민정부 중앙설계국 내에 타이완조사위원회가 설치되었고, 주임위원이 된 전 푸젠성福建省 정부주석 천이의 지휘 하에 타이완 접수 후의 통치정책 입안이 진행되었다. 그 후 가을에는 거의 확정된 접수계획을 바탕으로 한 통치기본방침에 따라 행정구역의 책정과 토지개혁, 산업·금융의 국영화 등의 골격이 확정

4　1937년 7월 7일 베이징 서남쪽에 있는 루거우차오盧溝橋에서 일어난 발포사건으로 중일전쟁의 발단이 되었다. 중국에서는 '7·7사변'이라고 부른다. 이 사건을 계기로 일본군과 중국 국민당 정부는 전쟁에 돌입하였고, 중국 내 반일감정은 더욱 거세졌다. 그리고 이 전쟁으로 국민당은 공산군과의 내전을 종식하고 국공합작에 나서서 함께 대일항전에 들어가게 되었다.

| 천이 |

됨과 동시에 행정간부의 육성이 시작되었다. 이듬해인 1945년 3월 22일에는 '타이완 접관계획강요臺灣接管計劃綱要'가 공포되었고, 국민정부에 의한 타이완 통치의 구체적 정책이 공개되었다. 그리고 일본의 항복이 전해지자 장제스는 8월 27일, 천이를 타이완 접수 후의 통치기관이 될 '타이완성 행정장관공서' 장관에 임명했다(공식적으로는 9월 1일의 '타이완성 행정장관공서 조직대강' 공포에 의함).

타이완성 행정장관(군사를 담당하는 타이완성 경비총사령도 겸임)에 임명된 천이1882년생는 일본 육사에 유학한 경험이 있는 인물이었다. 1907년 귀국한 후에는 저장성浙江省 군벌이었던 쑨촨팡孫伝芳 군대에 가담했고, 1927년에 장제스의 제2차 북벌이 개시되자 국민혁명군으로 옮겼다. 독일로 1년간 파견된 후 1934년에는 타이완의 대안對岸에 있는 푸젠성의 정부주석이 되었다. 푸젠성 주석으로서 파벌에 바탕을 둔 관료제를 개혁하고, 고등교육의 내실화와 재정제도를 확립하는 등 실적을 올렸으나, 중일전쟁 후에 시행된 통제경제정책에 실패함으로써 1943년 주석 자리에서 물러났다.

또한 주석 시절인 1935년에는 타이완총독부가 주최한 '시정 40주년 박람회'에 참석하기 위해 타이완을 방문, 총독부의 타이완 통치에 강한 영향을 받았다. 이후 중일전쟁으로 단절되기 전까지 타이완총독부와 활발하게 교류를 하면서 총독부가 어떻게 타이완을 통치하는지 연구했다. 장제스가 이 같은 천이의 경력을 주목함으로써 그는 타이완 접수 책임자가 될 수 있었던 것이다.

국부군의 타이완 진주

지지부진했던 국부군의 진주가 마침내 구체화된 것은 10월이 되면서부터였다. 항복문서 조인 후 1개월이나 지난 10월 5일, 타이완성 행정장관공서 비서장인 거징언이 타이완으로 건너가 타이베이에 타이완성 행정장관공서와 경비총사령부 전진지휘소를 설치했으며, 정식접수 전까지는 타이완총독부가 행정과 사법사무를 계속 담당하기로 했다. 그로부터 반달 후인 10월 17일에 마침내 국부군이 지룽에 입항했고, 19일에는 타이베이로 진주했다. 이때 국부군 병사들의 출현이 타이완 주민들에게 준 충격이 후일 '비극'의 도화선이 되었다.

대륙에서 건너온 국부군 병사들의 출현이 준 강렬한 인상은 당시 그 모습을 목격한 일본인과 타이완 주민의 기록이나 증언에 많이 등장한다. 잡지 《민속타이완》의 편집자였던 이케다 도시오池田敏雄는 그 놀라움을 다음과 같이 일기에 적고 있다.

4열 종대, 멜대에 작은 상자를 늘어뜨리고 그것을 메고 있다. 두꺼운 천으로 만든 구두(신기료 장수 같은 모양), 우산을 등에 지고 있다. 씩씩하고 시원스러운 느낌이 없다. 배낭 같은 것을 등에 진 병사. 타이베이에 도착한 제2진, 타이베이역에서 숙사로 들어가는 도중이다. 초라하다. 당

당한 행진을 기대하고 있었는데, 실망이다. (〈池田敏雄日記〉)

전투가 벌어지지 않았던 타이완은 버마나 필리핀에서 본 것 같은, 조직의 괴멸로 인해 유령 같은 병사집단이 된 일본군과는 달리 규율이 서 있는 병사들로 구성된 질서정연한 일본군 부대가 그대로 존재하고 있었다. 타이완에 살고 있던 일본인이나 타이완 주민이 갖고 있는 일본군의 이미지는 실제로 그런 모습이었다. 그런 일본군에게 승리를 거둔 국부군은 필시 압도적인 군대일 것이라고 상상하는 것은 지극히 자연스러운 일이었다. 그러나 눈앞에 처음 나타난 국부군은 너덜너덜한 신발을 신고, 솥 냄비를 메고 우산을 등에 진, 근대적 군대와는 너무 동떨어진 모습이어서 타이완의 일본인들에게 심한 모멸감을 주었다.

이러한 인상을 주면서도 국부군의 진주는 큰 문제없이 이루어졌다. 식민지 지배를 종식시킨 해방군을 기대했던 타이완 주민은 당혹감을 보이면서도 대다수가 이들을 환영하는 분위기였다. 이케다의 같은 날 일기에는, 국부군 병사들을 둘러싼 타이완 주민들이 반갑게 말을 거는 모습이 적혀 있다. 또 다른 날의 일기에는 국부군의 출현을 "대륙적"이라고 호의적인 시선으로 보는 《타이완신보臺灣新報》의 기사를 옮겨 쓰는 한편, 타이완인 상점이 국부군 병사를 보자 가게 문을 닫아버리는 모습과, 일본의 통치에 협조적이었던 타이완 주민이 병사의 초라함에 비관하는 모습도 기록되어 있다.

장제스의 타이완 인식

중국군=국부군은 과연 해방군인가 점령군인가. 타이완 주민들 사이에서 예측할 수 없는 상태가 잠시 동안 이어졌다. 그러나 대륙의 중국인과 타이완 주민들의 관계는 이때가 가장 좋았다고 할 수 있을 것이다.

장제스는 9월 20일, 14일에 타이완을 시찰한 장팅멍張廷孟, 중국공군 제1로군 사령·타이완 육군 접수준비위원으로부터 남녀노소를 비롯한 모든 타이완 사람들이 조국 복귀를 기뻐하고 있다는 소식을 듣고 그에 만족하는 심경을 일기에 적고 있다. 사실 타이완 주민에 대한 그의 기본적인 인식은 이처럼 낮은 수준에 머물러 있었다. 장제스는 타이완을 서쪽 방면의 국방요충으로 상정하고, 함께 탈환한 하이난도와 함께 "국방자원과 군사공업 및 해·공군기지로서 적극적으로 경영"(《蔣介石日記》 1945년 10월 13일)하는 것에 숭점을 두고 있었다. 그의 주된 관심은 민심보다 타이완의 전략적 가치에 있었던 것이다.

국부군 중에서도 미군식 장비로 무장한 정예부대는 극소수에 불과했는데, 이들은 중국공산당과의 대립이 현재화하면서 특별히 중요한 전선이 된 구 만주지방에 주로 배치되어 있었다. 장제스로서는 국공대립의 최전선도 아닌 타이완에 정예부대를 배치할 필요성이 없었으며, 또 그럴 만한 여유도 없었다. 그러나 공포이든 복종이든 대중의 마음을 얼마나 잘 사로잡는가가 요체인 정치에서는 논리보다 이미지가 더 중요한 법이다. 대륙에서 건너온 장제스는 첫인상에서 타이완 주민들의 마음을 사로잡는 데 실패했다. 게다가 이러한 정서적인 장벽과 타이완 주민들에 대한 조야한 인식은 뒷날

2·28사건이 발생했을 때 더욱 큰 문제를 야기하고 말았다.

독자적인 민족과 역사

장제스는 타이완 주민도 대륙과 마찬가지로 한족漢族이며, 타이완이
조국에 복귀하는 것은 당연한 일이라고 생각했다. 그러나 타이완은
복잡한 민족구성으로 이루어져 있으며, 주지하는 바와 같이 근대
이후로는 대륙과는 다른 독자적인 역사적 경로를 걸어왔다.

　본래 타이완 섬에는 원주민(타이완에서는 '선주민'이 아니라 '원주민'
으로 호칭)이라 불리는 소수민족만이 거주하고 있었다. 이 원주민은
독자적인 문화와 언어를 갖는 복수 부족의 총칭이다. 그러나 청나
라 시대인 18세기 이래 타이완 서부에 대륙으로부터 한족의 이주가
증가한 결과, 한족과의 융합이 진행된 숙번熟蕃·평포번平埔蕃·平埔族과
한족과 융합하지 않고 독자성을 유지한 생번(生蕃, 주로 타이완 중앙산
악지대에서부터 동부 연안에 거주)으로 나뉘었으며, 일본 통치 하에서는
생번을 '고사족(高砂族, 열 개 정도의 부족으로 구성)'이라고 불렀다. 또
고사족은 중화민국 시대에는 '고산족' 또는 '산지동포'로 불렸으며,
현재는 '원주민족'으로 불린다(최근에는 '평포족'까지 포함한 광의의 호칭
으로 사용되고 있으며, 2008년 시점에서 정부가 인정한 부족은 14개에 이른다).

　이처럼 타이완은 크게 나누어 대륙계 한족과 원주민족, 한족과
혼혈된 평포족으로 분류할 수 있고, 다시 대륙계 한족은 민남계(閩
南系, 푸젠성 남부 출신)와 객가계客家系로 대별할 수 있다. 근대 이후 타
이완 섬에 거주하는 민족의 대부분은 거의 한족과 구별할 수 없게

된 평포족계를 포함한 대륙계 한족이 차지하고 있는데, 그들은 원주민과 혼합되는 가운데 대륙에 거주하는 한족과는 다른 독자적인 문화와 언어체계를 갖게 되었다. 참고로 말하면, 전시 중에는 조선인을 '반도인半島人'이라고 부른 것과 마찬가지로 고사족을 제외한 타이완 주민은 '본도인本島人'이라고 불렸다.

평후도를 제외한 타이완 본도가 대륙의 중화왕조의 판도에 편입된 것은 17세기 후반 청나라 시대가 되면서부터였다. 그 역사가 그다지 오래된 것은 아니다. 청일전쟁 결과 타이완이 청나라에게서 일본에 할양되었을 때, 타이완에서는 현지의 유력자가 타이완 순무巡撫, 지방장관 탕칭숭唐景崧과 대장군 리우용푸劉永福를 옹립해 '타이완민주국'이라는 독립국가를 수립하기까지 했다. 이 국가는 일본 진주군에게 저항했지만 반년도 지나지 않아서 와해되고 말았다. 근대에 와서 타이완의 독립국가로서의 경험은 이것뿐이었으며, 실질적으로는 일본의 식민지가 되기 이전의 타이완 주민은 청나라의 전근대적 통치만을 체험했다고 할 수 있다.

그런 청나라는 1911년 쑨원 등이 일으킨 신해혁명으로 붕괴하고 대륙에서는 중화민국이 탄생했다. 타이완에서는 일본 통치 초기에 대규모 항일무장봉기가 몇 차례 일어났는데, 그 중에는 신해혁명에 호응한 것도 있었다. 그러나 모두 국지적인 저항에 그쳤으며, 타이완 전 지역을 휩쓴 조국 복귀나 타이완 독립이라는 고도의 정치투쟁으로 승화하는 데까지는 이르지 못했다. 그 대신 타이완 의회설치 청원운동 등 독자적인 정치적 권리확대를 요구하는 운동이 끈질기게 확산되고 있었다.

이러한 역사적 경위를 거쳐 타이완은 중화민국으로 '복귀'한다.

그러나 신해혁명이라는 역사적 대사건과 그 이후에 중국 본토에서 진행된 근대화를 경험하지 못한 타이완 주민들에게 '중화민국'은 아무런 관련이 없는 다른 나라나 다름없었다. 한 세대를 넘는 50년이라는 긴 세월 동안 많은 타이완 주민은 일본을 경유한 근대화를 이미 경험해왔던 것이다. 이는 근대화를 통해 형성되는 정치·경제·문화의 모든 부분에 걸친 사회조직이나 생활 스타일, 개인의 사고방식이 일본과 중국에서 서로 다른 이상, 타이완인의 내면에 커다란 혼란을 일으키는 결과를 낳았다. 또 국민정부 측에서 보면, 삼민주의三民主義조차 모르는 타이완인은 정치적으로 미숙하며, 그들을 대륙과 동등한 중화민국 국민으로 취급하는 것은 생각할 수 없는 일이었다. 전후에 와서 점차 터져나오기 시작한 타이완 주민의 아이덴티티를 둘러싼 비극은 실로 이 근대화 경험의 차이에 있었다고 할 수 있다.

무조건 항복

10월 24일, 타이완 통치의 최고책임자인 천이가 연도에서 타이완 주민들과 일본인 학생들이 청천백일기青天白日旗를 흔드는 가운데 타이베이로 들어왔다. 이튿날 25일에 타이베이 시 공회당(지금의 중산탕中山堂)에서 안도 총독과의 사이에 항복식이 거행되었다. 항복조인식 직후 행정장관공서 및 경비총사령부 명령 제1호가 수교手交되고, 제10방면군의 무조건항복과 타이완총독부의 기능정지가 정식으로 확정되었다. 이로써 50년이라는 장기간에 걸쳐 일본의 식민지였던

| 항복문서에 서명하는 안도 타이완총독 |

타이완은 조국 중국에 복귀하고, 타이완 주민은 중화민국 국적을 '회복'했다. 대일본제국 최초의 식민지였던 타이완은 이렇게 제국에서 최후로 이탈했다.

중국에 의해 주권이 회복됨으로써 타이완총독부 및 제10방면군은 타이완 지구 일본관병 선후연락부(부장은 안도 리키치安藤利吉)로 개칭하고, 국민정부 산하에 설치된 명령전달기관이 되었다. 행정장관 공서는 주권회복 후인 11월 1일부터 행정·사법·군사 등 각 방면에 걸쳐 접수를 시작했고, 같은 달 내에 절반 정도가 완료했다. 그러나 중국 측의 접수방식에 일본인은 적지 않은 당혹감을 느끼지 않을 수 없었다.

접수에 대비해 일본 측이 가장 중시한 것은 지금까지 타이완에서 실시해온 통치사무를 서류로 확인하면서 중국 측에 인계하는 일이었다. 전임자가 후임자에게 현안사항이나 긴급사무 등 중요한 행정사무를 인계하는 것은 행정의 지속을 가장 중시하는 일본관료제의 특징인 바, 이 같은 일은 내지와 외지를 불문하고 행정기관 내에서는 반드시 이루어지고 있었다. 사실 조선에서도 총독부에서 미군으로의 행정사무 인계는 주도면밀한 준비로 행정의 지속을 꾀했던 것이다. 당연히 타이완에서도 총독부는 행정의 지속을 기하기 위해 주도면밀한 준비를 했지만, 중국 측은 그런 것에는 거의 관심을 두지 않았다. 중국 측이 가장 중시한 것은 문자 그대로 '접수', 즉 시설과 현금, 물품의 완전한 인도였다.

중국의 접수와 경제악화

타이완에서 실시된 '일산(日産, 일본 측 자산)'의 접수만큼 철저한 것은 없었다. 이는 대륙에서도 마찬가지였다. 일본 측이 요구받은 것은 크게는 건물, 작게는 문구용품에 이르기까지 기관이 소지한 모든 것을 적은 비품대장의 작성과 제출이었다. 그러나 중일 양국의 회계제도의 차이도 있어서 중국 측의 오해나 의혹을 불러일으키는 사태가 빈발했다.

천이가 이끄는 행정장관공서가 타이완에서 실시한 접수는 국민정부 전체가 대륙 각지에서 행한 접수를 답습한 것에 불과했다. 행정의 지속을 고려하지 않는 방식은 결과적으로 행정의 비효율과 정체를 초래했다. 사실 일본식의 통치체제에 익숙해 있던 타이완 주민들에게 천이의 통치방침은 대단히 낯선 것이어서 쉽사리 적응하기 어려웠다. 게다가 이때 이루어진 접수는 학교를 비롯한 공적기관이나 3대 국책회사(타이완은행·타이완전력·타이완척식회사)뿐만 아니라 개인경영을 포함한 일계日系기업도 그 대상에 포함되었다. 이들 접수 기업의 대부분은 형식적으로 공영화되었으나 실제로는 국민당의 소유물이 되었다.

국부군의 타이완 접수와 동시에 대륙에서 중국 상인도 일확천금을 노리고 대거 타이완으로 건너왔다. 게다가 대륙에서 인플레이션까지 들여왔기 때문에 타이완 경제는 급속히 악화되었다. 대륙에서는 일본 항복 후부터 격심한 인플레가 진행되었다.

중국 동북부나 타이완에서도 국부군의 진주와 동시에 인플레가 반입되어 현지 경제가 급속히 악화되는 요인이 되었다. 이러한 경제악화에 대해 행정장관공서는 유효한 대책을 마련하지 못했다. 그러나 인플레의 진원지가 중국 대륙인 이상 타이완만으로 해결될 문제는 아니었다.

그러나 타이완 주민의 불만이 일상적으로 접하는 행정장관공서를 향하는 것은 자연스러운 흐름이었다. 게다가 타이완 통치의 중핵은 천이를 위시한 대륙계가 장악하고, 타이완 주민이 기대한 정치참여는 제한되었다. 나아가 대륙에서 건너온 중국인과 타이완인 사이에 언어나 생활습관의 차이에 기인하는 사소한 알력이 누적되어 정부에 대한 불신감과 대륙에서 건너온 중국인에 대한 반감은 날이 갈수록 고조되었다. 1946년 초반 무렵에는 이미 그런 문제들이 눈에 띌 만큼 두드러지게 나타나고 있었다.

일본인에 대한 차가운 시선

타이완 주민의 불만은 일본인을 향해서도 표출되기에 이르렀다. 항복조인식이 있던 날, 지금까지 총독부의 어용지였던 〈타이완신보_{臺灣新報}〉는 행정장관공서에 접수되어 〈타이완신생보_{臺灣新生報}〉로 바뀌었고, 그 편집도 일본어에서 중국어 중심으로 바뀌었다. 그리고 12월에 〈타이완신생보〉가 필리핀에서 타이완인 군속이 일본 병사에게 학대받고 있다는 보도를 시작으로 반일기사를 통한 선동을 시작했다. 그 결과, 타이완 주민에 의한 일본인 구타사건이 발생하고, 일본인에 대한 비난도 거세졌다.

그때까지 평온하게 지내온 재타이완 일본인들 중에서도 적산의 접수에 따른 실업자의 증가와 물가폭등으로 인한 생활고, 게다가 반일적 언동의 증가로 재타이완 일본인 전체의 비특권화_{非特權化}가 명백해지자 일본으로 귀환을 희망하는 사람이 점차 늘어났다. 총독부는 패전 후에도 사회질서를 유지하는 역할을 했지만 10월이 되어 접수가 현실화함에 따라 그 권위가 흔들리기 시작했고, 그와 동시에 치안유지 능력도 서서히 저하되었다. 다만 패전 시에 약 30만이 넘었던 제10방면군은 패전 후 현지 소집자나 타이완인의 소집해제로 17만 명 정도까지 감소했지만 여전히 피해를 입지 않은 채 타이완 섬에 주둔하고 있었다.

제10방면군은 당초 일본 국내의 선박 수 등으로 추산하면 귀국은 1949년 여름 무렵이 될 것이라고 판단, 4년간은 타이완에서 둔전병_{屯田兵}처럼 자급자족 생활을 할 계획을 세우고 있었다. 그러나 포츠담선언에서는 군대의 무장해제와 본국으로의 조기귀환을 요구했다. 연합국으로서는 일본군이 현지에서 기한 없이 잔류하는 것은 치안유지 상으로도 바람직한 일이 아니었다. 그렇기 때문에 일본에 수송용 선박을 제공하더라도 가능한 한 빨리 본국으로 귀환시켜야 한다고 생각했다.

10월에는 남한에서 일본군의 철수와 민간인의 귀환이 예정되어 있었고, 그 다음달 11월이 되면서 제10방면군과 타이완총독부 내부에서는 머지않아 타이완에서도 본국 귀환이 시작될 것이라는 전망을 바탕으로 철수를 준비하기 시작했다.

미국의 정책전환에 따른 조기 해산·철수

한편 중국 대륙에서는 국민당과 공산당의 대립이 격화되면서 일거에 정치가 불안정해졌다. 미국은 낭초 중국 문제에 대단히 신중하게 대처했지만, 12월 15일 트루먼이 국민정부에 대한 적극적 지원과 국공 양군의 정전조정 등을 내용으로 하는 대중對中정책을 발표했다. 그 정책 중에는 중국의 불안정 요인이 될 우려가 있는 잔류 일본군의 조기귀환 문제도 포함되어 있었다. 미국의 대중정책 전환으로 미군이 수송용 선박을 공여해서 국부군의 동북東北 진주를 지원하고, 선박의 잉여분을 일본군의 귀환에 할당함으로써 아직 대륙에 남아 있는 100만 명이 넘는 일본군을 본국으로 철수시키고, 그와 더불어 타이완에 잔류하고 있는 제10방면군도 철수시키는 계획이 수립되었다.

미국의 정책전환에 관해 아무것도 알지 못한 제10방면군은 조만간 무장해제가 될 것으로 예상하면서도 그 시기가 구체적으로 언제가 될지는 알지 못했다. 그러나 12월 18일에 미국과 중국 측에서 갑자기 귀환을 실시한다는 통보를 받고, 황급하게 준비를 해서 25일에는 이미 귀환 제1진이 출항하기에 이르렀다. 제10방면군의 귀환 개시 후, 타이완성 행정장관공서는 12월 31일에 돌연, 일계 기업의 접수와 일본인의 본국송환을 발표했다. 그리고 일본인 철수의 중앙 관할기관으로 일교日僑관리위원회를 설치하고, 재타이완 일본인의 귀환을 개시했다. 이 무렵 구 총독부는 접수되어 거의 기능을 잃고 있었기 때문에 제10방면군이 행정장관공서와의 사이에서 일본인 귀환과 관련된 구체적인 사무작업을 수행했다.

이렇게 해서 1946년 3월 말부터 재타이완 일본인의 철수가 시작되어 5월말까지는 병사의 철수는 거의 완료되었고, 민간인은 약 28만여 명이 귀환했다. 그 후, 연말과 이듬해인 1947년 봄, 모두 세 차례에 걸친 송환으로 재타이완 일본인(합계 약31만)의 거의 대부분이 일본으로 귀환했다. 또 타이완 섬에 거주하고 있던 조선인은 '한교韓僑'로 취급을 받아 약 2천 명이 일본인의 철수와 거의 같은 시기에 자신들의 조국으로 돌아갔다.

유용留用과 '류교琉僑'

일본인의 송환이 결정됨과 동시에 행정장관공서는 일본인을 본격적으로 '유용留用'하기 시작했다. 국민정부는 방대한 일본 재산을 접수했으나 이를 활용하기 위한 기술력은 부족했다. 거기서 떠오른

| 본토로 귀환하는 타이완 주둔 일본군 |

것이 바로 일본인 기술자를 잔류시켜 기술이전을 꾀하는 방안이었다. 일본인의 유용은 타이완은 물론 대륙에서도 대규모로 이루어져 순수하게 기술자뿐만 아니라 의사나 금융 관계자, 나아가서는 군인까지도 포함되었는데, 장제스는 전후 부흥을 위해 가능한 한 일본인을 활용해야 한다고 생각했다. 타이완에서는 가족을 포함해 약 2만 8천여 명이 잔류해 기술이전에 협력했다.

이렇게 해서 잔류 기술자를 제외하고 1946년 중에는 거의 모든 일본인이 타이완을 떠났는데, 같은 일본인 중에서도 오키나와 현 출신만큼은 다른 처우를 받았다. 본래 같은 대일본제국 영역 내에 있던 타이완과 오키나와는 지리적으로 가까웠기 때문에 인적 교류가 활발했으며, 특히 야에야마 제도八重山諸島는 오키나와 본토보다도 가까운 타이완과의 유대가 더 긴밀해서 이시가키 섬石坦島에서는 여성이 돈벌이를 위해 타이베이로 나가는 것이 흔한 일이었다. 오키나와 본섬에서 남양군도로의 이주자가 많았던 것에 비해 야에야마

제도에서는 타이완으로 가는 사람이 많았던 것이다.

그리고 이러한 흐름과는 반대로 타이완에서 이시가키 섬으로 이주하는 타이완 사람도 있었다. 현재 야에야마 제도에서 하고 있는 파인애플 재배는 전쟁 전에 그들이 전파한 것이다. 이러한 사회적·경제적인 배경 하에서 전쟁 중 오키나와 현에서 많은 민간인이 타이완으로 소개되었고, 그로 인해 타이완 재주 오키나와 주민은 패전 시에 약 18만 명이 넘었다. 그러나 오키나와가 미군에 점령되면서 일본에서 분리되었기 때문에 국민정부는 타이완 접수 후에 그들을 '류교琉僑'라 부르면서 일본인[日僑]과 구별했다. 그들은 '일교'의 철수와는 별도로 1946년 4월부터 이듬해에 걸쳐 약 1만 5천 명이 오키나와로 귀환했다. 또 야에야마 제도의 타이완인의 다수는 전쟁 말기에 타이완으로 소개되었으나 잔류한 사람도 있었고, 패전 후에 밀항선으로 돌아온 사람도 있었다. 그들은 중화민국 국적이었으나 일본 국적을 요구하는 운동을 벌여 패전 후 30년에 걸쳐 200여 명이 일본 국적을 취득한 일도 있었다.

타이완의 대일본제국으로부터의 이탈은, 요나구니 섬与那國島과 타이완 본토 사이에 처음으로 명확한 국경선이 그어졌다는 것을 뜻했다. 이로써 국적이라는 족쇄를 찬 사람의 왕래는 제한되었고, 접수된 타이완과 점령된 오키나와는 각각 별개의 전후사를 걷게 된다.

총독의 자결

1946년 4월에는 일본군의 철수와 민간인의 귀환이 일단 종료되는 것과 동시에 안도를 비롯한 제10방면군사령부 막료들은 중국 측에 구속되었다. 안도 리키치는 제10방면군 사령관이었기 때문에 타이완에서 일어난 미군 비행사 포로 학대사건의 책임자로서 미군에 의해 전범戰犯 지명을 받았다. 타이완은 중국의 관할구역이었기 때문에 미군의 요청을 받은 국부군은 4월 15일, 안도를 타이베이에서 상하이의 구치소로 이송했다. 안도 이외에도 방면군 참모장 이사야마 하루키 등도 같은 혐의로 수감되었다.

이사야마 등은 7월 상하이에서 판결을 받은 후 도쿄의 스가모巣鴨 형무소로 이송되었으나, 안도는 상하이의 구치소에 수감된 지 며칠 후인 19일 밤, 독방에서 군복 속에 몰래 숨겨서 가지고 온 청산가리를 먹고 자살했다. 이유는 천황에 대해 패전의 책임을 지기 위해서이며, 전범으로 지명된 것과는 무관하게 이전부터 자결의지를 굳히고 있었던 것으로 생각된다. 아내에게 보낸 유서에는 "愛三休"(일본어로 읽으면 영어 I thank you와 비슷하게 발음된다-옮긴이) 세 글자를 법명法名에 넣어달라는 말이 적혀 있었다.

2·28사건

천이의 타이완 통치는 해가 갈수록 악화일로를 걸었다. 앞서 언급했던 것처럼 천이는 전쟁 전 타이완을 방문을 통해 타이완총독부의 통치정책에 강한 영향을 받았다. 그런 천이가 시행한 타이완 통치는 타이완 주민을 동포로 대하는 것이 아니라 완전히 지배자로서 군림하는 것이었다. 그 결과, 타이완 토착 원주민인 '본성인'과 대륙에서 건너온 '외성인'이라는 구분이 생겨났고, 이들 사이의 골은 차츰 깊어졌다.

1947년 2월 28일, '2·28사건'으로 불리는 본성인들의 정치폭동이 타이완 전역에서 일어났다. 행정장관공서는 사태수습에 실패, 대륙에서 군대가 증원되어 1만 8천 명에서 2만 8천 명에 이르는 타이완 주민이 무차별 학살되었고, 특히 일제세대부터 활동해온 엘리트 지식층이 큰 타격을 받았다. 이 사건을 계기로 본성인과 외성인의 대립은 구조화되었고, 정치적인 탄압 속에서도 대륙의 중국인과 맞서는 '타이완인' 의식이 본성인 속에서 조금씩 싹트게 되었다.

천이는 경제정책 실패에서 기인한 2·28사건의 책임을 지고 사건이 종식된 3월에 장관직에서 물러났다. 그리고 5월 16일에는 타이완성 행정장관공서는 폐지되고, 타이완성 정부가 설치되었다. 푸젠성 주석 시절에도 경제정책 실패로 사직한 바 있었던 천이는 타이완에서도 같은 전철을 밟은 것이다. 그 후 천이는 저장성浙江省 정부 주석이 되었으나 중국공산당과 내통한 혐의로 장제스에게 체포되어 1950년 6월, 타이베이 시 교외 신띠엔新店에서 처형되었다.

타이완 주민들에게 타이완 의식을 싹트게 한 계기가 된 2·28사건의 직접적인 책임자는 천이였지만 근본적인 원인은 장제스의 타이완에 대한 인식 부족과 국민정부의 실정失政에 있었다. 장제스도 1949년 국공내전에서 패퇴하고 타이완으로 피신해옴으로써 12월에는 타이베이가 임시수도가 되었다. 또 그 사이 5월에는 대륙 반격의 기지로 자리매김한 타이완에 계엄령이 선포되어 1987년 해제되기까지 무려 38년 간 타이완인의 정치권리 요구는 억압되었다. 38년간 계속된 타이완의 계엄은 세계에서 가장 오랜 것이었다.

| 2·28사건을 묘사한 목판화 |

한편 린시엔탕은 1946년 5월 타이완성 참의회 의원이 되어 일본 통치 하에 이어서 국민당 시내에서도 정치적 지위를 확보했다. 그 후에도 2·28사건의 주모자로 의심받았지만 체포를 피하고 끝까지 지위를 유지했다. 그러나 계엄령 시행 후인 1949년 9월, 지병 치료를 이유로 타이완에서 도쿄로 건너가 국민당의 귀국 요청을 끝까지 거부했다. 그는 두 번 다시 타이완 땅을 밟지 않은 채 1956년 도쿄에서 객사했다.

대일본제국의 해체로 타이완인은 정치적 주체성을 획득할 수 있을 것으로 기대했다. 그러나 대륙의 국민정부는 타이완의 통치권을 타이완에 양도하지 않았다. 결국 타이완 주민들에게 '광복'은 지배자의 교체에 불과했으며, 타이완총독부가 타이완성 행정장관공서, 타이완총독이 행정장관으로 이름을 바꾼 것뿐이었다. 린시엔탕을 비롯한 타이완 유력자들은 일본 통치 하의 총독부와 마찬가지로 대륙에서 건너온 정부와 각자 새로운 관계를 구축했다. 다만 타이완 주민의 기대와 실망을 상징하는 '광복'이란 한족계 타이완 주민들에게만 해당되는 문제였으며, 거기에서 원주민의 참여는 좀처럼 찾아볼 수 없었다.

"개가 물러가니 돼지가 왔다."

1947년 12월 인도네시아의 모로타이 섬에서 구 일본제국의 육군병사 나카무라 데루오中村輝夫 일등병이 '발견'되었다. 1972년 1월, 괌에서 요코이 쇼이치橫井庄一의 발견, 1974년 3월 필리핀 루방 섬에서 오노다 히로小野田寬郞의 귀환에 뒤이은 사건이었다. 그러나 나카무라의 정식 이름은 '수니온'이다. 그는 일본제국 시대에 고사족으로 불렸던 타이완 원주민의 하나인 아미족 출신이며, 고사족의용대에 소속되어 종군했다.

청나라 시대에 '미개인' 취급을 받았던 타이완 원주민들에게 국가를 처음으로 의식케 한 것은 일본이었다. 일본어로 교육을 받고 성장한 그들은 당연한 듯이 제국신민으로서의 의식을 품고 많은 청년들이 지원해서 전장에 나가 전사했다. 그러나 1945년 8월 15일 일본의 패전을 기점으로 자신들도 모르는 사이에 '중화민국 국민'이 되어버린 것이다.

최후의 황군 병사 '나카무라 데루오'는 타이완 귀국 후 '리꽝후이李光輝'로서 살아가게 되었다. 그러나 그에게는 일본 정부로부터 아무런 보상도 없었으며, 요코이나 오노다의 뉴스에는 야단법석을 떨었던 일본사회도 최후의 황군병사 발견에는 커다란 관심을 보이지 않았다. 제국신민이었던 고사족의 존재는 전후 일본사회에서 완전히 망각되어버렸던 것이다.

너무나도 평온했던 타이완 지배의 종언은 일본인과 타이완인 양쪽 모두에게 뒤틀린 감정을 배태했다. 패전 사태에 직면하고서도 타이완에 머무르고자 했던 재주 타이완 일본인을 귀환으로 내몰았던 것은 신체에 대한 직접적 위협이 아니라 경제적 곤궁이었다. 게다가 그들이 패전 후에도 혜택 받은 존재였다고 자각한 것은 일본으로 귀환한 후에 만주 귀환자들의 겪었던 가혹한 체험을 알고 있었기 때문이다.

이러한 체험은 그들에게 직접적인 위해를 가하지 않은 타이완 주민에 대한 친근감으로 쉽게 연결되었다. 확실히 패전 후에도 일본인과 타이완인의 관계는 심각한 대립으로는 치닫지 않았으며, 패전 전과 변함없는 인간관계를 유지했다는 사례가 아주 많다. 또 대륙에서 건너온 중국인과도 큰 문제를 일으키지 않았다. 그 이유를 일본인은 타이완인의 친일감정이나 일본 통치의 성공, 더 나아가서는 장제스가 8월 15일 라디오로 방송한 '원수를 덕으로 갚는다'는 '이덕보원以德報怨' 연설에서 찾기도 한다. 그러나 '본성인' 대 '외성인'이라는 가혹한 현실에 대면하지 않을 수 없었던 타이완인의 비극에까지 생각이 미치지는 못했다.

한편 타이완인들 사이에서는 동포라고 믿었던 대륙의 중국인에 대한 환멸이 확산된 것과 반비례해서 일본인에 대한 친근감은 오히려 높아졌다. 그러나 이는 일본인이 이해하고 있었던 것과 같은 단순한 이유에서가 아니라, 타이완 주민들로서는 일본 통치 하에서도 중화민국 하에서도 마찬가지로 지배구도는 아무것도 변하지 않았기 때문이다. 일본 통치는 어디까지나 식민지 지배였으며, 타이완 주민들이 추구해온 자치는 마지막까지 인정되지 않았다.

타이완인들 사이에서 흔히 이야기하는 "개가 가고 나니 돼지가 왔다"(젓가락을 들고 내려놓는 것까지 짖어대는 개처럼 시끄럽게 감시하는 일본인이 가고 나니, 이번에는 돼지처럼 무엇이든 탐내는 중국인이 왔다. 개는 다른 사람의 물건을 훔치지 않는 만큼 돼지보다 낫다는 의미이다)는 말은, 광복이라는 미명 하에 숨겨진 타이완인의 실망과 일본에 대한 복잡한 심정을 잘 나타내준다고 할 수 있다. 타이완 주민들에게 8월 15일은 '광복'이 아니라 제국신민으로서의 '항복'이었던 것이다.

제5장

충칭重慶·신징新京 '연합국' 중국의 고뇌

장제스의 굴욕

충칭의 장제스는 굴욕감에 시달리고 있었다. 일본과 4년 반에 걸친 항일전쟁을 세계대전으로 연계시키는 데 성공한 1941년 12월 8일은 그의 생애 최고의 날이었지도 모른다. 그로부터 3년 반 넘게 이어진 항일전쟁은 마침내 장제스의 의도대로 일본의 패배로 끝나고 있었다. 그럼에도 불구하고 사태는 그의 예상을 훨씬 뛰어넘는 방향으로 전개되었다.

자존심 강한 장제스로서는 포츠담회담에 아예 초대도 받지 못한 데다, 선언의 내용에 관해서도 충분히 검토할 시간을 갖지 못한 채 선언 안을 거의 일방적으로 받아들여야 했던 것은 굴욕이나 다름없는 일이었다. 이 무렵 그의 일기에는 "무례" "모욕" "국치" 같은 말과 함께 미국에 대한 분노를 드러내는 단어가 여기저기 눈에 띤다.

장제스와 미국의 껄끄러운 관계는 1년 진 장제스에세 중국전구戰區의 연합군 지휘권을 박탈해 조셉 스틸웰Joseph W. Stilwell 장군에게 넘기려 했을 때부터 시작되었다. 스틸웰은 버마를 점령하는 일본군을 축출하고, 인도와 중국의 육상교통로를 확보하기 위해 미·중 군대를 이끌고 버마와 중국 윈난雲南의 국경에서 대일전을 지휘한 경험이 있었다.

그러한 가운데 제해권을 잃어가고 있던 일본군은 남방과의 육상운송 루트 확보와, 중국 대륙에 있는 미군의 공군기지를 점령하기 위한 목적으로 1944년 4월에 '1호작전大陸打通作戰'을 발동했다. 연말까지 계속된 일본군 최후의 대규모 군사작전은 중국군(국민정부군)의 약체상을 드러냄과 동시에 장제스 정권 내부의 부패가 더없이 심각하다는 사실을 분명하게 보여주었다. 이에 위기감을 느낀 미군은 스틸웰에게 중국군을 포함한 연합군의 지휘권을 부여하고, 중국 전구戰區의 재건을 도모하도록 했다.

연합국의 일원이면서도 미군의 원조로 중국 오지에 틀어박혀 있을 수밖에 없었던 장제스로서도 중국군의 지휘권만은 절대로 양도할 수 없는 것이었다. 게다가 '식초 같은 조vinegar Joe'라는 별명을 가진, 신랄하고 고약한 성격의 스틸웰과 자존심 강한 장제스는 이전부터 사이가 원만하지 않았다. 장제스는 이 문제가 부상한 것을 역으로 이용해 10월에 그를 본국에 소환하도록 만들었다. 눈엣가시 같았던 스틸웰을 멀리 보냈음에도 불구하고 이 사건을 계기로 미국과 장제스 사이에는 상호불신이 더욱 커졌다. 이런 상황은 대전 말기에 이르러 더욱 심각해졌다. 그리고 마침내 항일전이 끝나가고 있던 1945년 6월, 장제스를 경악하게 만드는 사태가 발생했다.

얄타밀약

이전부터 장제스에게는 얄타회담에서 소련과 미국이 중국 동북(만주)문제를 놓고 뭔가 거래를 했다는 정보가 들어와 있었다. 6월 10일에 패트릭 할리Patrick Harley 주중 미국대사를 통해 소련이 미국에게 중국 동북부와 조선문제에 관해 구체적인 요구를 해왔다는 사실이 전해졌다. 나아가 12일에는 주중 소련대사 페트로프Petrov가 중소조약의 기본내용을 구두로 전달했는데, 그 중에는 뤼순旅順항을 군사시설로 조차租借하는 안을 제시했다는 내용도 들어 있었다. 이에 대해 장제스는 "중국의 4억 5천만 인심"을 잃게 된다며 아예 상대하지 않았다.

| 장제스 |

그러나 14일 할리로부터 얄타밀약을 된 알게 된 장제스는 경악하지 않을 수 없었다. 나아가 23일에는 트루먼이 소련의 요구에 전면적으로 찬성하고 있다는 소식이 전해졌다. 이전부터 어렴풋하게 알고 있었지만, 장제스가 알지 못하는 사이에 미국과 소련이 동북문제에 대한 거래를 하고 있었다는 사실이 밝혀졌던 것이다. 이 같은 사실은 그를 격분시키기에 충분했다.

장제스는 일기에서 "루스벨트의 얄타밀약은 미국뿐만 아니라 세계를 그르치게 하는 것이며, 중국이 가장 먼저 재난을 당한 것"이라고 울분을 토로했다(《蔣介石日記》1945年, 上星期反省錄).

얄타협정에는 스탈린의 통지가 있으면, 미국 대통령은 중국에 대해 밀약의 동의를 구하는 노력을 하기로 규정되어 있었다. 그 때문에 미국은 소련의 요구를 용인한 것이며, 미국의 후원을 잃은 중국은 아무리 저항해도 허사였다. 장제스는 조차는 인정할 수 없지만 어디까지나 주권은 중국 측에 있다는 것을 전제로 중국과 소련이 공동 사용하는 방향으로 소련과의 교섭에 임하기로 결심했다. 대소교섭의 책임자는 과거 주미대사로 항일전쟁에 미국을 끌어들이기 위해 미일교섭 타결 저지에 '사자분신獅子奮迅'의 대활약을 보인 행정원장 쑹쯔원宋子文이었다. 타결이든 결렬이든 그 어느 쪽도 불명예인 것은 분명했다. 정치생명이 걸렸음에도 손해 보는 역할을 마지못해 받아들인 쑹쯔원은 교섭의 정체停滯를 초래함으로써 결국 장제스로 부터 무능하다는 낙인까지 찍히고 만다.

소련이 얄타협정으로 획득한 몽골 독립과 다렌大連항의 우선적 이용권, 뤼순항의 조차권, 동지나東支那철도 및 남만주철도의 중소 공동경영권에는 장제스의 동의가 필요했다. 이미 대일전을 결의하고 있던 스탈린으로서는 실제로 대일전이 시작되었을 때 군사침공의 목표가 되는 만주의 전후처리를 중국 측과 협의할 필요가 있었다. 게다가 곧 개최될 포츠담회담을 고려하면, 그때까지는 소련의 요구에 대한 중국의 동의를 얻어야만 했다.

7월에 들어 모스크바에서 중소교섭이 시작되자 소련은 뤼순항 조차를 중심으로 한 동북문제뿐만 아니라 중소국경에 관한 온갖 문제를 결부시킨 외교공세를 펼침으로써 교섭의 주도권을 완전히 장악했다. 그 중에서 우선 소련이 들고 나온 것이 몽골 독립문제였다.

몽골 독립문제

몽골은 원래 청제국의 판도에 편입되어 있던 지역으로, 청나라가 무너진 1911년의 신해혁명을 계기로 중화민국로부터 분리독립을 지향하려는 움직임이 활발해졌다. 그러나 오족협화(五族協和, 한족·만주족·몽골족·티벳족·위구르족 다섯 민족. 만주국의 오족협화는 일본·만주·한족·조선·몽골 다섯 민족으로 중화민국의 슬로건에 대항한 것이다)를 혁명 슬로건으로 해서 탄생한 중화민국은 몽골(외몽골)의 독립을 인정할 경우, 내몽골(현재의 내몽골자치구)의 독립운동, 더 나아가서는 다른 민족의 분리 독립으로까지 확대되어 중화민국 자체가 해체될 우려가 있었다. 그 때문에 중국은 몽골 독립을 결코 인정할 수가 없었다.

그러나 당시 제정러시아는 몽골 독립을 지지했으며, 사실상 몽골은 독립상태가 되었다. 1939년에 일어난 노몬한 사건은 관동군과 극동소련군의 전투라고 생각하기 쉽지만, 실제로는 만주국과 몽골 사이의 국경선을 둘러싼 문제가 발단이었으며, 몽골군은 소련 측에 가담해서 일본군과 싸웠다. 이처럼 몽골은 실태로서는 소련의 위성국이면서도 독립국가가 되었지만, 중화민국은 물론 이를 승인하지 않았고, 또한 영국과 미국 등 주요국도 국가승인을 하지 않았다. 그러나 얄타회담을 통해 소련은 영미로부터 몽골의 독립승인을 획득하는 데에 성공했다. 소련은 중국과 동북문제를 협의할 때 이 몽골 독립문제를 제기하고 동북문제, 나아가서는 신장(新疆, 위구르)문제를 결부시킨 외교공세로 몽골의 독립승인을 쟁취하고자 했다.

장제스로서는 대일전 종결 후의 국가재건은 골치 아픈 문제였다. 특히 마오쩌둥毛澤東이 이끄는 중국공산당 세력이 확대되고 있는 것이 마음에 걸렸다. 사실 미국과 장제스 사이에 상호불신을 결정적으로 만든 일본군의 '1호작전'은, 화북의 병력을 화중華中과 화남華南으로 돌림으로써 허술해진 화북으로 중국공산당군(중공군) 세력을 침투시키는 결과를 초래했다. 중국 국민정부군이 일본군과 8년이나 되는 오랜 전투에서 피폐해 있었던 반면, 중공군은 일본군과의 정면충돌을 피하면서 서서히 지배지역을 확대해나가고 있었던 것이다. 국민당 중심의 전후 중국 재건을 구상했던 장제스는 공산당의 신장을 억제해야만 했고, 그러기 위해서는 소련과의 협력이 불가피하게 되었다.

결국 몽골 독립의 가부는 몽골 인민에 의한 국민투표의 결과에 맡겨야 한다는 것과, 소련과 협력해서 동북 및 신장문제와 공산당 문제를 해결해야 한다는 교환조건으로 사실상 몽골 독립을 인정하는 결단을 내리지 않을 수 없었다(《蔣介石日記》7월 5일).

장제스에 대한 무배려

장제스는 몽골 독립을 용인하고, 일본으로부터 탈환한 동북지방에서 소련의 권익을 인정한다는 고심에 찬 결단을 내렸다. 그리고 한편으로는 미·영·소 3국의 포츠담회담이 개최되었지만, 이번에는 중국이 아무런 관여도 할 수 없음에도 불구하고 선언에 동의하라는 말뿐인 전보가 장제스에게 도착했다. 충칭의 할리 대사가 포츠담에 있는 트루먼으로부터 포츠담선언을 전신으로 받은 것은 7월 24일 밤이었다. 미국대사관에서는 재빨리 중국어 번역에 착수했으나 장문인 탓에 다음날이 되어서도 끝나지 않았다. 결국 다음날인 25일 오후 9시 반에 할리는 모스크바에서 돌아온 쑹쯔원에게 영문 사본을 넘겼다. 그리고 그 내용은 전화로 장제스에게 그대로 전달되었다. 장제스는 내용의 검토도 허용하지 않는 미국의 강압적 자세에 분노를 느끼면서도 다음날 할리가 가져온 중국어 번역문을 보고 대응하기로 했다.

혼란스러운 충칭의 미국대사관 사정도 모른 채 할리로부터 아무런 답변도 없자 안달이 난 트루먼은 25일, 앞으로 24시간 이내에 회답이 없으면 미·영 2개국만으로 선언을 발표하겠다는 전문을 보냈다. 다음날인 26일 오전 8시 45분, 할리와 접견한 장제스는 중국어로 번역된 포츠담선언을 건네받으면서 그와 동시에 트루먼이 25일 보내온 전신도 함께 전달받았다.

포츠담선언은 카이로선언을 계승한 것임에도 불구하고 카이로선언에 이름을 올린 중국에게는 아무런 사전 상의도 없었다. 가장 오랫동안 일본과 싸워왔으며, 그래서 국토도 황폐해진 중국에 대한 배려는 털끝만큼도 찾아볼 수 없었다. 그러나 장제스는 자신의 수정 요구로 미국이 인내심의 한계를 느껴 미·영 2개국만 선언을 발표해버리는 것을 무엇보다 두려워했다. 결국 미 국무성의 '대화^{對華} 멸시 태도'에 분개하면서도 원안의 제1항에 적힌 "합중국대통령, 대영제국 총리 및 중화민국 국민정부 주석"의 순서를 "합중국 대통령, 중화민국 국민정부 주석 및 대영제국 총리" 순으로 바꾸어달라고 요구를 하는 것만으로 참아야 했다(《蔣介石日記》 7月 26日).

할리는 장제스의 동의를 얻어내자 곧바로 포츠담의 트루먼에게 전신을 보냈다. 트루먼은 장제스가 요구한 유일한 수정 요구를 수용한 뒤, 7월 26일 밤 손수 장제스 대신 사인을 한 포츠담선언을 발표했다.

포츠담선언 제1항은 미·중·영의 순서로 수정되었으나, 제2항의 "합중국, 대영제국 및 중화민국의 거대한 육·해·공군"이라는 구절의 순서는 그대로 두었다. 참고로 포츠담선언에서 이 부분의 원문은 "PROCLAMATION BY THE HEADS OF GOVERNMENTS, UNITED STATES, CHINA AND THE UNITED KINGDOM"으로 되어 있다. 그러나 3국 수뇌의 사인은 미국, 영국, 중국 순으로 되어 있다. 이런 사실들을 보면, 포츠담선언이 얼마나 깊은 논의 없이 작성되었는지 알 수 있다.

소련의 대일참전과 중소교섭

굴욕적인 포츠담선언이 발표된 후 사태는 더욱 급박하게 전개되기 시작했다. 스탈린이 포츠담회담에 참석하기 위해 자리를 비우자 모스크바에서 벌어지고 있던 중소교섭은 일시 중단되었다. 교섭은 여전히 평행선을 달리고 있었다. 그 중에서도 소련군의 철수기한을 둘러싸고 '3개월 이내'를 요구하는 중국과 그렇게 할 수 없다는 스탈린의 의견이 충돌, 둘 사이의 거리는 좀처럼 좁혀지지 않았다.

장제스는 7월 중순 이후, 동북지방을 접수하기 위한 구체적인 준비에 착수했다. 그러나 국부군 자력으로 동북에 진주해서 접수를 완료시킬 힘은 없었다. 그 때문에 동북에 처음 진주하는 소련군과의 관계를 어떻게 설정할지가 매우 중요한 현안이 되었다. 몽골 독립에 이어 뤼순·다롄항 문제로 양보를 거듭한 터라 소련군이 기한 없이 동북에 주둔하는 사태는 반드시 피해야만 했고, 따라서 어떤 일이 있어도 소련군의 철수기한을 명기할 필요가 있었다.

스탈린은 대일참전 전에 중소조약을 체결하고, 동북의 권익을 확보해두어야만 했다. 그러나 소련은 포츠담회담에서 대일문제에 대한 토의에서 소외되어 선언에 참가조차 하지 못한 처지였다. 그런데 미국이 일본에 원폭투하를 단행하자 스탈린은 중소교섭은 제쳐

놓고 서둘러 대일참전을 결단했던 것이다.

8월 9일에 시작된 소련의 만주침공을 장제스는 복잡한 심경으로 받아들였다. 미국이 일본을 타도함으로써 중국 대륙에서 압도적인 전력을 보유하고 있던 일본군은 철수하였고, 일본에 빼앗긴 만주도 타이완도 일본 자산도 아무런 손상도 입지 않고 그대로 남겨진 상태로 회복되었으며, 장제스는 구국의 영웅으로 수도 난징에 귀환해 중국공산당을 압박하며 조국통일과 광복을 추진한다! 이러한 장밋빛 시나리오를 크게 빗나가게 한 것이 바로 소련의 만주침공이었다. 장제스는 그날 일기에 "우희참반憂喜參半"이라고 썼다. 장제스의 마음속에는 일본의 패배가 앞당겨진다는 기쁨과 함께 소련의 만주침공이 가져올 결과에 대한 불안이 교차하고 있었던 것이다.

중소교섭은 소련의 대일참전으로 급속히 진전되었다. 중국으로서는 소련이 무조약 상태로 동북으로 밀고 들어와 동북의 주권을 위협하는 최악의 상황을 피하기 위해 교섭 타결을 서둘러야 했기 때문이다.

일본이 포츠담선언을 정식으로 수락한 8월 14일, 모스크바에서 '중소우호동맹조약'이 조인되었다. 이렇게 성립된 조약에는 부속협정과 의사록이 있었는데, 협정 제1조는 "소련군 작전구역 내에서 모든 군사문제는 소련군 최고사령관의 권한에 속한다"는 규정이었다. 또한 소련군의 철수 시기는 소련 측이 끝까지 반대했기 때문에 의사록에 스탈린이 일본 항복 3주 이내에 철수를 시작하겠다고 성명聲明한 것과, 철수 완료기간은 최대 3개월이면 충분하다고 말했다는, 두 가지를 명기하는 데 그쳤다.

중소우호동맹조약을 통해 소련이 얻은 것은 제정러시아가 만주에 갖고 있던 권익의 부활이자 40년 전 러일전쟁 이전 상태로 돌아가는, 제국주의의 부활이라고도 할 수 있는 것이었다. 사실 스탈린은 대일전을 러일전쟁의 복수라고 공언하기를 주저하지 않았다.

중소조약 조인 4년 전인 1941년 8월 14일, 루스벨트와 처칠은 영토 변경의 포기와 점령국가의 주권회복, 인류의 공포와 결핍으로부터의 해방과 세계평화를 제2차 세계대전의 대의명분으로 내세운 대서양헌장을 발표했다. 그러나 그로부터 4년 후 제2차 세계대전의 양상은 전혀 다른 차원으로 접어들고 있었다. 대전이 종결되기도 전에 대서양헌장은 이미 사문화가 되어버렸던 것이다.

지구전으로 전환한 관동군

절대국방권이 붕괴하고 도조 히데키東條英機 내각을 계승한 고이소 구니아키 내각은 1944년 9월에 접어들면서부터 대소·대중 화평공작에 본격적으로 착수했으나, 9월 18일 대본영은 '대륙명大陸命 제1130호'를 통해 관동군에 장기지구전으로의 전환을 명령했다. 이미 남방으로 병력차출이 이루어지고 있음에도 불구하고 지금까지 고수해온 적극적 대소공세에 집착해서 시간을 허비하고 있던 관동군이 마침내 현실적인 전략으로 전환한 것이었다.

그러나 필리핀의 레이테 결전으로 정예부대는 잇달아 남방으로 차출되어 관동군의 약체화는 심각한 상태에 이르렀다. 그런 상황 하에서 관동군은 1945년 1월 17일까지 만주 동남부와 조선 북부를 확보하기 위한 지구전 계획을 수립했다. 이미 패전 반년 전의 시점에서 일본인 개척단이 점재해 있던 소만 국경 지역의 방위는 포기해버렸던 것이다.

| 야마타 오토조 |

한편 소련은 대일참전에 대비하고 있었지만, 관동군도 독일 항복 전후부터 극동의 소련군이 증강되고 있다는 사실을 파악하고 있었다. 상식적으로 생각하면, 겨울철에 만주에서 벌어지는 전투를 피하려 한다면, 7월이나 8월 같은 여름철로 개전시기를 예상하는 것이 타당한 결론이었다. 그러나 너무나도 약체화되어 있던 관동군의 현실을 직시할 수 없었던 사령부의 막료들은 개전은 빨라도 8월 말이후가 될 것이라는 희망적 관측을 하고 있었다.

| 오카무라 야스지 |

치열하기 짝이 없는 미군과의 오키나와전이 계속 이어지고, 본토결전마저도 현실화되어가고 있던 5월 50일, 대본영은 관동군에 '대륙명 제1338호'로 전투서열을 지령하고, 동시에 '대륙명 제1339호'를 통해 조선의 제17방면군과 함께 작전임무를 부여했다. 나아가 참모총장 우메즈 요시지로梅津美治郎 등이 다롄으로 건너가 관동군 총사령관 야마다 오토조山田乙三와 지나파견군 총사령관 오카무라 야스지岡村寧次와 함께 '대륙명'의 취지가 철저하게 관철되도록 지시하면서 본토결전 준비와 화평공작에 관한 현황을 전달했다.

이후 관동군은 완전히 전시태세로 전환하였으며, 당초의 지구작전계획을 바탕으로 만주 전체의 4분의 3을 포기하고 조선 북부를 포함한 만주 동부 산악지대에서의 대소 지구전 준비를 시작하는 한편, 대소 평온[靜謐] 방침에 입각해 소만 국경 주변의 소련군에 대해 필요 없는 자극을 삼가도록 세심한 주의를 기울이도록 했다. 또 대본영은 지나파견군에 대해서도 소련이 참전할 경우, 종래의 몽강蒙疆방면뿐만 아니라 화북방면으로의 침공도 있을 수 있다고 판단하고 화북방면으로 병력 증강을 명령했다.

재만 일본인의 비극

관동군으로서는 대소전 준비명령을 받긴 했지만 병력차출에 따른 전력저하는 숨길 수 없는 상황이었다. 일본 내지에서 보충 받은 병력은 본토결전으로 전용되었고, 지나파견군에게서도 많은 기대를 할 수 없었다. 그래서 7월 30일까지 재만 일본인 중에서 성인 남성을 대거 동원하는 이른바 '싹쓸이 동원'이 실시되었다. 그리고 이 조치가 일본인, 특히 개척단 비극의 한 요인이 되었다.

관동군은 전시태세로 이행한 5월 말 이래로 재만 일본인을 상대로 한 보호대책을 수립해야만 했다. 그러나 결과적으로는 아무런 대책도 세우지 않았다. 사실 관동군 내부에서는 지구작전으로 전환한 지 한 달 후인 1945년 2월 24일에 와서 '관동군 재만거류민 처리계획'을 세우고, 소만 국경 주변의 노약자와 부녀자의 대피와 청장년 남성의 소집방침을 세웠다. 그리고 전시태세로 이행한 5월 이후, 이 계획의 실행을 검토했지만 대본영은 이 계획이 현지민의 동

요를 초래하고, 소련군의 침공을 유발할 우려가 있다며 반대했다. 그 때문에 이 계획은 좌절되었다(〈滿洲國內在留邦人の引揚について〉).

실제로 155만 명에 이르는 재만 일본인을 패전 직전의 단기간에 피난시킨다는 것은 물리적으로도 시간적으로도 불가능했다. 오히려 독소전에서 독일의 반격 가능성이 없어진 1943년 중반 이래로 관동군은 지구전으로 전환하는 방침을 검토해야 했다. 그러나 종래대로 대소공세 방침에 집착해 아무것도 하지 못한 채 공연히 시간만 보냈으며, 그 결과 모든 기회를 놓쳐버린 것이 소련침공 후 발생한 비극의 요인이었다고 할 수 있다.

소련침공과 관동군의 이완

8월 9일 오전 0시, 동부 소만 국경에서 소련군의 일제공격이 시작되었다. 소련군(병력 약 174만 명, 화포 약 3만 문, 전차 약 5천 300량, 항공기 약 5천 200기)의 만주침공은 동부와 서부, 북부 세 방향에서 개시되었다. 먼저 연해주와 접하고 있는 동부를 시작으로 몇 시간 후에 바이칼·몽골 방면의 서부, 그리고 아무르 강 북쪽 해안의 북부에 이르기까지 전선은 소만국경 전역으로 확대되었다.

또 오전 1시반경에는 신징新京 주변에도 소련군 전투기가 나타나 폭탄을 투하, 궁정 부근의 신징 감옥 등이 피격되었다. 만주국에서는 이전에 중국 남부에 기지를 둔 B29가 펑텐(奉天, 현재의 선양瀋陽)의 공장 등에 폭격을 가한 적이 있었다. 그로 인해 관동군도 일반 시민도 이때의 공습이 미군기에 의한 것이지, 소련군 전투기의 공습이

| 만주 국경으로 진격하는 소련군 |

라고는 생각조차 하지 못했다.

만주국의 실질적인 지배자였던 관동군(병력 약 70만 명, 화포 약 1천문, 전차 약 200량, 항공기 약 200기)은 소련군의 공격을 확인하자 지금까지의 대소 평온[靜謐] 방침을 바꾸어 오전 4시에 만주국 방위령을 발령, 오전 6시에는 북위 38도선 이북의 조선군관구 각 부대를 예하에 편성하고, 종래부터 검토해온 통화(通化, 만주와 조선 국경 주변의 산악지대)를 중심으로 한 복곽復郭 진지를 구축해 장기지구전 태세에 들어갔다.

소련군의 침공이 시작되었을 때 관동군 총사령관 야마다 오토조는 관동주 의용봉공대본부 결성식에 참석하기 위해 다롄에 출장 중이었으며, 신징의 관동군 총사령부에는 없었다. 그 때문에 오전 4시에 총참모장 하타 히코사부로秦彦三郎가 만주국 총무장관(만주국 정부의 실질적인 최고책임자) 다케베 로쿠조武部六藏를 불러 소련군의 침공 사실을 알렸다. 사실 관동군은 이전부터 극동소련군 증강 정보를 파악하고 있었다. 황제 푸이溥儀를 약 열흘 전에 배알한 하타 총참모 장은 극동소련군이 병력 교체를 완료하고 최정예부대가 되었다는 사실을 이미 알고 있었다. 극동소련군의 움직임이 심상치 않다는 것을 알면서도 군사령관 스스로가 사령부를 비웠다는 것은, 당시의 관동군의 위기관리 능력이 얼마나 느슨했는가를 상징적으로 보여 주는 것이라고 할 수 있다.

만주국 정부의 대응

소련군 침공 소식에 놀란 다케베는 국무원으로 돌아와 오전 6시에 각부 차장(일본의 각성 차관에 해당) 등 일본인(일계) 간부를 소집해 전 황보고와 함께 앞으로의 연락체제를 지시했다. 그리고 국무총리 장 징후이張景惠와 하타 총참모장과 함께 황제 푸이를 알현하고 소련의 침공 사실을 알렸다.

만주국 정부는 임전체제에 돌입했지만 전선의 전방기관과의 통신 은 두절되었다. 따라서 관동군으로부터 상세한 전투 경과를 보고받 지 못해 적절한 정세판단을 할 수 없는 상태에 빠졌다. 더욱이 일본 인 관리의 대다수는 모두 소집되어 군대로 차출되었기 때문에 인력 부족으로 사무계통도 지체되기 일쑤였다. 그런 가운데 다음날인 10 일 오전 9시 40분경, 다케베는 관동군으로부터 군사령부는 내일까 지 통화로 이전할 계획이므로 황제는 물론 정부와 국책회사 간부도 오늘밤 중으로 통화로 출발하라는 갑작스런 지시를 받았다.

다케베는 다급하게 정부 내에서 이전을 검토하기 시작했지만, 총무청 차장 후루미 다다유키古海忠之를 필두로 반대의견이 속출했다. 통신시설은커녕 건물조차 없는 통화로 이전하면 정무를 수행할 수가 없을 뿐더러 지방과 연락을 취할 수도 없다는 것이 반대의 주된 이유였다. 관동군은 일소 개전 시 신징을 포기하고 통화로 이전하는 것을 이전부터 결정해놓았지만, 그런 사실을 만주국 정부에 사전에 알리지 않았을 뿐만 아니라 통화 이전의 구체적인 준비도 거의 하지 않았던 것이다.

일계 간부의 반대에 부딪힌 다케베는 계속해서 만주인[滿系] 간부로 구성된 각 대신과 참의(參議, 황제의 자문기관이며 참의부의 의원)에게 통화로의 이전 사실을 알렸다. 이전은 불가피한 것으로 정리되었으나 총무청 참사관인 쭈앙카이용庄開永이 정세가 변했으므로 만계滿係 대신이 황제가 떠난 유수留守 정부를 대표해야 한다는 의견을 내놓았고, 그 결과 국민근로부대신 위징타오丁鏡濤, 후생부대신 찐밍스金名世, 교통부대신 구츠헝谷次亨이 신징에 계속 남아 있기로 결정했다. 이렇게 해서 장징후이 이하 각부 대신과 참의의 거의 대부분이 통화로 이동했고, 일계 간부로는 연락계로서 문교부 차장인 마에노 시게루前野茂가 통화로 함께 옮겨가게 되었다.

만주국은 오족협화를 슬로건으로 일본인·만주인·한인·조선인·몽골인이 평등한 정치적 권리를 갖는다는 명분을 내세웠지만 실제로 만주국의 민족구성은 한인漢人이 압도적 다수파였다. 게다가 청조 초기로부터 이미 한인으로 동화가 진행되고 있던 만주인을 명확하게 구분하는 것은 불가능하며, 일본인이 만주국에서 사용하고 있던 '만인滿人'이나 '만계滿系'라는 호칭은 명확하게 만주인을 규정하

| 만주국 정부 각료 |

는 것이 아니라 중국인이라는 의미와 거의 동의어로서 실질적으로
는 거의 한인이었다.

　만주국 정부는 크게 나누면 일계와 만계로 구성되어 있었지만 정
책결정의 중추부, 특히 징무를 집행하는 국무원에 속하는 각부 차
장 직위는 일계가 독점했고, 만계의 직위로 되어 있는 각부 대신은
실질적인 권한이 없는 겉치레에 불과했다. 당연히 만계 중에서 강
한 불만을 가지는 사람도 있었지만, 관동군의 후원을 받고 있는 일
계에 반항할 수는 없었다. 그러나 소련참전이 그들에게 생각지도
못한 전기를 마련해주었던 것이다.

　앞에서 언급한 쭈앙카이용 발언의 진의는 만계가 만주국 정부의
주도권을 잡고 비상사태에 대처하겠다는 것이었다. 만주사변 때 장
쉐량張學良 측이었던 지방 유지의 다수가 관동군에게 협력해서 각지
에 자치조직을 결성하고, 그것이 만주국으로 연결되었던 것과 같은
행동원리에 바탕을 둔 것이었다고 할 수 있다. 소련군 침공 앞에서

우왕좌왕하는 일계를 곁에서 지켜보면서 그들은 만주국 이후를 내다본 행동에 착수했던 것이다.

거류민 피난과 관동군의 저항

만주국 정부가 통화 이전을 둘러싸고 혼란을 겪는 가운데 관동군의 계획 하에 신징에 재주하는 약 16만 명의 일본인 거류민의 피난도 결정되었다. 하지만 이들에게는 군의 명령에 따라 13일까지 피난을 떠나야 하는 극히 제한된 시간밖에 주어지지 않았다. '무적관동군'의 존재로 만주는 안전하다고 믿어 의심치 않았던 거류민들에게 갑자기 내려진 피난명령은 실로 청천벽력이 아닐 수 없었다. 게다가 오랜 세월 동안 모아온 전 재산을 하루이틀 사이에 처분하고 간단히 도망갈 수도 없는 일이었다. 그래서 결과적으로 만주에 머무를 이유도 애착도 없었던 군인가족이 가장 먼저 피난열차에 올랐다.

대소전을 위한 부대이동과 민간인의 피난은 같은 철도노선을 사용했다. 그러나 양자는 정반대의 방향을 향했기 때문에 제한된 화차를 양쪽으로 동시에 배분하는 것은 불가능한 일이었다. 신징뿐만 아니라 만주 곳곳에서 거류민의 피난은 뒤로 미루어질 수밖에 없었다. 결국 소련침공 전에 피난계획을 실행할 수 없었던 관동군은 자신들의 가족만 피난시키고 거류민을 죽게 내버려두었다는 오명을 후세에 남기고 말았다.

일반적으로 소련군 침공 전에 이미 약체화된 관동군이 잠시도 버티지 못하고 쫓겨났다고 생각하는 경우가 많다. 그러나 동부전선에서는 후토우^{虎頭} 요새를 중심으로 한 견고한 방위선으로 소련군의 진격을 저지했다. 한편 다싱안링^{大興安嶺}만이 유일한 장벽일 뿐, 그 뒤로는 대평원이 펼쳐져 있는 서부방면에서는 소련군의 기계화부대가 일거에 만주국의 심장부로 돌진했다. 직선거리로 약 450킬로미터밖에 되지 않는 거리여서 관동군은 일주일에서 열흘 정도면 신징에 도달할 것으로 예상했지만, 결국 8월 15일까지는 도달하지 못했다.

푸이의 도피와 천도

다케베가 통화 이전을 관동군으로부터 일방적으로 통보받은 날, 만주국 황제 푸이도 뤼순에서 급히 돌아온 야마다로부터 통화로 피신해야 한다는 보고를 받았다. 초췌한 야마다로부터 신징 방위가 어렵다는 보고를 받은 푸이는 12일, 신징을 포기하고 통화 앞쪽 조선국경 부근에 있는 린장^{臨江}으로 '천도^{遷都}'했다. 푸이와 아우 푸제^{溥傑}는 일본의 패배가 가까이 와 있다는 사실을 알면서 수도를 포기하는 것에 반대했지만 관동군의 의향을 거역할 수는 없었다. 그들은 본심으로는 부친인 순친왕^{醇親王}을 비롯한 일가가 살고 있는 베이핑(北平, 당시 중화민국의 수도는 난징이었기 때문에 베이징^{北京}은 베이핑으로 개칭했다)으로 돌아가고 싶어 했다.

심야에 궁전을 뒤로 한 푸이가 장징후이를 비롯한 각부 대신 및 참의들과 황제의 친족, 궁내부 직원, 금위대원^{禁衛隊員} 등 약 300명을 태운 궁정열차를 타고 세찬 소나기가 쏟아지는 가운데 다케베 장관과 하타 총참모장, 마쓰모토 마스오^{松本益雄} 총리비서관 등 단 세 명의 전송과 금위군악대가 합주하는 만주국 국가를 들으며 둥신징^{東新京} 역을 떠난 것은 다음날인 13일 오전 1시 반이었다. 일행은 지린^{吉林}과 메이허커우^{梅河口}에서 통화를 지나 목적지인 린장에 아침 일찍 도착했으나, 린장에는 황제가 살 만한 적당한 주거가 없다는 이유로 다시 오지로 들어가 조선 국경의 장백산계로 이어지는 압록강 부근에 있는 다리쯔^{大栗子}라는 작은 산촌에 오후 3시에 당도했다. 둥벤다오^{東邊道}개발주식회사 다리쯔 광업소 소장 사택이 임시 황궁이 되었다. 또 숙박지가 비좁았기 때문에 황제 친족과 궁내부 직원들을 남겨두고 대신과 참의 등 정부 요인과 가족들은 다음날 통화로 되돌아왔다(푸이의 다리쯔 도착은 여러 기록에 따르면, 13일 또는 14일이라는 두 가지 설이 있다. 이 책에서는 푸이를 수행했던 도시마 류^{外島澗}의 일기를 바탕으로《滿洲國祭祀府の最後》의 설을 택했다).

푸이가 들은 옥음방송

신징에 머무르고 있던 다케베와 후루미는 패전 3개월 전인 5월 17일과 18일 이틀간, 도쿄의 수상관저에서 외지 간부들을 소집한 회의에 만주국 대표로 참석했다. 그러나 회의에서 각성 대신의 정정^{政情}보고도, 육해군 당국의 전황보고도 비관적인 것뿐이어서 수상인 스즈키 간타로가 "외지의 간부들이 이렇게 한 자리에서 만나는 일은 앞으로는 더 이상 없겠지요"라며 회의를 끝낼 즈음에는 아닌 게 아니라 패전이 필지의 사실임을 각오하는 듯 했다(《忘れ得ぬ滿州国》).

만주국 총무청에서는 이전부터 해외 단파방송을 통해 독자적으로 정보를 수집하고 있었으며, 소련참전 후 포츠담선언 수락을 둘러싼 움직임도 파악하고 있었다. 그러나 거듭되는 관동군의 이전요청 압력으로 신징에 머무르고 있던 다케베를 비롯한 일계 간부도 마침내 14일 22시에 통화로 이동하기로 결정했다. 그러나 그 직전인 19시 반에 만주국 통신사를 통해 기밀정보가 다케베에게 전달되었다. 그것은 다음날인 15일 정오에 천황의 중대방송이 있다는 사실과 그 내용이었다. 다케베는 재빨리 일계 간부를 소집해 내일 있을 사태에 대해 설명했다. 이로써 일본의 패배는 주지의 사실이 되었다.

다음날 15일 정오, 국무원 총무장관실에서 만주국 정부와 만주국 협화회, 국책회사의 간부들이 함께 모여 옥음방송을 청취했다. 다케베 등 만주국 정부 간부는 황제 퇴위와 만주국 해산 수속을 협의하고, 다케베 자신이 만주국 해산 조서詔書 안을 다듬어 다음날인 16일에는 중국어로 번역한 문서를 들고 항공편으로 통화로 날아갔다. 그러나 기류 관계로 일단 되돌아왔다가 17일에 다시 출발해서 10시 반경 통화에 도착했다. 그리고 장징후이 등 통화에 머무르고 있던 만계 간부와 회의를 한 다음, 푸이의 주재로 중신회의를 열기로 하고 오후 2시에 출발하는 특별열차편으로 푸이가 있는 다리쯔로 향했다.

한편 다리쯔의 푸이를 비롯한 궁내부 관계자에게 15일에 중대방송이 있을 것이라는 예고가 전달된 흔적은 없었다. 그러나 이미 소문은 퍼져 있었으며, 15일 정오에 궁내부 관계자들은 여러 장소에서 옥음방송을 청취했다. 푸이는 아우 푸제를 자신의 거처로 불러

옷깃을 여미고 둘이서만 옥음방송을 듣고 함께 눈물을 흘렸다. 그러나 통화의 관동군에게서는 아무런 연락도 오지 않았다.

만주국 해산

17일 21시경부터 광업소 직원 아파트 2층에서 장징후이(국무총리)와 창스이(臧式毅, 참의부 의장), 하시모토 도라노스케(橋本虎之助, 제사부 총재 겸 참의부 부의장), 다케베 로쿠조(총무장관), 시챠(熙洽, 궁내부 대신) 등 각부 대신과 참의 외에 요시오카 야스나오(吉岡安直, 황실용무 담당), 마에노 시게루(前野茂, 문교부 차장), 아라이 시즈오(荒井静雄, 궁내부 차장) 등 만주국 정부 요인들이 참석한 중신회의가 열렸다.

회의 모두에 다케베가 황제의 퇴위와 만주국 해산을 발의했다. 발의 내용이 중국어로 번역된 후, 장징후이는 표정 한 번 바꾸지 않고 찬성의 뜻을 표했으며, 참석자 모두 이의 없이 가결시켰다. 게다가 다케베는 오는 18일, 푸이와 그 친족들이 통화에서 평양을 거쳐 도쿄로 망명할 계획을 이미 다 마련해놓았다고 설명했다. 이어서 만주국 해산 후부터 국민정부가 주권을 회복할 때까지 잠정조치로 장징후이를 위원장으로 하는 치안유지위원회를 설립하고, 수도 신징을 원래 지명인 창춘長春으로 되돌릴 것도 의결했다.

다소간의 수정을 가쳐 가결된 만주국 해산조서를 들고 장징후이와 창스이, 하시모토 도라노스케, 다케베 로쿠조, 시챠는 광업소 소장 사택에 머물고 있는 푸이를 알현하고, 중신회의 결과를 주상했다. 푸이는 회의에서 결정된 퇴위를 승인하고, 그 즉시 간소하지만 엄숙한 퇴위식을 거행했다. 황제 퇴위와 만주국 해산을 알리는 조서를 모두 읽은 푸이는 장징후이 이하 참석자 한 사람 한 사람과 악수를 나누며 작별인사를 건넸다. 이때의 조서는 만주국 정부 소멸로 발표기관도 상실했기 때문에 일반에게는 공표되지 않았다.

만주국을 잃은 푸이를 위시한 아이신줴뤄愛新覺羅[1] 일족은 신징에서 모셔온 청조 역대황제의 위패를 소각함으로써 아이신줴뤄 일족의 청조 부흥의 꿈도 여기서 무너지고 말았다. 한편 퇴위식이 끝나자 만계 간부들은 서둘러 다리쯔를 떠나 새벽녘에는 아무도 남아있지 않았다. 8월 18일 오전 1시, 만주제국 황제 푸이의 퇴임으로 만주국은 불과 13년 5개월 만에 멸망했다. 푸이로서는 여섯 살 때 신해혁명으로 인한 청조 멸망으로 퇴위하고, 열한 살 때에는 장쉰張勳의 청조 재건 쿠데타로 일시적으로 복위했으나 불과 열흘 만에 퇴위를 당하고, 다시 서른아홉의 나이에 세 번째 퇴위를 맞는 비운의 주인공이 되고 말았다.

소련군에 붙잡힌 황제

만주국은 멸망했지만 푸이라는 인간은 여전히 존재했다. 푸이와 그 일족의 신병 처리 여부에 대해 관동군 참모이기도 한 요시오카 황실용무 담당이 관동군 총사령부를 경유해 일본 정부와 교섭한 결과, 교토京都로 망명하기로 결정되었다. 사실 간단하지 않았던 이 망

1　청나라의 시조인 누루하치努爾哈赤의 성姓.

명교섭 과정에서 일본 정부는 소극적 자세를 보였다. 또 당초에는 통화에서 비행기를 이용, 평양을 경유해 일본으로 향하기로 되어 있었으나 직전에 비행기 사정이 여의치 않아 통화에서 소형비행기로 펑톈으로 가서 거기서 다시 대형비행기로 갈아타고 일본으로 가는 것으로 변경되었다.

결국 푸이와 푸제, 룬치(潤麒, 황후의 동생으로 푸이의 매제), 완자시(万嘉熙, 푸이의 매제), 공친왕(恭親王, 친족)을 비롯해 시의(侍醫)와 사용인 두 명, 그리고 일본인인 하시모토 도라노스케와 요시오카 야스나오, 도시마 류, 헌병 한 명 등 도합 열두 명이 제1진이 되었다. 감색 양복에 넥타이를 매지 않은 가벼운 셔츠 차림의 푸이와 일행은 18일 오후 11시 50분 다리쯔 역을 출발, 다음날인 19일 오전 6시에 통화에 도착하는 즉시 비행장으로 향해 소형비행기 3대에 분승해 10시 반에 펑톈 비행장에 도착했다. 비행기에는 만주국이 멸망했음에도 불구하고 여전히 건국신묘에 모셔두었던 어영대(御靈代, 神鏡)[2]도 실었다(이 어영대를 모시기 위해 제사부의 하시모토와 도시마가 동행했다).

그러나 푸이 일행이 도착한 것과 거의 동시에 펑톈 비행장은 소련 군에게 점령당해 푸이 일행은 구속되고 말았다. 푸이는 곧바로 시베리아로 연행되어 하바롭스크에서 수용소 생활을 했으며, '도쿄재판' 에도 증인으로 출정했다. 그 후 50년 8월, 중국에 인도되어 푸순(撫順) 전범관리소에서의 사상교정을 거쳐 59년 12월에 특사를 받을 때까지 14년 반에 걸친 오랜 구류생활을 해야 했다. 한편 황실용무 담당으로 권세를 떨치는 바람에 푸이가 꺼려했던 요시오카와, 러일전쟁

---

2 제사의 대상으로, 신령한 기운이 머문다는 거울.

| 소련군에 붙잡힌 푸이 |

당시 수이스잉水師營3 회견 때 스토셀Anatoly M. Stessel 장군의 선도역을 맡았던 하시모토 도라노스케 등 일본인은 푸이 일행과 따로 연행되어 요시오카는 47년 11월 모스크바에서, 하시모토는 52년 1월 하얼빈에서 사망했다.

　다리쯔에 남겨진 푸이 일족과 궁내부 직원의 운명은 더욱 가혹했다. 푸이가 망명한 후 그들은 철도를 이용해 조선으로 남하할 예정이었으나 푸이 일행이 소련군에 체포되자 남하는 좌절되고 말았다. 이들은 다리쯔 주변에도 불온한 공기가 감돌기 시작하는 가운데 9월 21일, 폭민暴民의 습격으로 난민이 되어 린장을 거쳐 통화에 도착했다.

　패전 직후 관동군 사령부가 주둔했던 통화는, 국민당과 공산당

3　러일전쟁 당시 뤼순을 둘러싼 공방전에서 패한 러시아의 스토셀 장군이 항복 기자회견을 한 곳.

사이에 세력쟁탈이 격렬하게 벌어지는 각축장이 되었고, 거기에다 과거 관동군 군인들까지 얽혀 사태는 더욱 복잡해졌다. 국민당 공작원과 연계해 퉁화 탈환을 꾀하던 일본 군인들은 미리 정보를 탐지한 중공군에게 쫓긴 끝에 1946년 2월 2일 밤, 공산당 기관을 상대로 야밤 습격을 감행했다. 하지만 이 습격에 대한 보복으로 약 2천 명에서 3천 명에 이르는 재류 일본인이 학살되는 사건이 발생했다. 이것이 바로 '퉁화사건'으로, 다수의 궁내부 관계자가 이 사건에 연루되었다. 푸이 일족은 중공군에게 구속되어 피해는 적었으나 그 후 중공군의 이동과 함께 각지를 전전하게 되었다. 그 와중에 아편에 중독되었던 황후 완룽婉容은 폐인이 된 채 혼자만 따로 남겨져 6월에 투먼圖們에서 비극적 최후를 맞았다.

무방비도시 선언 거부

한편 푸이 곁을 떠난 만계 간부들로서는 결코 감상에 빠져 있을 수 있는 상황이 아니었다. 국무총리였던 장징후이는 청조 말기 만주의 마적 출신으로, 장쭤린의 맹우로 펑톈 군벌을 지지했으며, 장쉐량 시대에는 국민정부에 합류했다. 하지만 만주사변 후 국민정부와 결별하고 만주국에 참가해 국무총리에까지 오른 인물이다. 만주근대사의 격동적인 변화에 휩쓸리면서도 지금껏 살아남은 그에게 만주국의 멸망이 곧바로 자신의 멸망으로 이어진 것은 아니었다.

　일본의 패전에 따른 만주국의 소멸은 만주의 중화민국으로의 복귀를 의미했다. 따라서 만주는 장제스의 국민정부에 의해 통치되어

야만 했다. 장징후이는 치안유지위원회 위원장으로서 다가올 국민
정부의 행정접수에 대비하는 동시에 새 통치체제에 협력함으로써
이번에는 국민정부에서 살아남고자 했다. 장징후이 이외의 다수의
만계 간부들도 비슷한 생각이었으며, 패전 전부터 국민당이나 공산
당과 연락을 취하고 있던 사람들도 많았다.

만주국이 신징을 포기했을 때 통화로 가지 않고 신징에 머물러
있던 세 사람의 만계 대신 중 위징타오는 장징후이가 가장 신뢰하
는 심복이었다. 통화 이전을 황급하게 수행하는 가운데 그는 신징
특별시장이 되어 수도의 치안유지 책임자가 되었다.

한편 관동군은 신징을 포기하면서도 수도에서 시가전을 벌여 소
련군의 진격을 막고 시간을 벌려고 생각했다. 장징후이 등 만계 간
부가 무방비도시 선언을 강력히 요구했지만, 야마다 총사령관을 비
롯한 수뇌부는 이 요구를 거절하면서 관동군 총사령부를 통화로 이
선하는 대신, 이이다 쇼지보飯田祥二郎 중상이 지휘하는 제30군을 배
치했다. 그로 인해 신징 시가지 여기저기에 바리케이트가 구축되었
으며, 민간인 소집과 자동차와 말의 징발도 이루어졌다.

소련군의 신징 진격이 임박한 13일, 신징의 일본인들 사이에서
도 긴박한 움직임이 일어났다. 만주중공업개발주식회사 총재인 다
카사키 다쓰노스케高碕達支助 등 국책회사 간부들이 모여 자경단 성격
의 치안유지회를 결성해서 신징의 비무장지대화, 일본인의 소개 중
지를 결의했다. 치안유지회 회장에는 전 육군 중장으로 만주전신전
화주식회사 총재인 요시다 이사오吉田愿가 추대되어 자신들의 결의
내용을 신속하게 관동군에게 전달했다. 그러나 이이다는 이 요청을
물리쳤다. 마지막까지 신징을 떠나지 않고 있던 만주국 정부의 다

케베 등 일계 간부도 14일 밤에는 통화로 피신했다. 마침내 신징이 전쟁터가 될 날이 가까워지고 있었다.

신징은 일본군이 무방비도시 선언을 거부한 결과, 1945년 2월 미군과 일본군의 치열한 시가전으로 많은 시민을 전화로 몰아넣은 필리핀 마닐라와 마찬가지 운명을 밟아가고 있었다. 그런 긴박한 상황이 전개되다가 8월 15일 옥음방송으로 가까스로 위기에서 벗어나게 되었다.

통화로 총사령부를 이전한 관동군은 14일이 되자 다음날인 15일에 중대방송이 있을 것이라는 사실을 알았다. 즉시 야마다 총사령관 이하 막료들은 사흘 전에 포기한 신징으로 되돌아가 15일 정오, 이전의 총사령부에서 옥음방송을 들었다.

소련군과의 교섭

옥음방송으로 일본의 패전은 명백해졌지만 대본영에서 정전停戰명령이 없었기 때문에 관동군과 소련군의 전투는 계속되었다. 항공기만 뜨게 하지 않으면 금방 멈추는 공중폭격과 달리, 병사들이 직접 대치하는 지상전은 간단히 끝나지 않는다. 관동군은 참모부장 마쓰무라 도모가쓰松村知勝를 대본영으로 파견해 정전명령을 강력하게 요청하자, 16일 오후 4시에 대본영으로부터 즉시정전과 국지정전 교섭 및 무기인도를 승인하는 명령이 떨어졌다. 이에 오후 8시부터 관동군 막료회의가 개최되어 즉시정전으로 정리하고, 각 부대에 정전명령이 하달되었다.

또 17일에는 7월까지 관동군 참모였던 다케다노미야 쓰네요시竹田宮恒德 왕이 도쿄에서 날아와 천황의 포츠담선언 수락 의사를 전달했다(황족의 현지군 파견은 참모차장 가와베 도라시로河邊虎四郎의 발안에 따른 것이다. 참고로 다케다노미야 외에 아스카노미야 야스히코朝香宮鳩彦 왕이 지나파견군, 간이노미야 하루히토閑院宮春仁 왕이 남방군으로 파견되었다). 이처럼 16일에는 소련군과 대치하고 있던 전선의 부대에 총사령부로부터 정전명령이 전달되었다. 그러나 각 부대가 명령을 전달받은 날짜는 제각각이었으며, 전투는 여전히 계속되었다. 동부 국경에 있던 후토우 요새에는 민간인을 포함한 1천 900명이 농성을 하며 저항을 계속했고, 전투가 전원 옥쇄로 종결된 것은 26일이었다.

관동군 총사령부로서는 극동소련군 총사령부와 본격적인 정전교섭을 시작할 필요가 있었고, 19일에는 카이호興凱湖 남단의 쟈리코보에 주둔하고 있던 소련 제1극동방면군 전투사령소에 하타 총참모장이 찾아가 바실레프스키 총사령관과 회견에 임했다. 일본 측은 하타 외에 작전주임 참모 세지마 류조瀨島龍三와 하얼빈 총영사 미야카와 후나오宮川船夫를 포함한 세 명, 소련 측은 바실레프스키와 제1극동방면군 사령관 메레츠코프Kiril Meretskov, 자바이칼 방면군 사령관 말리노프스키Rodion Malinovsky, 극동공군 총사령관 노비코프Alexander Novikov, 태평양 함대사령관 유마셰프Ivan Yumashev 등이었다. 회견에서는 무장해제의 요령과 치안유지, 재류 일본인의 보호 등이 논의되었으나 실제로는 소련 측의 일방적인 요구로 시종일관했다. 일본 측의 요망사항이 받아들여질 여지는 조금도 없는, 문서도 서명도 없는 구두에 의한 정전합의였다.

그러나 회견을 끝낸 하타는 의외로 낙관적이었고, 쟈리코보에서

돌아온 20일에 만철滿鐵 총재 야마자키 모토키山崎元幹 등과 만났을 때 그의 모습은 '무척 건강하고 쾌활'한 데다, 소련군은 관용적이고 일반 주민에게는 위해를 가하지 않으며 치안도 유지될 것이므로 '소련군을 환영'하라고 할 정도였다고 한다(《樂土から奈落へ》). 그러나 이 시기의 관동군 막료들 중에서 소련군의 진주 후에 만주가 순식간에 혼란에 빠져 희생자가 속출하고, 자신들이 시베리아로 연행될 것이라고 예측한 사람은 아무도 없었다.

일제 연행

쟈리코보에서 정전교섭이 이루어지고 있던 19일, 장징후이 일행은 신징으로 귀환한 즉시 동북지방잠시치안유지위원회를 설립하기로 결정했다. 위원회 간부는 만주국 정부의 만계 간부가 거의 그대로 옮겨 앉았으며, 지방의 성省과 현縣에서도 중앙을 본떠 치안유지회가 결성되었다. 여기에도 만주국 시대의 성장省長과 현장縣長이 그대로 위원장이 되었다. 한편 일계 관리는 자연스럽게 사직하고 직장을 떠났다. 장징후이는 중화민국에 참여하는 발판을 착실히 구축해 나갔지만, 역시 소련군의 의도까지는 읽어내지 못해 이번만큼은 계획이 완전히 빗나가고 말았다.

소련군이 신징에 처음으로 모습을 드러낸 것은 8월 18일이었다. 이때는 소련군의 군사軍使가 창춘 비행장에 도착해 군사령부 대표 일행과 소련군 사령부로 쓸 건물을 제공할 것과, 일본군의 인도품 리스트 제출을 요구해 다음날까지 접수 세목을 결정했다. 이어서 19

일에는 카를로프 소장이 인
솔하는 소련군 선견대 약
200명이 항공편으로 신징으
로 들어와 협화회 중앙본부
를 접수하고 위수사령부를
설치한 다음, 카를로프가 위
수사령관으로서 신징의 치
안을 담당한다는 포고를 공
표했다.

그리고 20일에는 자바이
칼 방면군에 소속된 카바료
프 대장이 지휘하는 기계화

| 장징후이 |

부대가 신징에 진주해 오후 6시에 야마다 총사령관과 회견을 가졌
다. 이날부터 관동군 총사령부 본부는 소련군에게 접수되었다. 계
속해서 이미 17일에 관동군의 만철 지휘권 포기 사실을 야마다 총
사령관에게서 전해들은 만철 총재 야마자키는 카바료프와 회견을
갖고, 만철은 소련군의 관리 하에 두기로 결정했다.

그리고 이날 아침 일찍 만주영화협회[滿映] 이사장 아마카스 마사
히코[甘粕正彦]가 협회 이사장실에서 청산가리로 음독자살했다. 소련군
이 진주해오는 황망한 상황 속에서도 저녁 무렵에는 군가 '우미유카
바[海行かば]'4 반주와 함께 친구인 후루미[古海] 등이 신징 교외 난후[南湖] 서

---

4   2차 대전 당시 일본군이 불렀던 대표적 군가. '바다에 가면'이라는 뜻의 '우미유카바'는 모든 군가를 대
표하는 군가이자, 국가인 '기미가요'보다 더 많이 불렸던 군가였다고 한다. "바다에 가면 물먹은 시체가 되고
산에 가면 잡초에 덮인 시체가 되리라. 님(천황) 곁에서 죽으니 무슨 아쉬움이 있으랴……"는 가사로 이루어진
이 군가는 천황에 대한 아낌없는 충성을 그 내용으로 하고 있다.

안에 있는 호서회관까지 관을 운구해 그곳에 매장했다. 장례식에는 일계와 만계를 불문하고 3천 명이 넘는 조문객이 참석했다고 한다.

신징의 새로운 지배자가 된 카를로프는 24일, 돌연 치안유지회 해산을 명령하고 시장인 위징타오를 해임했다. 치안유지회는 결성만 했을 뿐 아무런 활동도 하지 못한 채 해산당할 처지가 되어 장징후이의 구상은 일찌감치 틀어지고 말았다. 게다가 31일에는 장징후이, 창스이, 시챠 등 과거 만주국 정부의 만계 간부들이 일제히 구인되어 시베리아로 연행되었다. 장징후이 일행은 하바롭스크의 수용소에 푸이 일행과 함께 수감되었다가 후에 중국의 푸순전범관리소로 함께 이송되었다. 소련에 연행될 당시에 이미 고령이었는 데다 해를 거듭할수록 쇠약해져서 1959년 1월 석방되지 않은 상태에서 87세를 일기로 사망했다.

장징후이의 아들 장사오지張紹紀는 만주국 시대에 공산당 지하조직에 가담한 경력이 있으며, 러시아어와 일본어를 능숙하게 구사해서 하바롭스크와 푸순에서 통역으로 일하기도 했는데, 후에 베이징 국제관계학원의 일본어과 학과장이 되었다. 장징후이와 그 아들의 예는 특별히 드문 경우가 아니며, 수많은 정치적 변화의 소용돌이를 헤쳐나온 중국인의 강인함을 보여주는 한 예라고 할 것이다.

소련군의 악행

한편 만주 각지에서 전개된 일본군 부대의 무장해제와 무기인도가 완료되지 않은 사이에 관동군의 군 조직은 그대로 기능하고 있었다. 그러나 처음에는 상황을 낙관하며 오히려 호의적인 시선으로 바라보았던 소련군에 대한 예상이 지나치게 안이했다는 것이 사실로 판명되는 데는 그리 오랜 시간이 걸리지 않았다.

신징에 진주한 소련군 병사들에 의한 일본인 가옥점거와 물품 강탈, 부녀자 강간, 근거 없는 체포와 살해가 도처에서 빈발했다. 게다가 소만 국경 주변에서 전투에 휩쓸려 들어가 난민이 된 개척단원들이 속속 신징 등 만철연선의 각 도시로 유입되기 시작하면서 순식간에 치안과 위생환경이 악화되기 시작했다. 신징뿐만이 아니라 만주 전역으로 몰려온 소련군 병사의 군기는 최악으로, 폭행약탈의 대상은 일본인만이 아니라 중국인도 예외가 아니었다. 그러나 그들은 흔히 이야기되는 수인囚人부대가 아니라 독일 전선에서 전용되어온 정예부대였다. 정예라는 것과 엄정한 군기가 반드시 일치하는 것은 아니다. 그들은 보복이란 이름으로 약탈과 강간, 학살 등 수많은 악행을 상호 되풀이하며 대량살육전으로 번져간 독소전의 영향을 가장 많이 받은 부대였으며, 유럽 전선에서 해왔던 일들을 만주에서도 자연스럽게 한 것에 불과했다.

게다가 소련군 자체의 조직적 문제도 사태를 혼란시키는 한 요인이었다. 소련군의 지휘계통은 완전히 수직적이어서 횡적 연계가 거의 없었다. 그렇기 때문에 각각의 부서에 따라 대응도 제각각이어서 일본 측에서 수차례에 걸쳐 치안유지 요청을 해도 소련군 전체에 지시가 전달되지 않아 허사가 되는 경우가 많았다. 이 같은 소련군의 행태는 일본인에게 소련군에 대한 불신감을 증대시키는 결과를 가져왔다.

관동군의 소멸

관동군이 사태의 심각성을 깨닫고 재만 일본인의 철수를 심각하게 고려하게 된 것은 9월 들어서부터였다. 일본 정부의 재만 일본인의 현지정착 방침은 만주국 주재 일본대사관에도 전달되었으며, 관동 군도 현지정착을 위한 자금을 소련에서 차용할 수 있도록 해달라고 일본 정부에 요청할 정도였다. 9월 3일 신징에 도착한 바실레프스키 소련군 총사령관에게 야마다는 정전 후의 무장해제 진척상황을 보고하면서 동시에 거류민의 보호를 요청했다. 여전히 소련군의 후의에 기대했던 것이다.

그러나 이후 관동군 내부에서도 마침내 사태의 심각성을 인식하게 되었다. 9월 4일 야마다가 시게미쓰 외상 앞으로 보낸 전보는 재만 일본인의 심각한 상태를 알리고, 조기철수를 요청하는 비통한 내용으로 가득한 것이었다. 나아가 5일에 대본영에서 파견된 아사가에 시게하루^{朝枝繁春} 참모가 육군차관에게 보낸 전보는, 현재 재만 일본인의 피해가 심각하며 "동포의 대부분이 머지않아 아사^{餓死}와 동사^{凍死}에 이르게 될 것"이므로 신속한 철수를 요청한다는 내용이었다(〈臺灣軍〉·關東總軍電報綴). 그러나 이 전신이 송신되었을 때는 이미 때가 늦었다.

아사가에가 본국에 긴급 암호전보를 보낸 9월 5일 아침, 카바료 프는 야마다 총사령관과 하타 총참모장을 불러 바실레프스키의 명령으로 관동군 총사령부의 무장해제를 선언했으며, 총사령부 접수가 완료된 저녁 무렵에는 야마다 총사령관과 하타 총참모장 이하 관동군 막료를 체포해 하바롭스크로 연행했다. 이로써 만주국의 실

| 무장해제를 기다리는 관동군 |

질적인 지배자였던 관동군은 소멸하고 말았다.

관동군 지배의 대가

관동군 총사령관 야마다의 체포는 또 하나의 중요한 의미를 지니고 있다. 관동군이 지배하는 만주국은 형식상으로는 독립국가이며, 일본과 외교관계가 수립되어 있었다. 따라서 일본과 만주국에는 각각 대사관이 설치되어 있었고, 주만대사는 관동군 총사령관이 겸임하게 되어 있었다. 따라서 만주국에 거주하는 일본인의 보호는 주만대사, 즉 관동군 총사령관의 소관으로 패전 후 일본인을 보호할 대한 책임을 지고 있었던 것이다.

그러나 관동군 총사령관으로서 자신의 역할을 수행했던 야마다는 주만대사로서 적절한 조치를 신속하게 수행했다고는 할 수 없었다. 오히려 8월 17일 관동군은 거류민 보호에서 손을 떼고 이후로는 대사관에 위임하고 싶다고 요청했을 정도였다. 소련참전 시 야마다가 다롄으로 출장을 떠난 사실을 앞서 언급한 바 있지만, 이는 주만대사로서의 참가였다.

주만대사관 직원은 우에무라 신이치上村伸一 공사 이하 모두가 외무성 직원이었기 때문에 도쿄의 외무성과 밀접하게 연락을 취하면서 여러 차례 소련군과 교섭을 시도했다. 그러나 구체적인 성과를 올리지 못한 상태에서 관동군의 소멸로 야마다가 체포됨으로써 재만 일본인을 보호해야 하는 최고책임자가 부재인 상황을 맞게 되었다. 게다가 9월 중순에는 우에무라 공사 이하, 주만대사관 및 하얼빈 총영사관 직원들이 소련군에 억류됨으로써 만주에 존재했던 일본 외교기관은 사실상 정지상태에 빠지게 되었다.

그리고 만주국은 국가이면서도 국적법이 시행되지 않았기 때문에 엄밀히 말하면 국민은 존재하지 않았다. 만주국에 거주하는 관동군 군인이나 만주국 관리에서부터 개척단원에 이르기까지 모든 일본인은 일본 국적을 가진 일본 국민일 뿐 만주 국민은 아니었다. 그 대신, 만주국은 1937년에 제정된 만주국 민적법(호적법)에 따라 재만 일본인은 일본 국민인 동시에 만주국 민적을 가지며, 만주국 법규에 따라 만주국 정부의 보호를 받게 되어 있었다. 그렇기 때문에 통상적이라면 외국에 거주하는 자국민의 보호를 담당하는 영사관도 만주에서만큼은 만주국 정부의 보조기관에 지나지 않았다.

또한 일본과 만주의 외교관계도 형식적인 것이었기 때문에 주만대사관도 그다지 큰 조직을 필요로 하지 않았다. 이처럼 패전 시에

155만 명이나 되는 재만 일본인을 보호할 수 있을 정도의 태세나 인원도 갖추고 있지 않은 상황에서, 주만대사관은 패전으로 만주국 정부가 소멸하자 갑자기 막중한 임무를 떠맡게 되었던 것이다. 그러나 그런 역할을 만족스럽게 수행하기에는 처음부터 무리였다. 관동군이 만주국을 지배하기 위해 이것저것 권한만을 확대해온 후과가 정작 결정적인 순간에 돌아온 것이었지만, 너무나도 무거운 대가였다고 하지 않을 수 없다.

만철의 소멸

만주국 시대에 관동군이 그 실권을 쥐고 있었으면서도 패전과 함께 책임을 내팽개친 것으로는 주만대사관 외에도 만철이 있었다. 만주국 경제의 중추를 담당하고 있던 만철은 원래 다롄에 본사가 있었지만 미일개전 후 관동군의 강력한 지휘 하에 들어가 1943년 5월에는 본사의 실질적인 기능은 신징으로 옮겨갔다. 패전으로 관동군 총사령부가 통화로 옮겨갈 때 만철도 이전을 요구받았지만, 이전 도중 패전을 맞았다. 재만 일본인의 피난에는 철도수송이 불가피했음에도 불구하고 앞에서 언급한 바와 같이, 관동군의 사실상 지휘 포기로 만철이 피난수송 전반의 책임을 떠안게 되었다. 그러나 관동군을 대신한 소련군은 재빨리 만철을 지휘 감독 하에 두고 군대수송과 '전리품'이 된 산업자산 등을 소련 영내로 수송하는 데 활용했다.

만주국 정부가 소멸한 데다 9월에는 관동군도 해체되어, 만주국 시대부터 계속해서 조직기능을 유지하고 있었던 조직은 만철뿐이었다. 그러나 중소우호동맹조약을 바탕으로 중소 공동경영으로 탄생한 중국창춘철로[中長鐵路]가 만철의 주요간선을 승계하기로 결정되어, 9월 22일에 중창철로 부이사장(이사장은 중국인이지만 실권은 소련인 부이사장에게 있었다)에 카르긴 중장이 착임했다. 그리고 27일에는 만철의 야마자키 총재에게, 카르긴이 착임한 22일 오전 11시를 기해 만철의 법적 소멸과 간부 해임을 일방적으로 통고했다. 이렇게 해서 신징의 만철본부는 소련군에게 양도되었으며 이로써 만철도 역사 속으로 사라지고 말았다.

민간인 주도의 일본인 조직

관동군 막료의 시베리아 연행에 이어 9월 24일에는 다케베와 후루미를 비롯한 만주국 일계 간부도 구인되어 시베리아로 연행되었다. 다케베와 후루미도 이전 연행자들처럼 하바롭스크 수용소에 수감되었다가 다시 중국의 푸순전범관리소로 이송되었다. 이들이 고초를 겪고 일본으로 귀국한 것은 다케베가 1956년 8월, 후루미가 1963년 3월이었다. 그리고 소련군이 연행해간 사람들 중에는 일본인과 중국인 요인뿐만 아니라 러시아혁명 때 반혁명군을 지도하고, 그 후 만주로 달아나 일본의 비호 하에 있었던 세미요노프Grigory Semyonov 장군 등 백계 러시아인도 포함되어 있었다.

만주국에는 혁명을 피해 달아난 약 7만 명의 백계 러시아인이 있었는데, 대부분은 체포되어 시베리아로 연행되었다(세미요노프는 모스크바에서 처형당했다). 잔류한 러시아인들도 무국적이었기 때문에 국공내전 하에서 가혹한 운명을 시달리다가 그 후 상하이를 경유해 미국이나 호주로 뿔뿔이 흩어졌다.

이렇게 해서 9월 중에는 만주국에 존재했던 주요기관은 모두 소멸되었고, 또 그 중추에 있던 사람들은 대부분 소련군에 구인되었다. 이로써 만주국은 완전히 소멸하고 말았다. 뒤에 남겨진 재만 일본인의 보호활동은 다카사키 다쓰노스케 등 동북지방 일본인구제총회가 계승하기로 했다. 소련군이 침공한 만주 각지에서는 정부기관이 차례로 해체되고 있었기 때문에 재류 일본인 스스로가 자위조직으로서 일본인회를 결성했다.

구제총회는 각지에서 만들어진 일본인회를 결속시키는 것을 목적으로 8월 28일에 다케베 장관과 우에무라 공사, 야마자키 총재 등 정부와 대사관, 국책회사 간부 등이 모여 결성한 조직으로 회장은 다카사키가 맡았다. 소련군은 구제총회의 결성을 공인하지도 않았지만 해산명령도 내리지 않았기 때문에 비공인이긴 하지만 재만 일본인의 대표기관으로서 활동을 전개했다. 그 후 정부나 대사관 관계자는 소련군에게 구인되었기 때문에 총회는 민간인 간부가 주도할 수밖에 없었다.

재만 일본인의 보호는 이렇게 해서 구제총회를 중심으로 각지의 일본인회가 담당하게 되었다. 그리고 소련군의 철수 후에는 국민정부로부터 일본인의 귀환 실시기관으로 인정받아, 1946년 7월 1일에 설립된 동북일교선후연락총처東北日僑先後連絡總處에 흡수될 때까지 재만 일본인의 보호활동을 담당했다.

관동주

만주 각지에 진주하고 있던 소련군의 목표 중에는 신징 외에도 중요한 도시가 있었다. 중소우호동맹조약에 의해 소련의 우선적 사용권이 인정된 다롄과 뤼순이었다. 만주국 붕괴와 관련, 여기서 다롄을 포함하는 관동주關東州에 대해 설명을 해보도록 하자.

상업항인 다롄과 군사항인 뤼순을 끼고 있는 요동반도의 맨 앞부분은 '관동주'라고 불렀다. 이곳은 원래 제정러시아가 청나라로부터 1898년에 25년간 조차권을 얻어 개발한 지역으로, 러일전쟁 때 일본군이 점령한 후 포츠머스강화조약에 의해 러시아에서 일본으로 조차권이 이양된 지역이었다(1915년의 '대화對華 21개조 요구'에 따라 조차기한이 99년으로 연장되었다). 일본은 이곳의 통치기관으로 '관동도독부'를 설치했으나 1919년 군정분리로 행정기관은 관동청, 군사기관은 관동군이 되었다. 후에 만주국을 지배하는 관동군의 기원이 바로 여기에 있는 것이다.

관동주는 일본 영토가 아니라 청나라(후에 중화민국)로부터 조차권을 얻은 것이어서 조차기한이 지나면 중국에 반환해야 했다. 그러나 만주국 건국 후, 일본은 만주국과 관동주의 조차권을 갱신해 일본이 만주국을 계속 지배하는 이상, 관동주도 반영구적으로 일본이 영유하는 구조를 만들었다. 또한 관동주의 행정기관이었던 관동청을 관동국으로 개조해 그 본부를 뤼순에서 신징으로 이전했으며, 관동국 밑에 주州의 행정실무를 집행하는 관동주청關東州廳을 다롄에 설치했다. 관동주 통치의 책임자인 관동국 총장은 주만대사의 지휘감독을 받게 되어 있어서 실질적으로는 주만대사를 겸임하는 관동군 총사령관이 관동주도 지배하고 있었다.

미소 교섭에 의한 귀환

일소 개전 직후인 8월 10일, 약 23만 명의 일본인이 거주하는 관동주 전역에 계엄령이 선포되어 관동군과 함께 관동국 총장 미우라 나오히코三浦直彦 일행도 통화로 이동했다. 그로 인해 주만대사 명의로 관동주청 장관 이마요시 도시오今吉敏雄에게 관동주 내의 모든 권한이 이양되었다. 여기서도 관동군은 책임을 내팽개쳐버렸던 것이다. 그러나 실제로는 전장이 되지 않은 상태로 15일을 맞았고, 만주국내와 마찬가지로 관동주 내에서도 현지 중국인들의 치안유지 조직이 차례차례 만들어졌다. 그러나 관동주청 측은 행정권을 이양하지 않았고, 실제로 거의 아무런 조치도 취하지 않은 상태에서 소련군의 진주가 이루어졌다.

　22일 소련군의 군사軍使가 다롄에 도착, 출영 나온 이마요시 장관 일행과 회견한 뒤 다롄 야마토 호텔을 소련군 사령부로 접수하고, 그날로 뤼순다롄지구(구 관동주)에 군정을 선포했다. 그 후 25일에 소련군 주력부대가 진주하면서부터 치안은 극도로 악화되어 다음 달까지 만주 국내와 마찬가지로 폭행과 약탈이 빈발했다. 소련군은 당초 일본 측 기관을 활용해 군정을 실시하기로 해 일본인 직원 다수가 그대로 현장에 남았지만, 9월 23일 이마요시 장관 등 간부들은 구인되어 시베리아로 이송되었다(미우라 총장도 신징에서 구인되어 시베리아로 이송되었다).

뤼순다롄지구 사령관으로서 군정의 최고책임자였던 코즈로프 Kozlov 중장은 11월 1일, 중국인 주체의 다롄임시시정부(후에 다롄시정부)를 발족시켜 일본 측 기관을 흡수한 다음, 실무행정을 담당하게 했다. 그리고 뤼순 등 관동주 내 다른 지구에 거주하고 있던 일본인을 모두 다롄으로 집단이주시켰다. 시정부는 당초 국민당계의 현지 유력자와 공산당계인 총공회(總工會, 노동조합) 대표자들 간의 연합기관이었다. 코즈로프는 반드시 중국공산당 편을 든 것은 아니었고, 국공의 밸런스를 취하면서 군정을 실시했다.

중소우호동맹조약에서 다롄의 행정권이 국민정부에 있음을 인정한 소련은 어느 정도 그들의 입장을 배려했다. 오히려 공산당 측이 적극적으로 시정부의 주도권을 잡으려 했으며, 실제로 그 이듬해에는 완전히 주도권을 장악했다. 다롄의 일본인은 전전에 좌익운동에 가담하고 있던 일본인 중심의 노동조합의 관리를 받게 되면서 소련과 중공中共 쌍방의 강력한 영향 하에 놓이게 되었다. 다롄은 소련군의 주둔이 인정되고 있었기 때문에 일본인의 귀환은 국부군의 진주와 동시에 시작된 구 만주국 지역과 달리, 미소 간의 외교교섭에 맡겨졌다. 결국 1946년 12월 19일에 '재소 일본인 포로의 귀환에 관한 미소협정'이 체결되어 다음해 3월 말까지 약 22만 명이 일본으로 귀환했다.

중공군의 진격

만주 각지에서도 마찬가지였지만, 만주국이나 관동주의 중국인들 사이에서는 본래 국민당의 영향력이 강했다. 그러나 소련군정 하에서 국민당의 활동은 일정한 틀에 갇혀 운신의 폭이 제한되었다. 그런 가운데 공산당은 일거에 세력신장을 꾀해 국민당에 필적하는, 또는 그것을 능가할 정도로 성장했다. 소련군은 간접적으로는 공산당의 신장에 협력했지만 전면적으로 협력한 것은 아니었다. 오히려 스탈린이 낮게 평가한 옌안延安의 마오쩌둥이 이끄는 중국공산당이 소련군의 점령이라는 특이한 정치공간을 효과적으로 이용해 자력으로 세력을 신장해나갔던 것이다.

옌안에서 중공군을 지휘하고 있던 주더朱德 총사령관이 만주 진격을 명령한 것은 8월 11일이었다. 그렇지만 각지에서 관동군과 교전을 벌여 요충지를 점령한 것은 아니었으며, 실제로는 소련군 진주 후에 각지에 미리 침투해 있었던 것이다. 공산당이 동북지방 장악을 기본전략으로 삼은 것은 9월 19일에 개최된 정치국회의에서 결정한 내용에 따른 것이었다. 이 회의에서는 창장長江 이남에 산재해 있는 부대를 이북으로 철퇴시켜 화북華北 방비를 견고히 하고, 화북의 부대를 동원해 동북지방을 세력 하에 둔다는 이른바 '북진남방北進南防' 정책이 결정되었다. 이 결정을 주도한 사람은 마오쩌둥이 아니라 당 주석대리였던 류사오치劉小奇였다.

결정이 내려지자 중공군은 신속하게 행동에 나서 펑전彭眞과 린바오林彪, 천윈陳雲 등이 차례로 동북으로 향해 세력권을 점차 확대해나갔다. 이에 비해 지리적으로 불리한 입장에 있던 장제스의 국부군은 동북으로 진주할 기미를 보이지 않았다. 국민정부는 8월 30일 국민정부 군사위원회 동북행영行營을 설치하고, 9월 3일에는 행영의 간부인사를 단행해 쑹쓰훼이(熊式輝, 주임 겸 정무위원회 주임위원)와 장지아오(張嘉璈, 경제위원회 주임위원 겸 중국 창춘철로 이사장), 장징궈(蔣經國, 외교부 특파원) 등이 취임했으나 구체적인 행동으로까지 나아가지는 않았다. 이때 국민당과 공산당의 서로 다른 선택의 차이가 결국 4년 후 국민당의 패배와 공산당의 승리로 귀결되었다.

이덕보원以德報怨의 의미

장제스는 소련의 만주침공에 일말의 불안감을 느끼면서 맞이한 8월 14일에 일본의 포츠담선언 수락 사실을 알게 되었다. 장제스는 앞으로의 목표를 '구축화구驅逐和寇'에서 '공고통일鞏固統一'로 변경하고, 다음날 발표된 "항전승리에 임하여 전국 군민軍民 및 세계 인사에 고한다"는 이른바 '이덕보원以德報怨' 연설 원고를 탈고했다.

천황의 옥음방송이 있었던 15일, 장제스는 직접 마이크 앞에 서서 중국 전역과 전 세계를 향해 '이덕보원' 연설을 했다. 전쟁의 최대 피해국인 중국이 가해국인 일본을 향해 보복이 아니라 덕으로 원수를 갚겠다고 선언했다. 중국의 통일과 부흥을 위해 일치단결을 호소한 이 연설은 여러 가지 정치적 배려와 함께 항일전을 승리로 이끈 장제스의 결의와 자신을 표현한 것이었다.

그러나 현실은 장제스에게 승리의 환희에 젖어 있을 틈을 주지 않았다. 당장에 홍콩香港 접수문제가 떠오른 것이다. 홍콩은 일본군이 점령해 있던 영국의 식민지였으나 연합군의 중국전구戰區였던 관계로 정제스는 이곳을 국부군이 접수하는 것이 당연하다고 생각했다. 그러나 중국의 홍콩 '접수'가 '회수'가 될 것을 우려한 영국은

| 승전에 환호하는 장제스와 시민들 |

일본의 패전이 결정되자마자 곧바로 영국의 접수를 요구했다. 장제
스는 체면상 반발했지만, 영국의 강경자세에 미국이 동조하자 마지
못해 수락하지 않을 수 없었다. 일본이 패배한 후 중국에 식민지를
갖는 유일한 대국이 된 영국은 홍콩의 주권을 절대로 양도하려 하
지 않았다. 결국 8월 30일, 홍콩에 상륙한 영국군은 9월 16일 홍콩
총독 다나카 히사카즈田中久와 항복문서에 정식으로 조인함으로써
홍콩을 '회수'했다.

　게다가 장제스가 우려한 사태가 점점 현실로 나타났다. 소련이
예상치 못한 움직임을 보이기 시작했던 것이다. 소련군은 만주침공

에 그치지 않고 베이핑北平 북방의 장자커우張家口, 나아가 화북 입구에 해당하는 산하이관山海關까지 진출을 꾀하면서 8월 15일이 넘어서도 진격을 멈추지 않고 계속 일본군과 전투를 벌였다. 소련군의 침공이 예상되는 핑진지구(平津, 베이핑과 톈진天津)는 국부군에게 투항해야 하는 지역이었기 때문에 지나파견군(총사령관 오카모토 대장)은 15일이 넘어서도 현지 부대가 소련군과 교전하는 것을 인정하고 있었다. 그 결과, 장자커우를 방어하고 있던 주몽군(駐蒙軍, 사령관 네모토 히로시根本博 중장)은 소련군과 교전하면서도 그곳의 재류 일본인 약 4만 명을 탈출시킬 수 있었다.

지나파견군의 대응은 혼란 속에서 적절하게 대응하지 못한 관동군의 경우와는 크게 달랐다. 중국 본토에서 1백만을 넘는 부대를 통솔하면서 군 조직이 그대로 유지되었다는 사실은 매우 큰 의미를 가지는 것이었다. 그래서 장제스도 거의 손상을 입지 않은 지나파견군을 어떻게 항복시켜서 부흥에 활용할 것인가에 커다란 관심을 기울였다. 이덕보원 연설은 이 손상되지 않은 거대한 일본군을 강하게 의식한 것이었다.

끝나지 않은 '설욕'

소련군이 핑진지구까지 침공하는 일은 일어나지 않았지만 소련은 매우 교묘하게 교란을 시도했다. 중소우호동맹조약 교섭 때는 몽골독립 승인을 얻어냈지만, 그것만으로 물러서지 않고 중국에게 모든 것을 철저하게 얻어냈다. 일본 패전 후, 이번에는 동북문제에 신장

新疆 문제를 연루시켰다.

일본이 항복문서에 조인한 9월 2일, 중소 간에 발생한 그다지 잘 알려지지 않은 큰 사건이 있다. 그것은 신장의 이리伊梨에서 일어난, 흔히 '이리사건'으로 알려져 있는 것이다. 일본이 항복하기 전부터 신장방면의 중소 국경에서는 소련군의 국경침범 사건이 빈번하게 일어났다. 그러던 것이 소련군 전투기의 폭격으로 확대된 것인데, 소련의 목적은 신장에 압력을 가해서 동북문제에 대한 주도권을 잡는 것이었다.

중국 입장에서 장대한 소련과의 접경지역(동북, 몽골, 신장)은 외국 군대의 침입과 분리독립의 위기에 항상 노출되어 있는 가장 불안정한 지역이었다. 소련은 이 같은 중국의 약점을 교묘하게 파고든 것으로, 실제로 일본 패전 전후의 중소관계는 소련이 완전히 주도권을 잡은 상황 하에서 전개되고 있었다.

장제스는 9월 2일 일기에서, 일본의 항복문서 조인으로 청일전쟁 이래의 굴욕과 그동안 자신이 받아온 치욕을 씻었다고 기뻐하면서 '과거의 치욕'은 씻었지만 '새로운 치욕'을 덮어쓰게 된 지금, '치욕을 씻는 길[雪恥]'은 '새로운 치욕'을 씻는 데 있다고 적고 있다(《蔣介石日記》 9월 2일). 그의 마음속에서는 아직 전쟁이 끝나지 않았던 것이다. 1928년 제2차 북벌 때 일본군의 개입(산둥 출병)에 의해 무력충돌이 발생한 지난사건濟南事件5을 기점으로, 그의 일기에 매일 적혀

---

5   1928년 5월에 산둥 성山東省 지난濟南에서 일본군과 중국 국부군이 무력으로 충돌한 사건. 1928년 국부군이 제2차 북벌에 나섰을 때, 일본은 제2차 산둥 공격을 단행, 5월 3일 지난에서 국부군과 일본군 사이에 시가전이 벌어졌다. 이후 8일에는 전면충돌로 발전하였고, 일본군은 지난성을 총공격해 점령해버렸다. 전투과정에서 현지 거류 일본인과 중국의 외교관 등 희생자가 발생했다. 국부군의 주력은 지난을 우회해 북상함으로써 전투는 11일 만에 끝났지만, 이 사건을 계기로 중국인들의 반일감정은 더욱 커졌다.

있는 "설치雪耻"라는 두 글자는 이날 이후로도 계속해서 등장한다.

지나파견군의 항복

9월 9일, 난징의 중앙군관학교 강당에서 지나파견군 총사령관 오카모토와 중국 육군 총사령인 허잉친 사이에 항복문서 조인식이 거행되었다. 이날은 정확하게 50년 전인 1895년 9월 9일에 쑨원이 처음일으킨 무장봉기인 제1차 광저우기의廣州起義가 일어난 날이었다(당시 사용되고 있던 음력으로 9월 9일, 양력으로는 10월 26일). 항복문서 조인으로 동북을 제외한 중국 본토와 타이완, 북위 16도 이북의 프랑스령에 주둔해 있는 일본군은 국부군에게 항복하였고, 지나파견군은 '중국전구 일본관병 선후 총연락부'로 개칭했다.

지나파견군은 8월 15일 이후 국민정부에 대한 협력 자세를 분명히 한 반면, 소련군과 중공군에 대해서는 강경한 자세를 유지했다. 특히 오카무라 야스지 총사령관은 전후 일본의 부흥을 위해 일중관계를 보다 강고하게 해야 한다고 생각했으며, 무장해제 이외에 기술자를 중심으로 한 유용留用에도 적극 협력했다. 국민정부 측에서도 일본인 기술자의 활용을 필요로 했으며, 모든 일본인의 송환 방침을 고수한 미국의 강력한 반대에도 불구하고 유용은 계속되었다.

중국 본토에서 지나파견군의 적극적인 협력 자세 덕분에 1백만 명이 넘는 대부대의 무장해제와 행정권이 국민정부로 순조롭게 이양되었다. 연내에는 군대의 철수가 시작되어 이듬해 봄에는 거의 종료되었으며, 중국 본토에 있던 민간인 약 49만 명도 1945년 11

| 항복문서 조인식(1945년 9월 9일). 중국육군 총사령 허응친(왼쪽)과 고바야시 지나파견군 총참모장 |

월부터 이듬해 말까지 큰 혼란 없이 일본으로 귀환했다. 국민정부
에 적극적으로 협력한 오카무라는 전범으로 지명되었지만 무죄 방
면뇌어 일본으로 돌아왔다. 이후 그는 대륙에서 쫓겨나 타이완으로
달아난 장제스 정권의 일본인 군사고문단 '백단白團'의 조직 과정에
서 커다란 역할을 담당하게 된다.

국공 대립과 소련군의 철수

한편 만주를 점령한 소련군은 중국 측이 대일배상의 일환이라고 주
장하는 재만 일본 재산을 전리품으로 간주하고 계속해서 소련 국내
로 반출했다. 따라서 국민정부에서 파견한 동북행영 쑹쓰훼이 일행
은 거의 아무런 조치도 취하지 못하고 일시적으로 철수하지 않을

수 없었다. 게다가 소련군은 중소우호동맹조약 부속 의사록에 명기된 3개월이 지나도 철수할 기미를 보이지 않았다. 그동안 중공군은 착실히 세력권을 넓히며, 특히 하얼빈 이북에 근거지를 구축하는 데 성공했다.

신징은 9월 1일 정식으로 과거의 명칭인 창춘長春으로 개칭되었다. 창춘에서는 11월 중순, 소련군이 부분적으로 철수하자 1주일 만에 중공군이 모습을 드러냈다. 이때는 국부군의 공격으로 곧 축출되었지만 이듬해 4월에는 점령에 성공했다. 이때도 국부군의 반격을 받아 중공군의 점령은 1개월 만에 끝났지만 이후 하얼빈과 창춘에서는 국공 양군이 대치하는 형세가 고착되었다.

만주국의 주요한 산업시설을 접수하고 소련 국내로 반입하는 데 성공한 소련군은 1946년 3월, 마침내 철수를 시작했고, 그 뒤를 이어 국부군이 진주했다. 그러나 격심한 인플레이션이 동시에 유입되어 동북사회의 혼란이 격화되는 결과를 초래했다. 또 소련군은 산업시설뿐만 아니라 항복한 관동군 병사와 민간인(조선인, 중국인을 포함)을 노동력으로 활용하기 위해 시베리아로 보냈다. 그 수는 약 60만 명에 이르렀는데, 오랜 세월에 걸친 시베리아 억류로 약 6만 명의 희생자가 발생했다.

만주에 남겨진 일본인의 송환은 소련군의 일관된 무관심 때문에 소련군의 철수가 본격화된 1946년 3월까지 아무런 성과가 없었다. 한편 미국은 중국 대륙에 병사와 민간인 등 많은 일본인이 잔류해 있다는 사실이 국공대립이 격화되고 있던 중국 사회에서 불안정 요인으로 연결되는 것을 염려했다. 소련군이 철수하고 국부군이 동북지방으로 진주하자 미군은 수송용 선박을 대여해서 일본인의 송환을 실행에 옮겼다.

이미 5월에는 면주綿州지구의 일본인 귀환이 시작되었고, 여름부터는 본격적인 송환이 이루어져 옛 신징지방의 일본인들이, 연내에는 중공군 지배지역까지 포함된 지역의 일본인들도 대부분 귀환했다. 만주에서 귀환한 일본인 약 105만에게 전쟁이 종결된 것은 9월 15일 패전에서 약 1년이 지난 1946년이었다.

또 희생자는 일소전 사망자를 포함해 약 24만 5천 명에 육박했으며, 이중에서 8만 명 정도는 개척단원이었다. 만주에서 발생한 민간인 희생자 수는 도쿄대공습이나 히로시마의 원폭, 나아가 오키나와 전투를 웃도는 것이었다.

만주국 멸망, 사라진 역사

중요한 문제가 한 가지 더 있었다. 관동군 간부와 막료를 시베리아로 연행한 소련은 미국이 주도한 도쿄재판에 크게 반발했다. 도쿄재판의 판결이 내려진 후인 1949년, 독자적으로 '하바롭스크 재판'으로 불리는 전범재판을 통해 관동군의 침략성을 폭로했다.

소련으로서는 군사적 위협도 받지 않았음에도 중립조약을 위반하면서까지 만주에 침공한 대의명분을 어디에서도 찾을 수 없었다. 포츠담선언에서 명분을 찾으려 해도 미·영·중의 양해 없이 일방적으로 참전했다는 사실만큼은 결코 은폐할 수 없었다. 바로 그런 이유로, 소련은 만주국을 지배하고 있던 관동군이 얼마나 계획적으로 대소 침략의도를 가지고 있었는가를 국제적으로 밝힐 필요가 있었다. 그러나 이 재판은 계획적 침략성에 대해 심판한 것이지 만주국에서 일어났던 식민지 지배를 심판한 것은 아니었다. 따라서 이 재판에서 만주를 빼앗긴 중국 측의 의향이 반영될 여지는 처음부터 주어지지 않았다.

새로운 중국 건국 후, 푸이와 장징후이, 다케베, 후루미 등 만주국 고관들은 중국 측에 인도되어 '선양재판瀋陽裁判'이 열렸다. 그 결과, 이들 대부분은 징역형을 받고 푸순전범관리소에 수감되었다. 그러나 군 관계자는 헌병대 관계자가 중심이었으며, 실질적으로 만주국을 지배했던 관동군 막료(총사령관 야마다 오토조, 총참모장 하타 히코사부로, 총참모부장 마쓰무라 도모가쓰 등)는 인도되지 않았다.

국공내전에 승리한 마오쩌둥은 1949년 10월에 중화인민공화국의 건국을 선언했다. 공산당의 내전 승리를 결정지은 것은 국부군을 타도하고 동북전역을 장악했기 때문이었다. 그 성공에는 류사오치 같은 뛰어난 지도자들의 역할을 결코 무시할 수 없다. 그러나 후일 문화대혁명 과정에서 실각한 류사오치의 공적은 중국공산당 정사正史에서 사라져버리고 말았다. 또 8만 명이 넘는 일본인이 기술자만이 아니라 의사, 간호사, 나아가서는 잡역부 등으로 중공군에 남아 신중국 건설에 협력했으며, 그 과정에서 국공내전의 소용돌이에 휩쓸리기도 했다. 중국으로서는 만주국 멸망 후 동북지방에서 일어난 여러 사건으로 인해 아직도 대단히 미묘한 문제를 안고 있다고 할 수 있다.

한편, 실패한 장제스는 타이완으로 달아나 최후까지 대륙 반공反攻의 꿈을 버리지 않았으나 그런 기회는 끝내 찾아오지 않았다. 그러나 타이완으로의 도피가 그의 연명을 가능케 한 것만큼은 분명한 사실이다. 지금도 계속되는 대륙과 타이완 간의 분단의 배후에는 만주국과 타이완이라는, 대일본제국의 '유산'을 둘러싼 역사가 존재하는 것이다.

제6장

남양군도 · 사할린 잊혀진 '제국,

남양군도-위임통치에서 일본령으로

대일본제국 영역 내에서 최초로 제국으로부터 분리된 곳은 남양군도였다. 적도 이북에 위치한 마리아나 제도, 팔라우 제도, 캐롤라인 제도, 마셜 제도로 이루어진 남양군도는, 맨 처음에는 스페인 식민지가 되었다가 그 다음에는 독일 식민지가 되었다. 그러나 제1차 세계대전이 발발한 1914년 10월에 일본 해군이 점령해 군정을 선포했으나, 대전 종결 후 베르사유강화조약을 거쳐 1920년 12월 국제연맹이사회에서 일본의 위임통치령이 되었다.

위임통치 방식은 제1차 세계대전의 패전국인 독일의 해외영토와 터키 영유지역에 대해 영유화永有化를 주장하는 영국과 프랑스, 일본과 이에 반대하는 미국 대통령 우드로 윌슨 사이에 타협의 산물로 만들어진 제도이다. 이 제도는 국제연맹에 의해 통치가 위임되는 형식을 취한다. 위임통치는 통치지역의 정치적 발전 정도에 따라 ABC의 세 단계로 나누어진다. 남양군도는 C방식의 위임통치로, 현지인의 이익에 일정한 보장을 부여하지 않으면 안 된다는 조건은 있지만 수임국의 국내법에 의한 통치가 적용되며, 사실상의 영토와 같이 취급하는 것이 인정된다.

또 군사기지의 건설 등이 금지되는 것 외에는 국제연맹에 매년 위임통치연보를 제출해서 연맹이사회의 심사를 받는 것 말고는 큰 제약도 없어서 당시까지의 식민통치와 큰 차이가 없었다. 독일의 미크로네시아 식민지는 적도 이북과 이남의 넓은 범위에 걸쳐 있었으며, 이북은 일본, 이남은 호주의 위임통치령이 되었다.

일본이 국제연맹을 탈퇴한 1933년 3월 이후에도 남양군도의 지배에는 큰 변화가 없었다. 최종적으로는 1940년 9월에 조인된 일본·독일·이탈리아 3국 군사동맹에서 구 종주국인 독일이 영유권을 포기함으로써 정식으로 일본령에 편입되었다.

남양군도에는 점령 당초 해군의 임시남양방비대 사령부에 의해 군정이 선포되었다. 하지만 1922년 4월에 민정으로 전환한 다음, 통치기관으로서 남양청南洋廳이 파라오 제도의 코로르에 설치되었고, 팔라우, 야프, 트루크, 포나페, 야루트, 사이판 등 여섯 곳에 지청이 설치되었다. 남양군도의 영역은 미국 본토 정도의 넓이인데 육지 면적은 일본의 가나가와神奈川 현의 면적(2,415km²)에도 미치지 못한다. 자원도 풍부하지 않아서 산업은 남양흥발南洋興發주식회사(이하 '난코南興')를 중심으로 한 사탕수수 재배에 의한 제당업이 중심이었다.

인구는 미일개전 시 약 14만 명 정도로, 그 중 약 8만 4천 명은 일본인, 약 5만 명은 섬 주민이었다. 남양군도의 원주민은 '도민島民'이라 불리며, 크게 나누면 카나카족(약 4만 7천 명)과 차모로족(약 4천 명, 스페인 등과의 혼혈인종)으로 구성되어 있었다. 이처럼 카나카족이 인구의 대부분을 차지하고, 차모로족은 대부분이 사이판에 거주했으며 7.5% 정도에 불과했다.

일본의 식민지에서 현지인보다 일본인의 수가 많았던 곳은 남양군도와 사할린뿐이었다. 일본인의 반수 이상에 해당하는 약 4만 6천 명은 사이판이나 티니안이 있는 사이판 지청에, 다음으로 약 1만 2천 명이 남양청이 설치되어 있는 파라오 지청에 거주하고 있었다. 또 일본인의 대부분은 오키나와 주민으로 그 수는 5만 명이 넘었으며, 실질적으로는 오키나와 현과 같았다. 그 외에 조선인이 약

6천 명 정도 거주했다(《南洋群島要覽昭和拾七年度版》).

사이판 함락

오랫동안 전략적으로도 중시되지 않았던 남양군도였지만, 미일관계가 긴박해지면서 아연 그 중요도가 높아져 트루크 등에 군사기지화가 추진되었다. 그런 가운데 미국과 전쟁이 일어나 남양군도는 뜻하지 않게 전쟁의 최전선이 되었다.

남양청 장관은 역대로 문관이 근무했으나, 미일개전 후인 1943년 11월에 예비역 해군 중장인 호소카야 보시로細萱戊子郎가 장관이 되었다. 또 종래의 여섯 개 지청이 서부(코로르)와 동부(트루크), 북부(사이판) 세 지청으로 통합되었고, 야프, 포나페, 야루트, 티니안, 로타 등 각 섬에는 출장소가 설치되었다.

일본군이 우세했던 전쟁 초기는 특별히 크게 긴장이 없었지만, 미군의 반격이 본격화되면서 절대국방권이 주창되자, 남양군도는 즉시 군사적 긴장이 높아지고 부대의 증강과 군사요새화가 시급하게 추진되었다. 이와 병행해 원래 식량자급률이 낮은 도서지방에서 병력이 증강될 경우 발생할 것으로 예상되는 식량문제를 해결하기 위해 1943년 12월, 일반 부녀자와 60세 이상 노인을 본토로 소개하기로 결정했다. 다만, 실제로는 구체적 방책을 수립하는 것이 지연되어 소개가 개시된 것은 이듬해 3월 상순부터이며, 12월까지 약 1만 6천 200명이 철수했다.

그러나 3월 상순에 부녀자 500명을 실은 최초의 소개선 '아메리

카마루'가 이오지마硫黃島 만에서 격침된 것을 비롯해 귀환 도중 피격 등으로 약 1천 700명이나 되는 희생자가 발생했으며, 일본인이 가장 많이 거주하고 있던 사이판은 3개월 후인 6월이 되면서 전장이 되어버렸기 때문에 소개는 완전히 이루어지지 못했다.

한편 16세 이상 60세 미만의 남성은 현지 방위소집을 당하는 등, 현지군의 후방요원으로 전투에 참가하게 되었다. 사이판이나 티니안에 잔류해서 방위소집을 받은 남성이나 소개하지 않았던 부녀자 등의 수는 약 2만 명(사이판, 조선인 포함)과 약 1만 5천 700명(티니안, 조선인 2천 700명 포함)이었다.

6월 15일 미군이 사이판에 상륙하고, 7월 7일 미드웨이 해전의 패장 나구모 쥬이치南雲忠一 휘하의 일본군이 모두 전사[玉碎]했으며, 9일 미군이 사이판 점령을 선언하기까지 일본군은 약 4만 1천 명이 전사했다. 그리고 섬에 잔류하고 있던 많은 일반 주민도 전화에 휘말려 약 8천 명에서 1만 명이 사망했으며, 1만 4천 949명(일본인 1만 424명, 조선인 1천 300명, 차모로족 2천 350명, 카나카족 875명)이 미군에 수용되었다.

오키나와 점령정책의 원형

사이판 점령에 이어 바로 지척에 있는 티니안에 미군이 상륙한 것은 7월 24일이었다. 불과 일주일 만에 전투는 거의 종결되었고, 8월 1일 점령이 선포되었다. 일반인 1만 2천 200명(조선인 3천 700명 포함)이 미군에 수용되었으며, 희생자는 3천 500명이 넘었다. 그런데 티

| 사이판에 상륙하는 미군 |

니안은 스페인 통치시대의 강제이주 이후 일본 통치시대까지 무인
도였던 곳이다. 그러다 일본 통치시대에 '난코南興'에서 제당공장을
세워서 오키나와 주민을 중심으로 급속히 발전한 섬이다. 평평한
지형의 티니안은 미군의 입장에서 볼 때 대형비행장 건설에 적합한
전략적 요충지여서 점령 후에는 B29에 의한 본토폭격의 중심기지
가 되었으며, 히로시마에 원폭을 투하한 '에놀라 게이Enola Gay'도 이
곳에서 발진했다.

  이 사이판과 티니안 전투는 많은 주민을 끌어들임으로써 집단자
결까지 일어난 대일본제국 내에서 벌어진 최초의 대규모 전투였다.
게다가 희생자의 다수는 오키나와 주민이었다(사이판에서 약 6천 명,
티니안에서 약 3천 명이 사망했다고 한다). 사이판과 티니안에서 벌어진
전투는 10개월 후에 벌어진 오키나와 전투의 서막이 되었던 것이다.
  섬을 점령한 미군은 억류한 민간인을 수용소에서 관리했다. 이

수용소를 사이판에서는 수수페susupe, 티니안에서는 주로juro라고 불렀다. 이들 수용소는 일본인 구역과 조선인 구역으로 나뉘어져 별도의 관리를 받았다. 수용소 내에서는 일본국기 게양이나 국가 제창, 허가 없이 집회를 여는 것 등은 금지되었지만, 소련군 점령지역에서 일어난 것과 같은 병사들의 폭행약탈이나 열악한 위생환경에 따른 전염병의 만연으로 사망자가 급증하는 사태는 일어나지 않았다. 미군의 수용소 관리의 특징은 위생관리가 철저했다는 것이다. 전염병을 매개하는 파리나 모기, 이 등을 철저하게 구제했으며, 이는 남방의 다른 포로수용소에서도 마찬가지였다.

티니안의 주로 수용소(1945년 12월까지 9천 500명, 그 중 오키나와 주민 7천 435명)를 예로 들면, 수용소 내에는 매점과 탁아소, 병원, 학교, 된장공장도 있었으며, 야외에서 영화도 상영되었다. 학교에서는 민주주의와 영어를 가르쳤으며, 사친회PTA도 조직되었다. 수용소 내에서는 일본인 자치조직인 평의원회도 구성되었는데, 평의원은 선거(예비선거와 확정선거를 합한 2회, 선거권은 20세 이상의 남성)로 선출하는 등 민주주의적으로 운영되었다(《沖縄県史》). 이 같은 사이판이나 티니안의 수용소 관리는 후일 오키나와 점령정책의 원형이 되었다.

남양청의 붕괴

남양군도 중에서 일반 주민이 거주하고 있던 곳으로, 패전 전까지 미군이 점령한 곳은 사이판과 티니안뿐이었다. 다만 그 외의 도서에는 미군이 상륙하지는 않았지만 철저한 공중폭격으로 건물이란 건물은 모두 소실되어 일반 주민은 정글로 달아나 부득이 자활할 수밖에 없는 상황에서 8월 15일 패전을 맞았다.

남양청이 설치되어 있던 코로르에는 1944년 3월 30일, 미군 기동부대의 첫 번째 공습으로 함선과 항만시설이 피해를 입었다. 이때의 공습은 팔라우 항에 정박하는 연합함대를 노린 것으로, 고가 미네이치古賀峯一 연합함대 사령장관은 재빨리 필리핀의 다바오를 향해 비행정으로 날아갔지만 도중에 조난사하고 말았다. 그 후 7월 25일과 27일의 공습으로 시가지의 거의 전부가 소실되었고, 남양청 청사도 붕괴되었다.

9월 들어 일본군의 비행장이 있던 팔라우 제도에 속하는 펠렐리우가 미군에게 점령되자 바로 인접한 섬인 코로르는 육군수비대만 남기고 주민들은 건너편에 있는 바벨투아프 섬(팔라우 본섬)의 정글로 피신해 패전까지 약 1년 동안 자급자족생활을 했다. 매일 일어나는 미군기의 공습과 식량사정의 악화에 따라 영양실조자가 속출함으로써 사망자가 급격하게 늘어났다. 또 주민 중 15세 이상 45세 이하의 남성은 현지에서 소집되었고, 46세 이상도 군대 잡역부로 전선으로 내몰렸다. 남양청에서도 간부를 제외한 대부분의 직원이 소집되었으며, 남양청 장관 이하 간부들도 정글에서 도피생활을 하는 등 패전 전에 사실상 통치기능을 상실한 상태였다.

코로르 이외의 섬들도 미군기의 공습을 받아 시가지는 거의 불에 탔고, 주민은 자급자족으로 피난생활을 영위하는 가운데 패전을 맞았다. 바벨투아프 섬에서 정글 생활을 했던 남양청 직원들은 코로르에서 발행되던 〈남양신보南洋新報〉를 육군이 접수해서 정글 안에서 배포하고 있던 〈쾌승일보快勝日報〉라는 등사판 신문을 보고, 8월 15일

천황의 옥음방송이 나오고 일본이 패배했다는 사실을 알았다.

섬마다 이루어진 항복문서 조인

코로르 섬을 포함한 팔라우 지구는 1945년 9월 2일, 미국 구축함에서 팔라우 지구 집단사령관 이노우에 사다에井上貞衛 중장과 미군 사령관 로저스F. P. Rogers 대장代將 사이에 정전협정이 조인되었다. 11일에 미군이 코로르에 진주하자 일본군은 무장해제 후 바벨투아프 섬으로 이동했다. 미군은 이 섬에는 상륙하지는 않았고, 일본인의 자활을 그대로 허가하고 식량 등을 지급하였으며, 군대 및 남양청이 미군과의 연락을 담당했다.

남양군도는 다른 식민지와 달리 남양청 장관이 통치기관을 대표해서 항복문서에 조인하거나 접수의 사무인계를 하지 않고, 각 섬마다 현지 일본군과 미군 사이에 항복문서 조인이 순차적으로 이루어졌다. 마셜은 8월 29일, 로타는 9월 2일, 야프는 9월 5일, 쿠사이는 9월 10일, 포나페는 9월 11일, 트루크는 10월 초순이었다.

미군이 점령하지 않았던 섬들에서는, 패전 전의 피난생활에서 많은 희생자를 낸 팔라우 같은 경우도 있었지만 패전 후에는 모두 평온하게 항복과 접수가 이루어졌다. 그러나 사이판이나 티니안의 수용소 내에서는 일본의 패전 사실을 받아들일 것인지 여부로 커다란 동요가 일었다.

8월 15일 옥음방송은 남양군도에서도 청취할 수 있었다. 그러나 사이판이나 티니안의 수용소에서는 미군의 모략방송이라고 믿는

| 민다나오에서 열린 항복문서 조인식(45년 9월 8일). 일본 육군 제30사단장 모로즈미 교사쿠와 미 육군 조셉 허치슨 준장 |

사람도 많았고, 친미파와 항미파로 나뉘어 서로 대립하는 사태가 얼마간 이어지다가 급기야는 살인사건으로까지 발전하는 경우도 있었다. 이 같은 사태는 패전 소식을 전하는 군대나 관청 같은 상부 기관이 존재하지 않았던 것이 적지 않은 영향을 미쳤다.

남양군도에서 일본 주민의 귀환은 1946년 1월부터 시작되어 4월 사이에 거의 완료되었다. 귀환한 일본인의 총수는 약 2만 명(팔라우 지구 6천 10명, 야프 지구 427명, 트루크 지구 709명, 포나페 지구 7천 29명, 쿠사 이 지구 497명, 야루트 지구 77명, 사이판 2천 253명, 티니안 2천 52명 등)이었 다. 또 오키나와 주민(3만 3천 75명)은 직접 오키나와로 철수했다. 그 밖에 징용 등으로 끌려온 조선인(7천 726명)과 타이완인(550명), 중국 인(136명)도 각각 본국으로 귀환했다(〈終戦前後に於ける南洋群島概況〉).

남양군도는 다른 식민지와는 달리 전화에 휩싸인 기간이 가장 길 었고, 사이판이나 티니안처럼 패전 1년 전에 미군에 점령된 곳도 있

었다. 그러나 농민의 대일감정은 마지막까지 양호했으며, 섬 주민이 이별의 춤과 '반딧불이빛蛍の光'[1] 합창으로 송별한 팔라우 지구의 귀환처럼, 타이완과 마찬가지로 커다란 혼란 없이 일본인은 조용히 철수했다. 그러나 일본인의 대다수를 차지하는 오키나와 주민으로서는 전화戰禍로 황폐해지고 일본으로부터 분리된 고향으로의 귀환이었으며, 전후 시작된 새로운 고난의 서막이었다.

'제국신민'의식

식민지 관청의 경우, 1946년 1월 30일에 외지관계 업무가 외무성으로 이관된 것을 계기로 도쿄에 있던 출장소는 잔무정리사무소가 되어 말 그대로 잔무를 정리했다. 남양청 도쿄출장소 역시 전후 남양청 잔무정리사무소로 바뀌어 원주민의 귀환원호나 각종 증명서 발급, 직원의 재취직 알선, 국유재산 처리 등의 업무를 담당했다. 본래 규모가 작았던 탓에 업무는 신속하게 완료되었으며, 다른 식민지 관청보다 빠른 1948년 3월 말에 폐쇄되었다. 이로써 일본의 남양군도 통치는 사실상 막을 내리게 되었다.

　남양군도는 일본이 항복하기 전인 1945년 6월, 연합국이 채택한

1　　스코틀랜드 민요인 '올드랭사인Auld Lang Syne'에 일본어 노랫말을 붙인 것으로, 1881년 초등학교 음악 교과서(창가집)에 실린 이후, 지금까지 일본에서 가장 널리 애창되는 노래 중 하나이다. 하지만 노랫말의 일부에 제국주의 사상이 반영되었다고 해서 문제가 되기도 했는데, 1, 2절까지는 '형설지공'의 고사나 서로를 그리워하는 마음을 노래하고 있으나 3, 4절에서는 영토확장에 대한 의지를 나타내고, 실제 제국주의 시절 점령지 변화에 따라 가사가 바뀌는 등 제국주의적인 가사를 담고 있다. 4절 가사의 변천을 보면, 과거 일본사회의 영토관의 변천이 잘 드러나 있는데, 처음에 만들어진 노랫말에는 일본 영토의 경계가 "치시마千島에서 오키나와"였으나, 청일전쟁 후에는 "치시마에서 타이완"까지로, 그리고 러일전쟁 이후에는 "타이완에서 가라후토樺太, 사할린"까지로 바뀐다.

국제연합헌장에서 신설되는 국제연합의 신탁통치지역으로 이미 결정되었다. 9월 2일 항복문서 조인으로 미국 태평양함대 최고사령관의 군정이 관리하기로 해 이듬해 1946년 1월 29일 연합군 최고사령관 총사령부GHQ/SCAP 각서에 따라 일본은 행정관할로서의 효력을 상실했다.

그 후 남양군도는 미크로네시아로서 1947년 4월, 국제연합 안전보장이사회에서 미국의 신탁통치를 받기로 최종 결정되었다. 그러나 유엔 관할 하의 일반 신탁통치와 달리 전략지역으로 지정되어 안전보장이사회의 감독 하에 있는 '전략적 신탁통치'라는 특별 취급을 받게 되었다. 이처럼 전략지역으로 지정된 곳은 미크로네시아뿐으로, 감독자인 안보이사회의 상임이사국 미국이 거부권을 갖는이상, 실질적으로 미국의 강한 지배 하에 들어가게 되었다.

한편 남양군도의 주민들은 일본 통치 하에서 일본어 교육을 받으면서 '제국신민' 의식을 갖게 되었고, 그때까지 각 섬마다 별개의 생활문화권이었던 남양군도는 하나의 지역적 통합체로서 인식되었다. 아홉 개의 언어가 있었던 군도에서 공통어가 된 일본어를 통해 일체성을 갖게 되었다는 것은, 타이완 원주민의 경우와 동일한 구도였다고 할 수 있다.

그러나 당시 일본에서는 남양군도 주민은 제국신민으로 간주되지는 않았다. 귀화나 결혼을 통해 본인의 의지로 정식 수속을 밟지않으면 제국신민이 될 수 없었지만 대다수 주민들은 이런 사실을 이해하지 못했다. 그리고 전후에는 미국 통치 하에서 영어 교육을 통한 일체화가 시도되었지만, 이때도 일본 통치 하에서와 마찬가지로 미국 시민이 된 것은 아니었다.

희미해지는 남양군도의 기억

1969년 4월 18일, 미일 양국 사이에 '태평양제도 신탁통치지역에 관한 일본국과 미합중국의 협정'이 체결되어 미일전쟁 중 구 남양 군도 주민의 전쟁피해 보상과 재산청구권의 최종적 해결을 목적으 로 양국에서 각각 18억 엔 상당을 내놓기로 결정했다. 그러나 이 결 정은 미일 양국 간의 결정일 뿐 신탁통치 하에 있던 주민들의 의사 를 반영한 것은 아니었다. 실제 이렇게 마련한 자금은 당시 구체화 되고 있던 미크로네시아 제도의 독립을 향한 준비자금을 충당하기 위한 것이었다. 게다가 결과적으로는 미크로네시아의 단일한 독립 이 아니라 미국에 대한 경제적 의존도에 따라 제각기 다른 길을 걷 게 되었다.

미크로네시아 연방(1986년 독립, 일본 통치 하의 야프, 트루크, 포나페 각 지청 관구), 마셜제도 공화국(1986년 독립, 일본 통치 하의 야루트 지청 관 구), 팔라우 공화국(1994년 독립, 일본 통치 하의 팔라우 지청 관구), 이 3개 국은 미국과 방위안전보장을 위임하는 자유연합맹약을 체결하는 조건부 독립을 하였으며, 북마리나 제도 연방(1986년 성립, 일본 통치 하의 사이판 지청 관구)은 독립이 아니라 미국의 자치령이 되는 길을 택했다.

남양군도는 미국의 오랜 신탁통치에서 벗어났지만 태평양의 전 략거점으로서 실질적으로는 미국의 강한 영향 하에 놓인 채 현재에 이르고 있다. 그리고 미일 양군의 격전에 휘말려 많은 희생자가 나 왔음에도 불구하고 주민들이 입은 피해의 실태는 아직까지 밝혀지 지 않고 있다.

한편 전후 일본사회에서 남양군도는 희미한 기억으로밖에 남아 있지 않다. 남양군도가 과거 대일본제국에 포함되어 있었다는 사실을 알고 있는 사람은 소수에 불과하다. 사실 대일본제국 시대도 전시 중을 제외하면 《모험단기치冒險ダン吉》(시마다 게이조島田啓三의 연재만화. 1933년 6월부터 《소년구락부少年俱樂部》에 연재)로 대표되는 모험소설의 무대로서만 그 이미지가 그려지는 남양군도는, 전후에 와서 '남양의 낙원'이냐 '옥쇄의 섬'이냐 하는 상반된 이미지가 병존하고 있다. 그러나 옥쇄한 것이 과연 누구였는가에까지 생각이 미치는 경우는 많지 않다. 남양군도 전투에서 희생된 일본인의 다수가 오키나와 주민이었다는 사실은 거의 알려져 있지 않을뿐더러 주민 피해의 실태, 나아가서는 대부분 노동자로 끌려온 조선인들 중에 얼마나 많은 사람들이 희생되었는지는 아직 파악조차 되지 않고 있다.

대일본제국의 남방에 위치한 남양군도는 제국 내에서 최초의 전장이 되었다. 장기간에 걸쳐 미군의 격렬한 공격을 받는 가운데 사실상 통치기관이 괴멸되었고, 일반 주민의 대다수는 정글에서 피난생활을 하거나 혹은 미군 수용소에 수용되어 있다가 8월 15일 패전을 맞아 미군의 직접 점령통치를 받았다.

다른 한편으로, 마지막 전장이 된 것은 제국의 북방에 위치한 사할린樺太과 치시마千島였다. 게다가 8월 15일 이후에도 전투는 종결되지 않았으며, 마지막에는 소련이 직접 점령했다. 전후의 초강대국이 된 미소 양국의 공격으로 직접 점령당한 이들 지역의 최후는 우리에게 많은 것을 말해준다. 이하에서는 또 하나의 전장, 사할린과 치시마의 최후에 관해 살펴보도록 하자.

식민지·사할린

일반적으로 흔히 이야기하고 있긴 하지만, 일반 주민을 끌어들인 일본 국내 유일의 지상전은 오키나와전이라는 표현은 옳지 않다. '내지'였던 사할린에서 치러진 전투가 주민을 끌어들인 마지막 지상전이었으며, 그것도 8월 15일 이후까지 계속되었다.

연어 모양의 사할린은 일본과 러시아 양국 모두와 깊은 인연이 있는 땅이다. 메이지 초기까지 해도 일본과 러시아의 잡거지雜居地로 어느 쪽 영토인지 명확하지 않았다. 그러다 1875년 5월, 치시마·사할린 교환조약으로 사할린은 러시아령이 되는 대신 모든 치시마 열도는 일본령이 되었다. 러시아는 사할린을 유형지로 삼았는데, 당시 사할린의 모습에 관해서는 안톤 체호프Anton P. Chekhov의 《사할린섬Ostrov Sakhalin》에 잘 드러나 있다. 그 후 러일전쟁이 발발하자 일본군이 사할린 섬 전부를 점령, 포츠머스강화조약의 체결로 북위 50도선 이남은 일본에 할양되었다.

일본은 사할린을 점령했을 때부터 군정을 선포했는데, 실무행정은 민정서民政署가 담당했다. 그리고 그때까지 남사할린의 행정도시였던 코르사코프(일제시대에는 오도마리大泊) 북방에 위치한 블라디미로프카를 개발, 시가지를 확장하고 도요하라豊原라고 명명한 다음 남사할린의 중심도시로 발전시켰다. 1907년 4월 1일, 사할린청이 새롭게 건설된 도요하라(현재의 유진 사할린스크)에 설치되어 군정에서 민정으로 전환하고 본격적인 통치에 나서기 시작했다.

일본이 점령한 당시의 사할린에는 사할린 아이누, 비르타, 니부후 같은 소수민족 외에 약 200여 명의 잔류 러시아인도 거주했는데,

그 중에는 소수지만 폴란드인과 타타르인도 있었다. 다만 전 인구 비율로는 당초부터 일본인이 95%를 차지하는 압도적 다수파였다. 그럼에도 사할린은 어디까지나 '외지'로 취급되는 식민지였다.

이런 애매한 상태는 사할린청 설치로부터 35년이나 지난 1943년 4월까지 계속되었다. 1943년 4월 1일부로 시행된 '칙령 제196호'에 따라 사할린청 관제가 개정되어 '외지'였던 사할린은 '내지'로 편입되었다. 따라서 일본이 패전을 맞은 8월 15일 시점에서 사할린은 내지였던 것이다. 한편 치시마 열도는 홋카이도北海道에 속한 행정구역으로 처음부터 내지였다.

치시마 열도의 방비

사할린의 내지 편입은 미일전쟁이 한창일 때에 이루어졌다는 것에서도 알 수 있듯이, 전국戰局의 향방에 큰 영향을 미쳤다. 미일 양군은 주로 중부 태평양에서 교전했으나, 북미 대륙과 일본 사이의 최단거리는 치시마 열도에서부터 알류샨 열도에 이르는 선으로, 미드웨이 해전과 동시에 일본군은 알류샨 열도에 있는 애투 섬과 키스카 섬을 공략했다. 그러나 1943년 5월 미군의 반격으로 애투 섬의 일본군 수비대가 옥쇄하면서 동북방면의 군사적 긴장이 고조되어 일본군은 치시마 열도로 신속하게 전력을 증강했다.

치시마 열도는 총연장 길이 1천 200킬로미터에 달하는 크고 작은 30여 개의 섬들로 이루어져 있다. 열도는 북치시마, 중치시마, 남치시마로 나뉘어져 있으며, 시코탄과 하보마이 제도를 합치면 기후岐阜

| 사할린 국경을 지키는 일본군 병사 |

현(1만 621km²)과 거의 같은 면적이다.

치시마 열도 중에서 전략적 요충지는 소련의 캄차카 반도와 국경을 맞대고 있는 슘슈占守島 및 파라무시르幌筵島와 치시마 열도 최대의 섬인 에토로후擇捉島이며, 특히 에토로후는 과거 연합함대가 진주만으로 출격한 히토카쓰부單冠 만처럼 대함대가 정박할 수 있는 만과 대형비행장 건설이 충분히 가능한 토지도 있다.

일본은 전황이 급박하게 전개되자 치시마 방위가 한층 중시되어 제42사단을 배치했다(사령부는 우루푸得撫島). 그리고 1944년 2월 4일 밤 미국 함대가 파라무시르를 급습해 함포사격을 가한 사건이 일어난 후인 2월 18일, 치시마와 사할린, 홋카이도 방위를 담당하는 제5방면군(사령부는 삿포로札幌)과 방면군의 통솔 하에 치시마 방위를 임무로 하는 제27군(사령부는 에토로후)이 새롭게 편성되었다. 나아가 북치시마에 신설된 제91사단(사령부는 파라무시르), 이듬해에는 남치시마에 제89사단(사령부는 에토로후)이 배치되어 동북방면의 대미 방위태세가 정비되었다. 그러나 치시마와는 대조적으로 사할린 방위는 다소 어정쩡한 상태였다.

대미전 중시 방위

원래 사할린은 소련과 국경을 접하고 있기 때문에 대소전의 일환으로 규정되었지만, 주요 작전은 관동군이 전개하는 만주에서 이루어졌다. 따라서 사할린에 주둔하고 있던 혼성여단(1개)은 어디까지나 북사할린 점령이라는 지엽적 작전을 실시하는 것으로만 상정되었다. 미일개전 후에도 이런 상태가 지속되다가 북사할린의 소련군 병력이 그 이상이라는 사실을 알게 되면서 방어태세로 전환하지 않을 수 없었다. 그러나 대미전에 몰두한 대본영과 제5방면군은 치시마 열도를 무엇보다 중시했지만 사할린에는 거의 관심을 보이지 않았다.

사할린이 마침내 주목을 받게 된 것은 1944년 가을 이후로, 1945년 2월에 도요하라의 사할린 혼성여단이 제88사단으로 격상되었다. 제88사단의 목적은 남사할린 방위강화에 있었지만, 그것은 어디까지나 미군의 상륙을 상정한 것일 뿐 소련군의 공격을 상정한 것은 아니었다.

이 시기 전세는 최악으로 치달아 현실적인 문제가 된 본토결전을 위해 치시마 방위에서 홋카이도 방위로 전략 전환이 이루어졌다. 그 결과, 1년 전에 황급히 증강시킨 치시마 병력을 이번에는 홋카이도로 차출함으로써 제42사단은 홋카이도로 이동하고, 북치시마와 중치시마의 방위는 사실상 포기하고 말았다. 그 대신, 삿포로 방위에서 전략상 중요한 소야宗谷 해협을 방어하기 위해 사할린에 병력을 증강했다.

이렇게 사할린 방위작전은 미군의 해상공격을 상정한 것이었지만, 그 북방에 있는 소련군의 불온한 움직임도 점차 분명하기기 시작했다. 게다가 방면군을 경유하면서 소련군이 극동방면으로 병력을 증강시키고 있다는 사실도 전해졌다. 제88사단 사령부 내에서는 국경 주변의 경계를 강화하고, 대미에서 대소로 방위태세를 전환해야 한다는 의견이 강하게 제기되었지만 방면군의 방침은 최후까지 '대미 중시'였다. 제5방면군 사령부는 소련참전 움직임을 파악하고 있으면서도 작전계획을 전환하는 유연성을 갖추지 못했던 것이다.

소련군의 사할린 침공

만주에 소련군이 침공한 8월 9일 아침, 북사할린 국경에 있는 무이카武意加의 국경경찰이 소련군의 습격을 받아 순사 두 명이 전사하고, 그 직후에는 향지시찰대向地視察隊 히노마루日の丸 감시초소가 포격을 당했다. 이것이 소련군이 남사할린에서 실시한 최초의 무력행사였다. 제88사단이 소련의 대일참전을 알게 된 것은 같은 날 오전 7시경이었다. 그리고 이틀 후인 8월 11일, 소련군은 마침내 본격적인 공격을 개시했다.

사할린 침공작전을 담당한 것은 제2극동방면군(사령관 푸르카예프)이다. 본래 소련군의 대일공격은 만주방면이 주작전 지역으로, 북부 조선처럼 사할린도 보조적인 작전지역이었다. 제2극동방면군은 만주 북단의 헤이허^{黑河} 건너편 브라고베시첸스크에 사령부를 두고 동서로 전개된 만주작전의 보조적 임무를 부여받았다. 그러나 서부 방면으로 침공한 자바이칼방면군의 작전이 예상 이상으로 진척되어 작전에 여유가 생겨 급거 제2극동방면군을 사할린 작전에 투입한 것이다. 기습이나 다름없는 소련군의 침공에 직면한 국경 주변의 일본군은 완강하게 저항했으며, 특히 고톤^{古屯} 주변에서 격렬한 전투가 벌어졌다.

한편 제5방면군은 14일 정예부대인 제7사단(아사히카와^{旭川})의 일부를 사할린으로 급파할 준비를 하는 동시에 북사할린에 주둔한 소련군의 전부가 투입되었다는 판단 하에 16일에 북사할린으로 역상륙하는 방안을 실행한다는 계획을 세웠다. 그러나 14일 오후 6시에 포츠담선언 수락 사실이 전해지면서 전투에서 정전으로 전략을 전환할 수밖에 없었다.

사할린 전투의 특징은 일반 주민으로 구성된 국민의용대가 실전에 참가했다는 점이다. 국민의용대는 본토결전을 앞두고 '일억옥쇄^{一億玉碎}'를 외치면서, 일반 주민을 지역과 직장, 학교 등의 단위로 편성해서 작전의 후방업무와 경방^{警防}보조, 전재^{戰災}복구, 중요물자 수송 등을 목적으로 결성된 조직이었다. 1945년 3월 23일 각의 결정을 거쳐 탄생했으나, 실제로는 오키나와 함락과 같은 날인 6월 23일에 공포된 의용병역법에 따라 15~60세 남성과 17~40세의 여성을 대상으로 패전 직전에 편성되었다. 본토결전이 현실화할 경우 거의 모든 민간인은 빠짐없이 전투요원으로 전투에 투입될 예정이었으나 일본의 항복으로 내지에서 편성된 국민의용대는 전투에 참가하는 일 없이 전쟁이 종결되었다. 그러나 사할린에서는 소련군의 침입으로 '본토결전'이 현실로 나타나 사할린의 일반 주민으로 편성된 국민의용대는 14일 군의 지휘 하에 들어가 국민의용전투대로 전환하고 일부 주민은 일본도와 엽총, 죽창 등을 무기로 실제 전투지원에 종사했다.

옥음방송 후에도 계속된 전투

소련군은 일본군의 완강한 저항으로 8월 15일 옥음방송이 발표된 시점에는 국경의 요지인 고톤도 함락시키지 못했다. 제88사단은 진지 철수와 소집의 일부 해제 등 정전을 향한 준비에 착수했으나 소련군의 공격은 여전히 계속되어 16일 저녁에는 마침내 고톤을 점령했다. 그러한 가운데 제5방면군은 제88사단에 자위전투를 명령했기 때문에 정전과 전투라는 상반된 명령으로 현장에서는 혼란이 발생했다.

고톤 함락 후에도 국경 주변에서는 전투가 계속되었으나, 그와는 별개로 소련군 전투기는 10일 이래로 국경 부근의 에스토루惠須取를 폭격했다. 에스토루에서는 여성과 학생을 포함한 의용전투대가 편성되어 소련군 상륙에 대비할 태세를 갖추고 있었다.

15일 정오에 옥음방송이 나왔다는 소식이 전해졌으나 수비대도 에스토루 지청도 이 사실을 감추고 주민 피난을 개시했다. 소련군은 16일 에스토루 근교의 도로塔路에 상륙, 의용전투대와 시가전을 전개해 하루 만에 점령했다. 그러나 이 과정에서 소련군에 쫓긴 오히라太平탄광병원 간호부들이 집단자살하는 사건이 발생했다. 소련 군 공격이 멈추지 않자 제5방면군도 자위전투 방침을 바꿀 수 없었 던 것이다.

소련군의 북치시마 상륙

8월 18일 새벽이 되자 이번에는 소련군이 북치시마의 슘슈에 상륙 했다는 소식이 전해졌다. 이미 옥음방송이 발표된 15일 밤(블라디보 스톡 시간), 극동 소련군 총사령관 바실레프스키 원수는 태평양함대 사령장관 유마셰프 상급대장과 제2극동방면군 사령관 프루카예프 상급대장에게 마오카眞岡 상륙과 함께 북치시마 점령을 명령했다. 이 에 태평양함대 군사평의회는 캄차카 방위구 사령관 구네치코 소장 을 치시마 상륙작전 지휘관에 임명하고 치시마 공략에 착수했다.

슘슈와 파라무시르에서 미군 상륙을 기다리고 있던 제91사단은 15일 옥음방송이 나오자 지금까지의 긴장이 한꺼번에 풀어졌다. 사 단장 쓰쓰미 후사키堤不夾貴 중장은 북치시마는 미군의 점령을 예상하 고, 접수에 응할 준비를 시작했다. 이어서 17일에는 제5방면군에서 18일 오후 4시까지 전투행동을 완전히 정지하라는 명령이 내려와 내지 귀환을 준비하고 병기를 처분하기 시작했다. 이런 가운데 같 은 날 오후 11시 반경 슘슈에도 건너편 캄차카 반도 로팟카 곶 부근 에서 소련군의 포격이 시작되었다. 그리고 18일 오전 2시 반경에는 짙은 안개를 뚫고 마침내 소련군이 슘슈에 상륙해 일본군과 격전을 벌였다. 그리고 그 사이에 북치시마에 잔류하고 있던 니치로日魯 어

업의 여성 종업원(400~500명)들이 기적적으로 홋카이도로 긴급 피난하는 데 성공했다.

슘슈에 소련군이 상륙했다는 소식에 제5방면군도 놀라서 사단에 즉시 전투정지 명령을 내리는 동시에 대본영에서도 연합군 최고사령부에 소련군에 대한 정전 요청을 의뢰했다. 그러나 소련은 연합군 최고사령부의 정전 조정을 거부함으로써 결국 슘슈 전투는 21일 정전까지 계속되었고, 23일과 24일 이틀에 걸쳐 무장해제가 실시되었다. 일본군의 피해는 사상자 600명으로 알려져 있으나, 소련군의 피해는 그보다 훨씬 컸다.

홋카이도 점령 요구

사할린 전투가 치시마로 확대되는 양상을 보이기 시작할 무렵, 워싱턴과 모스크바 사이에 중요한 교섭이 진행되었다. 제2장에서 살

펴본 것처럼, 8월 11일 번즈 회답이 결정될 때, 소련은 미소의 일본 공동점령을 요구했다. 그때는 트루먼의 거절로 깨끗이 물러났지만, 이번에는 15일에 트루먼이 연합국의 일본군 항복 담당구역을 정한 '일반명령 제1호'의 원안을 소련에 송부했을 때 스탈린의 반응은 이전과 크게 달랐다.

스탈린은 다음날인 16일, 소련이 담당할 일본군 항복지역에 치시마 열도 전부를 포함시키고, 나아가 쿠시로釧路와 루모이留萌를 잇는 선 이북에 있는 홋카이도도 포함되어야 한다고 요구했다. 스탈린이 홋카이도 점령을 요구한 근거는, 1918년부터 1922년에 일어난 일본군의 시베리아 출병의 대가라고 주장했다.

트루먼은 18일에 스탈린의 두 가지 요구 중에서 치시마 열도 전체를 소련군이 담당하는 것으로 인정하는 한편, 홋카이도 점령은 거절한다고 회답했다. 스탈린이 요구한 두 가지 모두를 거절하는 것은 외교상 곤란했으나, 얄타협정에서 치시마 열도를 소련에 인도하기로 결정한 이상 최초의 요구를 거절할 근거는 없었던 것이다. 다만 이때 트루먼은 치시마 중앙에 있는 섬에 상업적 목적으로 항공기지를 건설할 수 있는 권리를 달라고 요구했다. 이에 대해 스탈린은 이 요구를 거절하는 회답을 22일 트루먼에게 보냈는데, 그 사이에 소련군은 남치시마 공략작전을 준비하고 있었다. 나아가 트루먼의 요구를 거절한 23일, 국가방위위원회 의장 스탈린의 이름으로 바실레프스키 총사령관과 각 방면군 앞으로 극비전보가 발신되었다. 5개항으로 이루어진 명령의 제1항에는 "극동과 시베리아의 조건 하에 육체적으로 작업이 가능한 일본인을 일본국 포로 중에서 50만 명까지 선발할 것"이었다. 이것이 시베리아 억류를 스탈린이

명령한 최초의 지령(GKO 명령 제9898호)이며, 그 이후 시베리아 억류의 구체적인 내용에 관한 지령이 지속적으로 하달되었다(《外交なき戦争の終末》).

8월 15일을 지나 본격화하고 있던 사할린과 치시마 전투는 최종 국면에서는 미소의 속셈이 얽히면서 마침내 시베리아 억류로 이어진 것이다.

도요하라 공습

소련군의 공격은 계속되었다. 20일 새벽, 소련군은 남사할린의 중요 항구인 마오카에 함포사격을 가한 후 상륙해서 그날로 시가지를 장악했다. 마오카 우편국의 여성 교환수 아홉 명이 음독자살하는 사건이 일어난 것도 이때였다. 마오카를 점령한 소련군은 도요하라를 향해 계속 진격했는데, 그 과정에서 구마자사熊笹 고개와 다카라다이寶臺에서 23일 아침까지 최후의 격전이 펼쳐졌다.

22일이 되어 겨우 시루토루마치知取町에서 제88사단과 정전협정이 성립되어 사할린 주둔 일본군의 무장해제는 28일까지 완료되었다. 그러나 소련군이 목표로 하는 남사할린 전역은 아직 완전히 제압되지 않았으며, 중심도시인 도요하라까지는 진격하지 못했다. 그런데 이 정전협정이 조인된 직후 소련군 전투기가 도요하라를 폭격하는 사건이 발생했다.

일본 내지에서 최후로 무차별 폭격이 이루어진 도요하라 공습은 22일 정오를 지날 무렵, 다수의 소련군 전투기가 나타나면서 시작되었다. 소련 침공 후 도요하라에는 1만 5천에서 1만 6천 명의 피난민이 몰려들었다. 22일 정오를 지날 무렵, 시스카敷香방면에서 피난민 380명이 도요하라 역에 도착, 역전 광장은 몹시 혼잡스러웠다. 그런데 갑자기 소련군 전투기가 갑자기 상공에 나타나 폭탄을 투하한 후 기총소사를 가했다. 이어서 도요하라 시가지에 폭탄을 투하하자 시 남쪽이 불바다가 되어버렸다. 이때의 폭격으로 정확한 숫자는 알 수 없지만 100명 이상이 목숨을 잃은 것으로 알려져 있다.

소련군이 사할린에 침공했을 때 사할린청의 대응은 몹시 신속했다. 사할린청에서는 패전 2개월 전인 6월, 미군이 상륙할 경우에 대비해 제88사단과 도요하라 해군무관부가 협의해 주민을 홋카이도로 긴급 소개하는 계획을 입안했는데, 이것이 소련참전 후 신속한 대응으로 연결되었던 것이다. 또 이 계획을 실행하는 데 있어 홋카이도청과 긴밀한 연계를 갖추고 있었다. 이 같은 준비를 기초로 13일부터 긴급소개가 시작되어 소련군이 소야해협을 봉쇄하는 23일까지 약 8만 8천 명이 탈출했다. 다만 한창 소개 중이던 22일, 홋카이도 루모이만에서 귀환자들을 가득 실은 오가사하라마루小笠原丸와 다이토마루泰東丸, 다이니신코마루第二新興丸 세 척의 배가 국적불명의 잠수함의 공격을 받아 격침되어 모두 1천 708명이 수장되는 비극이 발생하기도 했다.

정전협정이 조인된 다음날인 23일, 소련군은 도요하라에 진주했다. 아이러니하게도 이날은 사할린 신사神社의 예대제例大祭**2**가 있는 날로, 사할린청 시정始政기념일이기도 했다. 27일에는 남사할린 경

2　신사에서 매년 정해진 날에 개최하는 큰 축제.

무사령부가 사할린청을 지휘 감독하는 잠정적인 군정이 시작되었다. 또 25일에는 홋카이도로 가는 피난항으로 약 2만 명이나 되는 피난민으로 넘쳐나던 오도마리大泊에 소련군이 진주했다. 거기서 진주한 소련군과 교섭을 하러 갔던 해군무관부의 군리軍吏가 사살되는 사건도 발생했다.

소련령 편입

오도마리 점령으로 남사할린 전역이 소련군의 수중에 들어갔다. 하지만 소련군은 이번에는 오도마리를 거점으로 남치시마 점령에 나섰다. 치시마 열도 전체의 점령은 슘슈 전투를 제외하면 무혈점령이었다. 슘슈와 파라무시르를 점령한 소련군은 그대로 남하해 마쓰아(松輪島, 25일 상륙한 후 다음날 무장해제 실시), 우루푸(29일 상륙, 당일 무장해제. 31일 상륙했다는 기록도 있음)를 점령함으로써 북치시마와 중치시마 점령을 완료했다.

오도마리에서 남치시마로 향한 소련군은 28일에 에토로후에 상륙, 다음날인 29일에 그곳에 주둔하고 있던 제89사단의 무장해제를 실시했다. 계속해서 쿠나시르(國後島, 9월 1일 상륙, 당일 무장해제. 2일 상륙했다는 기록도 있음)를 점령했다(〈終戰善後における樺太半島方面陸軍部隊の消息〉). 그리고 하보마이 군도가 점령된 것은 항복문서 조인이 이미 끝난 9월 5일이었다.

치시마 열도의 거의 모든 주민들은 남치시마에 거주하고 있었다(소련참전 시 치시마 전체에 약 1만 9천 명). 그들도 사할린과 마찬가지로 소련군의 진주 전후부터 탈출하기 시작해 약 9천 500명 정도가 홋카이도로 피난했다. 무장해제를 당한 일본군 병사는 그대로 소련군에 억류되어 사할린에서 억류된 일본군 병사와 함께 시베리아로 보내졌다. 이렇게 해서 사할린과 치시마는 완전히 소련군에 점령되었고, 9월 17일에는 푸르카예프 사령관이 도요하라에 도착해 사할린청 장관 관사를 접수하고 남사할린과 치시마 전체를 통괄하는 극동군관구 사령부 산하 통치기관인 남사할린 민정국을 설치한 다음 본격적인 군정을 개시했다.

민정국은 당초 사할린청의 행정기구를 그대로 활용했으나 남사할린 통치가 궤도에 오르자 12월 28일에 사할린청을 접수, 사할린청 장관 오쓰 도시오大津敏男 이하 간부들을 구금하고 시베리아로 연행했다. 이로써 사할린청은 소멸했다.

이듬해가 되자 소련은 점령한 남사할린과 치시마를 하바롭스크 주에 편입시키고, 도요하라는 유진 사할린스크로 개칭했다. 그리고 1946년 2월 2일에는 소련최고회의 간부회령에 따라 1945년 9월 20일로 소급해서 남사할린과 치시마의 토지·시설기관의 국유화가 결정되었다. 그리고 1947년 2월 25일 소련최고회의는 남사할린의 소련령 편입을 정식으로 결정했다.

소련 점령 하의 생활

소련 점령 하에서 생활하게 된 일본인은 기술자를 비롯해서 많은 사람들이 그대로 직장에 남았다. 다만 밀항선으로 탈출하는 일이

끊이지 않았으며, 소야해협 봉쇄부터 공식귀환이 시작되기 전까지 주민의 4분의 1에 해당하는 약 2만 4천 명이 홋카이도로 탈출했다.

소련은 기술자와 비기술자를 불문하고 일본인의 송환에는 전혀 관심을 보이지 않은 반면, 재류 일본인에게 러시아인과 동일한 노동조건과 동일한 급여, 동일한 직장을 제공함으로써 실생활 면에서는 이전과 큰 차이는 없었다. 또 재개된 학교 교육의 교과내용에도 큰 제약을 두지 않았으며, 신사神社의 신주神主도 공무원이 할 수 있게 하는 등 일본인의 생활관습에 대해서도 관용적이었다. 러시아인들 사이에서는 일본인이 소련 국민이 될 것으로 생각하고 있었으며, 실제로 다민족국가인 소련으로서는 특별히 일본인을 외국인으로 취급해서 배제할 필요도 없었다.

또 사할린은 전쟁 전부터 쌀을 생산할 수 없었기 때문에 주식의 반입을 내지(일본)에 의존했다. 잔류 일본인으로서는 일본과 분리되어버렸기 때문에 반입이 두절된 쌀을 확보하는 것이 큰 문제였다. 그 해결책으로 소련은 만주에서 콩, 북한에서 쌀을 반입해서 일본인에게 배급했으며, 북한에서는 어업이나 임업, 토목에 종사하는 조선인 노동자를 데리고 왔다. 이처럼 패전에서 얼마 지나지 않은 시점임에도 소련이 점령한 만주와 북한, 사할린에서는 사람이나 물건을 통한 하나의 경제권이 일찌감치 형성되었던 것이다.

'사할린'으로 바뀐 '미나미 가라후토南樺太'에서는 러시아인의 이주가 증가하고 한 집에서 일본인과 공동생활을 하는 사람도 늘어났다. 주택사정은 악화되었지만, 다른 한편으로 잔류 일본인은 밖에서는 알기 어려웠던 러시아인과 소련 사회의 서민생활 수준 실태를 알게 되었다.

소수민족의 귀환

미국은 점령지나 식민지에 재주하는 일본인의 본국 송환에 집착했지만, 소련은 거꾸로 송환에 무관심했다. 그러나 사할린이나 치시마에 남겨진 일본인은 귀환을 희망했으며, 일본 정부도 연합군 최고사령부GHQ에 지속적으로 송환 추진을 촉구했다. 결국 만주에서 귀환이 시작된 1946년 봄부터 사할린과 북한, 다롄 등 소련 점령지역에 거주하는 일본인의 귀환문제를 놓고 미소 간에 협의가 이루어졌다. 그 결과, 11월 27일에 '귀환에 관한 미소 잠정협정', 이어서 12월 19일에는 '재소 일본인포로의 귀환에 관한 미소협정'이 체결되어 사할린과 치시마에서 일본인 귀환이 시작되어 1949년 7월의 제5차 귀환까지 모두 29만 2천 590명이 일본으로 돌아왔다.

사할린을 떠나는 귀환선에는 사할린 소수민족도 있었다. 그들은 다양한 이유에서 고향을 뒤로 하고 '조국' 일본으로 '귀환'했다. 그 중에는 전시 중 대소첩보전 요원으로서 시즈카敷香 육군특무기관에 군속으로 소집되었다가 패전 후 시베리아에 억류되어 있던 윌타족 출신의 '겐다누(일본명 기타카와 겐타로北川源太郎)'도 끼여 있었다. 사할린의 소수민족은 시즈카 부근의 '오타스 숲'이라 불리는 곳에 모여 살면서 '토착민 교육소'에서 일본어로 교육을 받았다. 겐다누도 '제국 신민'의 자각을 갖고 다른 소수민족과 함께 대소전에 참가, 시베리아에 억류되었다가 자신의 고향에 돌아가지 못한 채 다른 일본인처럼 소련의 나호트카에서 마이즈루舞鶴로 귀환했다. 그러나 그렇게 돌아온 '조국'은 그를 일본인으로 받아들이지 않았다. 겐다누는 군인연금을 인정해달라고 정부에 지속적으로 호소했지만 마지막까지 인정받지 못한 채 아바시리網走에 자그마한 소수민족 자료관과 위령비를 세우고 세상을 떠났다.

남겨진 민족

일본인이 사라진 후에 남겨진 민족도 있었다. 앞에서 말한 것처럼 남사할린에는 영유 당초부터 폴란드계를 포함한 러시아인이 있었는데, 러시아혁명 후에 백계 러시아인도 유입되었다. 채 200명이 되지 않는 그들은 소련군 진주 후에 많은 이들이 통역으로 일했는데, 일본인이 철수한 뒤 처음으로 가보는 조국 폴란드에 귀환하였고, 남은 러시아계는 반혁명죄 등의 이유로 수감되는 등 박해를 받았다. 그들은 1950년대가 되어 비로소 소련 국적 취득이 허용되어 그때까지의 무국적민 신분에서 벗어나게 되었다.

더욱이 남사할린에는 패전 시에 약 2만 3천 500명의 조선인들이 있었다. 소련은 국교를 맺고 있던 북한으로의 귀국은 허용했지만, 그들 대부분은 남한 출신자였기 때문에 한국으로 돌아가기를 희망했다. 그래서 대부분은 고향에 돌아갈 수 없었다. 이들의 귀국은 1990년 9월에 이루어진 한국과 소련의 국교수립 때까지 기다려야만 했다. 한편 패전 후에 남겨진 조선인 등과 결혼한 일본인 여성의 다수가 그대로 잔류해 소련 국민이 되었다.

미소 냉전 하에서 일본사회에서도 보혁保革의 대립이 격화되는 가운데 사할린에 잔류하고 있던 일본인도 귀환했는데, 그들이야말로 당시 공산주의 국가 소련의 내실을 실제 체험을 통해 가장 잘 알고 있던 사람들이었다. 그들은 공산주의 이데올로기에 물들었던 사람들도 아니며 반공주의자들도 아니었다. 그러나 그들과 같은 생활자의 눈높이는 전후 일본사회에서 이해받기 어려웠다. 일본사회에서 사할린 귀환자가 고립된 상황에서 여러 민족이 겪을 수밖에 없었던 남사할린의 기억은 전후 일본사회 속에서부터 잊혀져갔던 것이다.

제 7 장

'제국', 붕괴와 동아시아

항복문서 조인

1945년 9월 2일, 미국의 전함 미주리호 함상에서 항복문서 조인식이 거행되었다. 일본 측 대표단은 천황과 일본 정부를 대표한 시게미쓰 마모루重光葵 외상과, 대본영을 대표한 우메즈 요시지로梅津美治郎가 전권대표로서 항복문서에 조인했다.

항복문서 조인이라는 불명예스러운 역할을 맡게 될 전권대표의 파견에 대해 육해군 내부에서 강한 반발이 있었다. 8월 15일 이후에도 군부는 여전히 체면에 집착해서 공연히 시간을 허비하고 있었다. 결국 해군은 군령부 총장 도요타 소에무豊田副武가 마지막까지 저항했기 때문에 어쩔 수 없이 육군의 우메즈가 전권대표로 조인식에 참석하게 되었다.

미국 대통령 트루먼의 출신지인 미주리 주의 이름을 딴 미주리

| 항복문서에 서명하는 시게미쓰 마모루 외상 |

호에는 1853년 페리Matthew C. Perry 제독이 일본에 처음 내항했을 때 게양된 성조기가 바람에 펄럭이고 있었다. 일본에게는 '제2의 개국'이었던 셈이다.

조인식은 도쿄만 입구에 집결한 미군 함대가 엄청난 위압감을 과시하는 가운데 맥아더의 진행으로 9시 2분에 시작되었다. 일본 측은 시게미쓰 이하 열한 명이 참석, 9시 4분에 시게미쓰와 우메즈가 서명을 하고, 9시 8분부터 연합군 최고사령관 맥아더와 그 뒤를 이어 미국과 중국, 영국, 소련, 호주, 캐나다, 프랑스, 네덜란드, 뉴질랜드의 순으로 9개국 대표가 서명하였으며, 종료된 시각은 9시 25분이었다.

제2차 세계대전은 이렇게 종결되었다. 3국 수뇌의 서명도 없는 카이로선언, 트루먼 혼자서 서명한 포츠담선언, 소련의 일방적인 선언 참가로 상징되는 것처럼 전쟁의 룰이 완전히 깨진 제2차 세계대전에서 최후의 조인식만은 격식에 따라 집행되었다. 그러나 이는 어디까지나 연합국과 추축국 사이의 전쟁종결을 의미하는 것에 지나지 않았다. 이미 9월 2일에 앞서, 일본이 대동아공영권이라는 명목 하에 점령하고 있던 아시아 각지의 식민지에서는 탈식민지화를 향한 움직임이 가속화되고 있었기 때문이다.

'대동아공동선언'의 모순

1943년 11월 5일부터 6일까지 이틀간에 걸쳐 도쿄에서 '대동아회의大東亞會議'가 개최되었다. 회의 참석자는 도조 히데키(東條英機, 일본국 총리대신)와 왕자오밍(汪兆銘, 중화민국 행정원장), 장징후이(張景惠, 만

| 대동아회의에 참석한 도조 수상과 점령지역 대표들 |

주국 국무총리), 완 와이타야콘 (Wan Waithayakorn, 타이 피분 수상 대리),
라우렐(J. P. Laurel, 필리핀 공화국 대통령), 바모(Ba Maw, 미얀마 수상) 등
모두 여섯 명이었으며, 옵서버로 찬드라 보세(자유인도 임시정부 수석)
가 배석했다.

　이 회의는 미군의 반격이 본격화하는 가운데 점령지역의 결속을
강화하고, 자주독립국가에 의한 대동아공영권의 수립이라는 전쟁
의 대의명분을 내외에 과시할 목적으로 개최되었는데, 회의에서는
'대동아공동선언'을 결의했다. 그렇지만 일본군 점령지역이 모두
'독립'을 하고 자주독립국가가 된 것은 아니었다. 이 회의는 반년
정도 전인 5월 31일 어전회의에서 버마와 필리핀의 독립을 결정했
으나, 그와 동시에 천연자원이 풍부한 말레이시아와 인도네시아를
일본 영토에 편입시키는 것도 결정했다. 또 인도차이나에서는 여전
히 프랑스 식민지 정부를 내세운 간접통치가 실시되고 있었다. 영
토불확대를 주창한 '대서양헌장'에 맞서 영·미의 식민지 지배로부
터의 해방과 자주독립을 표방한 대동아공동선언은 이처럼 본래부

터 모순을 안고 있었다. 식민지 지배로부터의 해방을 주창한 일본 그 자체가 식민지 제국이었기 때문이다.

'황민화'의 논리

대일본제국 헌법이 공표된 1889년의 시점에서 대일본제국이란 만세일계^{萬歲一系}의 천황과 그 신하인 일본인들만의 작은 국가─'천황의 나라'일 뿐이었다. 그러나 대외 전쟁을 거듭하는 가운데 식민지 제국으로 변모하고 다민족국가가 되었다. 그러나 패전 때까지 대부분의 일본인들은 그런 현실을 깨닫지 못했다. 아니 알려고도 하지 않았다.

이러한 모순에 직면하지 않을 수 없었던 것이 '대동아전쟁'이었다고 할 수 있을 것이다. 식민지 제국인 대일본제국이 '동아의 해방'을 주창하는 모순, 그 귀결은 모순의 근본에 있는 조선이나 타이완에 자주독립을 길을 터주는 것이 아니라 거꾸로 '일본'으로 만들어버리는 것으로 나아갔다. 그래서 조선인이나 타이완인이라는 독자의 민족은 존재하지 않는다, 그들은 동화해서 이미 일본인이 되었다고 하는 '황민화'의 논리가 필요했다. 대동아공영권과 황민화는 표리일체의 관계에 있었던 것이다. 즉 조선이나 타이완의 식민지 지배라는 자기모순을 안고 있는 일본으로서는 대동아공영권과의 정합성을 유지하기 위해 조선인이나 타이완인이라는 존재를 없애지 않으면 안 되었다. 일본인을 '내지인^{內地人}', 조선인을 '반도인^{半島人}', 타이완인을 '본도인^{本島人}'으로 표면상 명칭을 바꾸어 그들 모두를 '제국신민'으로 만든 것이다.

현실을 직시하지 않았던 이러한 무모한 논리와 형식적인 말 바꾸기는 패전으로 인해 말끔히 소멸되었다. 옥음방송의 대상이 되는 신민이 일본인만이었다는 것은 당연한 귀결이었다. 결국 대일본제국의 탄생에서 붕괴에 이르기까지 거의 모든 일본인들은 일본인에 의한 일본인만의 제국이라는 의식을 완전히 버리지 못했던 것이다.

중국과 몽골의 대일협력자들

사상누각 같은 대동아공영권이 붕괴되고, 일본인은 일본국이라는 섬나라로 수축收縮되었다. 그러나 한편에서 아시아는 일본과는 반대로 한층 더 역동적인 역사를 만들어 나간다.

이제 여기에서는 일본이 점령했던 아시아의 1945년 이후 역사를, 대일협력자들을 중심으로 살펴보면서 아시아에서 대일본제국 붕괴의 의미를 생각해보자.

쑨원의 훌륭한 조력자로서 중국혁명의 계승자임을 자부했던 왕자오밍은 중일전쟁 개시 후, 일본 정부의 '동아신질서건설성명東亞新秩序建設聲明'1에 공명하는 형식으로 충칭을 탈출, 일본군 점령 하의 난

1　1937년에 일어난 중일전쟁이 장기화되자 일본은 전쟁의 난국을 타개하기 위해 1938년 11월 3일 일본과 만주국, 중국 3국日滿支의 '선린우호善隣友好·공동방공共同防共·경제제휴'를 표방한 '동아신질서건설성명'을 발표했다. 이 성명의 실체는 제국주의 침략전쟁을 목적으로 한 세 나라의 경제블럭 결성이었다. 이에 맞서 미국과 영국, 네덜란드 등이 대일 수출금지를 단행하자 일본은 1940년 7월 '기본국책강요'를 발표하고, 일·만·지 경제블록을 '동아신질서는 일·만·지를 근간으로 하고 그것에 남양南洋을 추가해 황국의 자급자족경제를 확립한다'는 대동아공영권으로 확대시켰다. 일본은 동아시아 지역에서 구미의 식민지 지배를 타파하고, 아시아를 해방하기 위해 대동아공영권을 결성하는 것이며, 이것이 태평양전쟁의 궁극적 목적이라고 선전했다. 또한 대동아공영권의 구현이야말로 구미 제국주의 침략에 대해 동아 각 민족의 생존권과 번영을 보장하는 유일한 길이라며 침략을 정당화했다.

징에서 '국민정부'를 수립했다. 그러나 그의 의도는 처음부터 실현되지 못했고, 결과적으로 괴뢰정권의 수괴가 되었다. 이후 그는 뜻을 펴지 못하고 실의에 빠져 있던 중 패전 1년 전인 1944년 11월에 나고야^{名古屋}에서 병사했다.

왕자오밍 사후에 주석이 된 천공보^{陳公博}는 8월 15일 옥음방송이 있은 다음날, 난징 국민정부를 해소하고 장제스의 충칭정부로 합류할 것을 결정한 뒤 자신은 비행기를 타고 일본으로 망명했다. 일본정부는 천공보를 보호하기 위해 교토의 닌나지^{仁和寺}에 숨겨주었으나 결국 중국 측의 요구에 따라 인도하지 않을 수 없었다. 중국으로 돌아간 천공보는 한간^{漢奸}2으로서 처형당했다.

만주국 황제 푸이와 국무총리 장징후이의 그 후의 행적에 대해서는 제5장에서 상세하게 언급한 바 있지만, 만주국 건설과 마찬가지로 관동군은 화북^{華北} 분리공작의 일환으로 내몽골 공작에 착수해 내몽골 서부에 몽골연합자치정부를 수립, 몽골족의 한 부족장이었던 덕왕(德王, 정식 이름은 데므치그돈로브^{德穆楚克棟魯普})을 주석으로 추대했다.

장자커우에 '수도'를 정한 몽골연합자치정부는 일본 패전 후 소련군이 침공하자 뿔뿔이 흩어져버렸고, 달아난 덕왕은 국민정부에 합류, 국공내전에서 국부 측에 가담해 공산당과 싸웠다. 그러나 국공내전이 국부 측의 패전으로 끝나고 중화인민공화국이 수립되자 몽골로 망명을 시도했으나 중국에 인도되어 정치범으로 수감되었다. 그 후 1963년에 석방되어 푸이와 마찬가지로 한 사람의 인민으

---

2   중국에서 외국 침략자와 내통하거나 부일^{附日}·협력한 사람을 이르는 말. 중국 현대사에서는 왕자오밍과 천공보를 대표적인 한간으로 꼽고 있다.

로 살다가 생애를 마쳤다.

　일본 패전 후 중국에서 일어난 사태는 매우 복잡하다. 천공보나 푸이, 덕왕과는 전혀 다른 경우도 있었다. 대전 중에는 국민정부에 합류해서 일본군과 대치했던 산시성山西省 군벌 옌시산閻錫山은 일본 패전 후 다시 산시성을 지배 하에 두고 중공군과 격렬한 전투를 벌였다. 옌시산은 이 전투에 일본군을 끌어들이려 했고, 이 요구에 현지 일본군이 적극적으로 호응했다. 국공내전에는 많은 민간인 기술자나 일본군 병사가 연루되었는데, 산시성 잔류 일본인이 그 한 예였다.

　산시성에서 중공군과 싸운 일본군 중에는 장쭤린 폭살사건의 주모자였던 관동군 고급참모 출신인 고모토 다이사쿠(河本大作, 이 당시에는 산시광업사장이라는 민간인 신분이었다)도 있었다. 산시성을 독립지대로 만들려고 했던 옌시산의 계획은 국공내전이라는 거대한 소용돌이에 휘말리는 바람에 실패하고 말았다. 결국 옌시산은 타이완으로 달아났으나 전투과정에서 많은 일본인 병사가 목숨을 잃었다. 고모토는 항복한 많은 장병과 함께 중공군에게 붙잡혀 다이겐大原전범관리소에 수감되었다가 1960년 병사했다.

베트남·라오스·캄보디아

국공내전이라는 제2막이 시작된 중국과 달리, 일본군 점령 하의 동남아시아에서는 식민지로부터의 독립전쟁이 시작되었다. 그것은 연합국인 영국과 프랑스, 네덜란드와의 전투였다.

베트남, 라오스, 캄보디아를 지칭하는 인도차이나 3국은 당시 프랑스령 인도차이나로 불렸으며, 프랑스의 식민지 지배 하에 있었다. 제2차 세계대전이 발발하고 프랑스 본국이 독일에게 점령당하자 세계 각지에 있던 프랑스 식민지 정부는 독일 점령 하의 프랑스에서 수립된 비시 정권이나 런던으로 망명한 드골 장군이 이끄는 자유프랑스, 둘 중 어느 쪽에 속할 것인지를 선택해야만 했다.

인도차이나 식민지 정부는 어디에 속하든 군사점령을 받을 가능성이 있었기 때문에 기치를 선명히 내걸지 않고 중립을 유지했다. 이러한 애매한 입장에 편승한 일본군은 북부프랑스령 인도차이나, 나아가서는 남부프랑스령 인도차이나 진주를 단행했다.

그 결과, 인도차이나 식민지 정부가 일반 행정을 관장하는 한편으로, 일본군이 인도차이나 방위를 담당하는 이중지배구조가 탄생했다. 그러나 이러한 이중지배구조는 연합군에 승리에 힘입은 프랑스 본국의 해방으로 종언을 고하게 되었다. 비시 정권의 붕괴로 인도차이나 식민지 정부가 연합국 측이 되었다는 것은, 전황의 악화로 미군이 인도차이나 방면으로 반격해올 것으로 예상했던 일본군에게 프랑스령 인도차이나를 완전히 점령할 수 있는 절호의 구실을 제공했다.

1945년 3월 11일, 일본군은 '명호작전明号作戦'을 발동해 인도차이나 총독 장 드쿠Jean Decoux를 구금시키고 식민지 정부를 해체, 프랑스령 인도차이나를 완전히 장악했다. 프랑스의 인도차이나 지배는 인도차이나 3국의 각 왕국을 보호국화 한 것으로, 베트남에는 과거 한때 이 지역을 지배했던 응우엔 왕조[阮朝]의 후예로 '바오 다이Bao Dai'라는 인물이 국왕이 되어 베트남 중부에 있는 후에의 왕궁에 살고 있었다. 다른 한편으로는, '끄엉 데Cuong De'라는 왕족이 러일전쟁 직후부터 일본을 거점으로 독립운동을 지도하고 있었다.

베트남 독립공작은 이 끄엉 데를 추대하려는 일본인과 바오 다이를 추대하려는 일본군 사이에 줄다리기가 있었지만, 결과적으로 바오 다이를 추대해서 월남제국을 수립했으며, 바오 다이는 보대제保大帝라 칭하는 황제 자리에 올랐다. 그리고 캄보디아 왕국의 노로돔 시아누크Norodom Sihanouk, 라오스의 루앙프라방 국왕 시사왕웡Sisavang Vong을 추대해 캄보디아는 13일, 루앙프라방은 4월 8일에 독립을 선언했다.

그러나 명호작전 후 채 반년도 지나지 않아서 일본이 항복했기 때문에 월남제국의 운명 또한 허망하게 끝나고 말았다. 연합국에 최초로 포츠담선언 수락을 통지한 지 사흘이 지난 8월 13일, 프랑스 식민지 시절부터 독립운동을 지도해온 호치민胡志明은 베트남 전국에 일제봉기를 호소했으며, 일본군의 후원을 받지 못하게 된 바오 다이는 퇴위의 위기에 몰리게 되었다(8월 혁명).

일본의 항복으로 북위17도선 이북의 인도차이나는 중국군(국부군), 이남은 영국군의 진주지역이 되어 일본군의 무장해제가 진행되었다. 그리고 중국군과 영국군을 대신한 프랑스군이 인도차이나 전역에 진주해 식민지 지배를 재개했다. 이후 프랑스, 나아가 미국을 상대로 한 호치민의 기나긴 베트남 독립전쟁이 본격적으로 시작되었다. 그리고 거기에는 또 많은 일본군 병사가 참가했다. 베트남이 실제로 탈식민지화의 길을 걷기 시작한 것은 8월 13일이었다.

황제에서 폐위된 바오 다이는 1946년 홍콩으로 피신했다가 1949년에는 프랑스의 후원으로 베트남 국가원수로 되돌아왔다. 하지만

1954년의 남북분단을 계기로 그 이듬해에는 고딘디엠Ngo Dinh Diem 에 의해 퇴위당하고 프랑스로 망명했다. 바오 다이는 일본과 프랑스 두 대국 사이에서 농락당하며 기구한 인생을 살았던 비운의 인물이었다고 할 것이다.

필리핀·인도네시아·인도

1943년 10월에 독립한 필리핀 공화국의 대통령이 된 호세 라우렐은, 1945년 2월 미군의 반격으로 마닐라 함락 직전에 야마시타 도모유키山下奉文가 지휘하는 제14방면군과 함께 루손 섬 북부 산악지대에서 싸우다가 3월에 일본으로 탈출해 패전까지 일본에서 망명 생활을 했다.

8월 17일에는 필리핀 공화국의 해산을 선언, 연합국에 체포되어 도쿄 스가모巣鴨 형무소에 수감되었다. 이듬해인 1946년 7월에 귀국해 반역죄에 몰렸으나 대통령 특사를 받아 1951년에는 정계에 복귀했다. 참고로 마르코스 정권을 타도한 1986년의 피플 파워people power 혁명으로 탄생한 아키노 정권의 부대통령 살바도르 라우렐은 그의 아들이며, 대통령 코라손 아키노Corazon Aquino의 남편이었던 베니그노 아키노Benigno Aquino의 아버지도 라우렐 정권의 각료를 지냈다.

버마의 바모는 아웅산(Aung San, 아웅산 수치의 아버지) 등과 함께 버마독립의용군을 창설해 일본군의 버마 공략전에 협력, 1943년 8월

독립을 선언한 버마국의 국가원수가 되었다. 그러나 임팔작전[3]의 실패로 버마전선이 붕괴되자 일본군과 함께 버마를 탈출해 패전 후 일본으로 망명했다. 한동안 일본 니가타 현에서 은거했으나 12월에 출두해 특사를 받고 다음해에 버마로 돌아갔다. 그 후 정계에 복귀했으나 버마독립의용군 동지였던 네윈 군사정권 하에서 연금을 당했으며, 석방 후인 1977년에 사망했다.

일본에 점령되기 이전부터 인도네시아에서는 네덜란드를 상대로 치열한 독립운동이 전개되고 있었다. 그러나 네덜란드를 몰아낸 일본은 인도네시아를 일본령에 편입시켜버렸다. 일본의 전황이 절망적이 된 패전 직전에 겨우 독립을 향한 준비가 시작되었으나 결국 실현하지 못한 상태에서 패전을 맞았다. 그런 가운데 전시 중에 일본군에 협력했던 인도네시아의 수카르노Achmed Sukarno는 8월 17일 동지인 하터Mohammad Hatta와 함께 인도네시아 독립을 선언, 네덜란드에 맞서 독립전쟁에 돌입했다. 1949년 12월 마침내 독립을 달성하자 초대 대통령에 취임해 제3세계 지도자로 명성을 떨쳤으나, 수하르토H. M. Suharto에게 실권을 빼앗겨 연금 상태에 있다가 1970년 6월에 사망했다.

수카르노 등은 패전 후 일본군에 무기인도를 요구했지만 현지 일본군은 연합국과의 관계를 우려해 이를 거부했으며, 군 조직으로서

---

3 2차 대전 말기, 일본군에 의한 동인도 임팔 침공작전. 이 작전은 임팔을 근거지로 하는 영국·인도군의 버마 진격작전을 미연에 방지하고, 찬드라 보세의 자유인도 임시정부 지원을 위해 인도령 내에 근거지를 확보할 목적으로 계획되었다. 1944년 1월, 대본영의 인가를 얻어 작전을 담당한 제15군방면군은 같은 해 3월에 작전을 개시했다. 4월에 밀림을 뚫고 임팔 부근까지 접근했지만, 항공기의 지원을 받은 영국·인도군의 강한 저항으로 보급이 끊겨 수세에 몰리고 말았다. 그래서 7월에는 퇴각 명령이 떨어졌지만, 기아와 전염병 등으로 많은 병사들의 희생이 뒤따랐다. 일본군의 전투능력을 과신한 나머지 보급을 무시하고 계획·실시된 이 작전은 역사적인 패배로, 일본 육군을 와해시키는 발단이 되었다. 일반적으로 무모한 작전의 대명사로 자주 인용되고 있다.

인도네시아 독립전쟁에 관여하는 일은 없었다. 그러나 개인적인 신조나 기타 다른 이유에서 많은 일본군 병사들이 독립운동 쪽에 가담했다.

일찍이 인도 독립을 위해 영국과 맞서 싸운 나치 독일로 망명했던 찬드라 보세는 미일전쟁 개전 후에는 일본으로 건너왔다. 그는 1943년 10월에 자유인도 임시정부의 주석이 되어 이듬해 인도국민군을 이끌고 임팔작전에 참가하기도 했다. 하지만 일본 패전 후 소련으로 망명하기 위해 경유한 타이베이의 쑹산 비행장에서 탑승기가 이륙에 실패하는 사고로 사망했다. 유골은 도쿄 스기나미杉並 구의 렌코지蓮光寺에 안치되어 있다.

인도국민군은 본래 싱가포르 함락 때 일본군에게 항복한 영국군 내 인도인 부대를 중핵으로 구성되었으며, 그들의 활동은 영국 당국의 정보차단으로 인도 본국에는 거의 알려지지 않았다. 보세 사후에 국민군 병사들은 인도 본국으로 송환되어 재판에 회부되었는데, 그때 처음으로 보세의 독립운동 사실을 알게 된 인도인들에 의해 국민군의 무죄와 석방을 요구하는 운동이 일어났다고 한다. 우여곡절 끝에 인도는 마침내 독립을 향해 나아갔으며, 1947년 8월 15일이 독립기념일이 되었다.

타이

동남아시아 유일의 독립국인 타이는 마치 곡예를 펼치는 듯한 외교로 독립을 유지했다. 정치개혁을 지향하는 입헌혁명의 군부지도자로 1938년에 수상이 된 피분 송크람Pibul Songgram은 일본과 적당히 거리를 두는 가운데, 일본군의 동남아시아 공략전이 시작되자 일·타이동맹조약을 체결했으며, 1942년 1월에는 영국과 미국에 선전포고를 했다.

그러나 다른 한편으로는 미·영·중과 계속 연락을 유지하면서 일본의 전세가 악화될 무렵 개최된 대동아회의에는 일본의 참가요청을 거부하고 불참(대리자 출석)했으며, 1944년 7월에는 내각총사직으로 잠시 물러났다. 피분 사직 후 타이 정부는 일본과 연합국 사이에서 양면외교를 전개했으며, 일본의 패전이 결정된 직후인 8월 16일에 영·미에 대한 선전포고 무효를 선언했다.

한때는 추축국 편에 서서 연합국과 싸운 나라가, 선전포고는 강제된 것으로 헌법상 무효라고 선언한 것은 타이뿐이었지만 미국은 이를 받아들였다. 이후 미국과 긴밀한 관계로 강경자세를 취하려는 영국을 견제하는 데 성공한다. 전후 전범으로 체포되었으나 무죄가 된 피분은 군의 힘을 배경으로 1948년에 수상에 복귀하고, 동남아시아에서 반공의 방파제로서 미국과 밀접한 관계를 유지했다. 그러나 그의 집권 시 경제정책의 실패로 쿠데타를 초래해 1957년 9월에 실각하고 일본으로 망명했으나 1964년에 객사했다.

8월 15일과 새로운 역사상

대일본제국이 제2차 세계대전 중에 점령한 동남아시아에서는 8월 15일을 경계로 탈식민지화를 향한 태동이 시작되었고, 마침내 서구

열강의 식민지 지배로부터의 탈각으로 이어졌다.

한편 대일본제국의 영역 내의 지역은 어떻게 되었을까? 제국의 외곽에 해당했던 남양군도와 사할린은 각각 미국과 소련이 사실상 영유하는 지역이 되었다. 만주는 국민당과 공산당 간의 분단과 쟁탈전의 무대가 되었으며, 국공내전은 1949년까지 이어졌다. 중국 대륙에서는 마오쩌둥이 이끄는 중국공산당이 내전에서 승리, 중화인민공화국을 수립했다. 패배한 장제스와 국민당은 타이완으로 달아나서 중화민국은 가까스로 명맥을 유지할 수 있었다. 그러나 장제스가 도망쳐온 타이완은 본성인本省人과 외성인外省人이라는 사회적 분단에, 대륙과의 정치적 분단이 더해진 이중의 분단에 시달리게 되었다. 미소 양국의 무지와 임기응변적 대응으로 분할 지배된 한국은 같은 민족에 의한 남북 분단국가가 수립되었으며, 전후 최초의 미·소 대리전인 한국전쟁의 발발로 큰 고통과 희생을 겪었다. 한국전쟁의 발발로 중국은 동북지방(구 만주)을 유지하기 위해 참전했으며, 이때 미국이 한때 포기했던 타이완은 트루먼의 정책전환으로 군사적 비호를 받았다. 결국, 한국도 타이완도 대일본제국 붕괴 직후에 구조화된 분단이 아직도 해소되지 않은 채 현재에 이르고 있다.

이러한 분명한 사실을 받아들인다면, 대일본제국이 미주리호 선상에서 패전을 조인한 1945년 9월 2일은 연합국에 의한 대일본제국 해체 의식 이외에 아무것도 아니었으며, 제국 붕괴의 여파를 정면으로 뒤집어쓴 동아시아나 탈식민지화로 향하기 시작한 동남아시아에게는 역사적으로 그다지 큰 중요성이 없다. 오히려 제국 붕괴를 결정한 1945년 8월 15일 전후에 일어난 역사가 지금까지도 계속해서 영향을 미치고 있다.

　동아시아에서만큼은 제2차 세계대전 종결을 경계로 전전戰前과 전후前後를 나누는 파악방식은 재고되지 않으면 안 될 것이다. 오히려 대일본제국의 붕괴에서부터 국공내전, 나아가서는 한국전쟁에 이르기까지 역사를 하나의 연속체로 파악해야만 할 것이다. 또 그와 동시에 일본 열도와 한반도, 중국 대륙 등으로 세분된 지역의 역사가 아니라 그것들을 포괄하는 보다 넓은 지역을 하나의 역사로 파악하는 관점이 무엇보다 필요하다 할 것이다. 이 시간축(종축)과 지역축(횡축), 즉 종횡의 역사를 유기적으로 파악할 때, 지금까지의 일국사一國史를 초월한 동아시아의 새로운 역사상을 그려낼 수 있지 않을까?

　전후에 와서 사람과 물자와 정보의 교류가 국경을 넘어 점점 더 활발해지고 있다. 그러나 여전히 일국사의 틀 속에 갇혀 상대국의 역사인식을 서로 비판하는 사태가 지속되고 있다. 중국에서 일본군은 무엇을 했는가, 조선이나 타이완에서 일본이 어떤 식민지 지배를 했는가, 그런 사실들을 잘 이해하면 올바른 역사인식이 되는 것일까? 그보다는 동시대에 일본 열도나 한반도, 중국 대륙에서 일어난 사건을 자신의 역사로 받아들이는 자세와 감성이 무엇보다 중요한 것이 아닐까? 즉 일본인이 중국과 한국, 타이완의 역사를, 중국인이 일본과 한국, 타이완의 역사를, 한국인이 일본과 중국, 타이완의 역사를, 타이완인이 일본과 중국, 한국의 역사를 알고 자신들의 해석을 서로 이야기하고 공유할 수 있다면 비로소 공통의 역사인식의 가능성이 열리게 될 것이다.

　전후 일본인은 무언가 커다란 역사적 관점을 놓쳐버린 것은 아닐까? 그 해답을 찾기 위해 대일본제국이 붕괴한 1945년 8월 15일을 직시하면서, 그날 무슨 일이 일어났는지, 왜 그렇게 되었는지, 그 결과 어떤 일이 벌어졌는지를 현재 '일본국'의 영역이 아닌, 당시의 '대일본제국'의 영역으로 돌아가서 상기해봐야만 할 것이다. 그런 가운데 8월 15일은 옥음방송이 발표되어 전쟁이 끝나고 새로운 일본이 시작되었다는 전후에 확산된 일본인들만의 폐쇄적인 역사상이 아닌, 더 넓고 더 깊고 더 보편적인 역사상이 떠올 수 있게 될 것이다.

역설적이긴 하지만, 내가 미주리호 함상에서 패전 조인식이 있던 1945년 9월 2일이 아니라 1945년 8월 15일에 집착하는 이유가 바로 여기에 있다. 대일본제국 붕괴의 역사를 아는 것은 우리가 보다 넓고 깊은 역사의 관점을 가지고, 앞으로 동아시아와 마주하기 위해 반드시 필요한 것이라고 생각한다.

도쿄올림픽(1964년)이 개최된 후에 태어난 세대인 나에게, '그 전쟁'은 언제나 가까이 있었다. 어릴 때부터 할아버지에게 늘 전쟁에 관해 들어왔기 때문에 '야스쿠니 신사靖国神社'는 알고 있었다. 또 텔레비전을 켜면 전쟁물 다큐멘터리가 자주 나왔고, 영화나 드라마에서도 언제나 '일본 병사'가 등장했다. 여러 가지로 듣고 본 것이 뒤섞여 나는 간접적으로 전쟁을 체험하고 기억해온 마지막 세대라고 생각해왔다.

그런 동시대적인 감각이 갑자기 과거의 일처럼 느끼게 된 것은 2008년 여름이었다. 마침 베이징 올림픽이 한창이었는데, 수년 전 고이즈미 준이치로小泉純一郎 내각 때 야스쿠니 문제로 떠들썩하게 여론이 비등했던 것이 거짓말처럼 8월 15일이었던 것이다.

2005년, 전후 60년을 맞았을 때, '그 전쟁'이 동시대의 기억으로서 구전되는 마지막이 될 것이며, 전후 70년은 기억으로서가 아니라 역사로서 회고될 것이라고 생각하고 있었는데, 실제로 그러한 시대의 전환기를 마주하자 뭐라 말할 수 없는 허전함이 엄습해왔다. 그러나 그와 동시에 더 이상 동시대로서 감상적으로 볼 것이 아니라 역사로서 냉정하게 거리를 두고 다시 볼 때가 온 것이라는 각오가 내 자신의 마음속에서 강하게 움텄다.

시대가 변했다는 이때의 직감은 한창 구상을 다듬고 있던 이 책에 크게 영향을 미쳤다. 또 최근 자국의 역사도 타국의 역사도 직시하지 않는 안이한 '역사관'이 만연하고, 국제화라는 말이 쓰인 지 이미 오래임에도 불구하고 정신적으로는 오히려 쇄국화하고 있는 듯한 풍조에 대한 반발도 이 책을 집필하게 된 원동력이 되었다.

돌이켜보면, 지금으로부터 2년 반 쯤 전에 쥬오코론中央公論 편집부의 시라토 나오토白戸直人 씨의 갑작스런 편지가 계기가 되어 이 책의 집필을 시작하게 되었다. 어릴 때부터 동서고금의 '멸망'을 둘러싼 역사에 강렬하게 이끌려온 내가 평소에 간직해온 것은, 1945년 8월 15일을 주제로 한 역사를 그리는 일이었다. 게다가 담담하게 사실을 나열하는 것도 아니고, 또 일본만의 닫힌 이야기도 아닌, 더 넓은 시야에서 대담한 해석을 시도하는 새로운 역사상을 내보이고 싶다는 '야심'이 있었다. 그런 엄청난 시도를 책으로 펴낼 수 있게 된 것은 같은 세대에 속한 두 사람이 갖는 무언가에 대한 공명共鳴이 있었기 때문이라고 생각하고 있다.

이 책을 집필하는 과정에서 많은 분들의 도움을 받았다. 자료 해독과 수집을 도와주신 쓰도 아유미通堂あゆみ 씨와 최성희崔誠姬 씨께 이 자리를 빌어 감사를 드린다. 그리고 무엇보다 '대일본제국' 붕괴를 직접 체험한 분들께서 들려주신 이야기가 없었다면 이 책은 나올 수 없었을 것이다. 지금까지 귀중한 체험을 들려주신 많은 분들께 이 책이 작게나마 도움이 된다면 더 이상의 기쁨이 없을 것이다.

간접적이지만 전쟁체험을 알고 있는 최후의 한 사람으로서, 역사를 생업으로 삼는 사람으로서, 아직 해야 할 과제가 산적해 있다. 이 사실을 자각하면서 앞으로도 계속해서 '그 전쟁'과 마주하고 싶다.

2009년 6월

이 책은 가토 기요후미의 《大日本帝國 崩壞—東アジアの1945年》(中公新書, 2009)을 완역한 것이다. 차례에서도 잘 알 수 있듯이, 이 책은 한반도와 타이완, 중국, 남양군도 및 사할린 등 '대일본제국'의 판도에 속해 있었으나 전후 일본에서 분리되어나간 지역을 중심으로, 몽골과 필리핀, 인도차이나 반도, 인도네시아, 인도, 타이 등을 포함한 이들 지역에서, '8·15'로 표상되는 '일본제국'의 붕괴가 무엇을 의미하는지 추적한 것이다.

종래에 일본인들에게 '8·15'는 주로 '패전'이 아닌 '종전'으로, 그리고 전전戰前의 천황제 파시즘 국가로부터 전후 자유민주주의 국가로의 새로운 출발의 기점으로 인식되어왔다. 그러나 그 시야는 일본 국내문제에 국한된 것이었다. '8·15' 직후 '대일본제국'의 붕괴가 '제국'에 포함되었던 지역에서 어떤 의미였는지, 또 현지의 정치체제 수립에 어떠한 영향을 미쳤는지에 대해서는 관심 밖이었다. 이 책은 이러한 무관심 영역에 대한 일본인 자신의 반성적 고찰의 소산이라고 할 수 있다.

이른바 '제국'의 소멸이 그 지배 하에 있던 지역의 민족해방으로 직결되지 않았다는 사실, 즉 남한과 남양군도에서는 미군에 의한 직접통치인 군정軍政을, 만주나 북한에서는 소련의 지배 또는 개입을 초래했고, 타이완에서는 타이완총독부와 일본군에 의한 통치가 10월 하순까지 계속되고 있었다는 사실, 그리고 정전협정이 성립되었음에도 불구하고 남사할린과 치시마 열도에 무차별 공습이 가해진 사실을 일본인들은 과연 얼마나 알고 있을까.

역설적이게도, 1945년을 전후한 일본제국의 붕괴 과정에 초점을 맞춤으로써 일본제국의 본질을 비로소 이해할 수 있게 되는 것이다. 따라서 저자는 종전을 경계로 전전과 전후를 구분해서 파악하는 방식을 재고하고, 대일본제국의 붕괴로부터 한국전쟁에까지 이르는 시기와 과거 대일본제국에 포섭된 동아시아 지역 전체를 하나의 역사로 파악하는 시점이 필요하다고 주장하는 것이다. 요컨대, 종래의 일국사적 역사인식의 편향을 지양하고, 동아시아 각국에서 공유할 수 있는 공통의 객관적 '사실'에 입각한 역사인식을 지향하는 것이 이 책의 집필 동기이다.

이 분야의 전문연구자를 포함하되, 보다 광범위한 문제의식을 가진 역사연구자나 일반독자를 사정에 둔 '신서新書'라는 형식으로 인해, 이 책은 평이하고 간결한 기술과 문제제기 차원에 한정하는 절제된 서술방식을 취하고 있다. 그럼에도 불구하고 이 책의 문제의식이 중요한 쟁점을 결코 간과하고 있지 않다는 사실은 다양한 주제를 넘나드는 내용 구성에서 찾아볼 수 있으며, 보다 깊은 천착을 생각하는 독자들을 위해 책 말미에 수록한 각 장의 주제나 쟁점과 관련된 방대한 참고문헌에서도 확인할 수 있다. 이러한 연구방법의 강점은 무엇보다 저자가 다년간에 걸쳐 구 식민지 관계기록을 조사·수집하고, 그 기록들의 구조분석과 연구에 종사해온 아카이브학의 전문연구자라는 특장에서 비롯되는 것이기도 하다.

'사죄'나 '반성'을 전제로 '미래지향적 화해'를 위한 성급한 '역사인식의 일치'를 끌어내는 것이 아니라, '실증주의'의 함정에 유의하면서도 객관적이고 사실적인 사료들로 하여금 자연스럽게 역사를 '재구성'하게 하고, 거기서 상호 역사상의 차이를 확인하고 인정할 때에 동아시아의 전전·전후사에 관한 공통의 역사인식의 구축이 가능하다고 한다면, 냉정하고 이성적인 논의에 불가결한 풍부하고 충실한 기초적 지식을 제공한다는 점에서 이 책은 동아시아 '종전사終戰史' 이해의 입문서로 손색이 없을 듯하다.

내용에 있어서 한국의 독자에게는 아무래도 제3장이 관심의 초점이 되지 않을 수 없다. 일본제국의 식민지로부터의 해방이 즉시 독립과 통일국가의 수립으로 현실화되지 못하고 '꿈의 해방'으로 좌절되는 과정에는 미소 양국에 의한 냉전체제 형성의 그림자가 짙게 드리워져 있다. 태평양전쟁 초기의 민주주의와 파시즘의 대립구도로부터 미소를 중심으로 한 자본주의와 공산주의의 대립이라는 대립 축의 변용이 전후 미국의 동아시아 전략에 있어서 '선택과 배제'의 대상을 변화시키게 되었고, 바로 그 과정에서 패전국 일본과 해방된 식민지 조선에 대한 위상이 재조정되었던 것이다.

이 책의 제2장에서 분석하고 있는 것처럼, 이미 일본의 패전이 예상되는 상황에서 일본 정부의 조기화평파 그룹이 천황에게 전쟁의 조기종결을 호소하는 상주문에서 육군 내부의 광신적인 본토결전파의 쿠데타에 대한 우려 이상으로 공산주의자들에 의한 혁명이 국체에 위협이 된다는 사실을 이유로 든 것은, 바로 이러한 대립축의 변동을 의식하고 그 위험성을 경계했기 때문일지 모른다.

종전, 즉 포츠담선언을 수락하는 천황의 '성단'이 내려지는 경위를 천황의 개인적 퍼스낼리티가 아니라, 메이지헌법 자체의 고유한 특성에 기인하는 문제, 즉 통수권 독립조항에 의한 분파주의에 기초하는 것으로 분석하고 있는 점도 흥미롭다. 이는 천황의 전쟁책임 문제를 주시하는 동아시아 주변 국가들의 시선을 굳이 들지 않더라도, 전전의 천황제 파시즘 문제의 해명을 과제로 하는 전후 민주주의와 일본 국가의 미래에 매우 중요한 문제가 아닐 수 없기 때문이다.

마지막으로, 저자의 방대한 사료 수집 및 정리 작업, 그리고 역사 서술에 대한 원대한 포부와 소명의식에 대해 경의를 표하며 글을 맺는다.

2010년 8월
안소영

대서양헌장

미국 대통령과 영국정부를 대표하는 수상 처칠은 함께 만나, 보다 나은 세계의 미래에 대한 희망의 토대가 될 어떤 양국 국가정책들의 공동원칙들을 밝히는 것이 도리라고 생각한다.

1. 양국은 영토의 확대나 기타 어떤 확대도 추구하지 않는다.
2. 양국은 관련 국민들의 자유롭게 표명된 바람과 일치하는 않는 영토의 변경을 원하지 않는다.
3. 양국은 자신들이 살아갈 정부의 형식을 선택할 모든 국민들의 권리를 존중하며, 주권과 자치정부를 강제로 박탈당한 자들에게 다시 그것을 돌려주기를 바란다.
4. 양국은 기존의 의무들을 당연히 존중하면서, 모든 국가들이 크건 작건, 승자이건 패자이건, 동등한 조건으로 무역과 자국의 경제적 번영을 위해 필요로 하는 원자재 이용을 촉진시키기 위해 노력한다.
5. 양국은 개선된 노동기준, 경제발전 및 사회보장을 달성하기 위해 경제분야에 있어서 모든 국가들 간에 완전한 협력을 도모하기를 바란다.
6. 양국은 나치 학정을 완전히 파멸시킨 뒤, 모든 국가들이 자신의 영토 안에서 안전하게 살아갈 수 있게 해줄, 그리고 모든 사람들이 공포와 결핍으로부터 해방되어 영원히 살 수 있는 보장을 해줄 평화가 구축되는 모습을 보기를 희망한다.
7. 그러한 평화는 모든 사람들을 아무런 장애 없이 높은 바다를 가로지를 수 있게 해줄 것이다.

8. 양국은 정신적인 이유뿐 아니라, 현실적인 이유 때문에라도 전 세계 모든 국가들이 무력사용을 포기해야 한다고 생각한다. 자신의 국경 밖에서 침략을 위협하거나, 위협할 수 있는 국가들에 의해 육해공에서 무기들이 계속 사용된다면, 미래의 평화는 유지될 수 없기 때문에, 양국은 보다 광범위하고 항구적인 안보체제가 구축될 때까지 그러한 국가들의 군축은 필수적이라고 믿는다. 마찬가지로 양국은 평화를 사랑하는 국민들에게 무기에 대한 압박감을 덜어줄 다른 모든 실질적인 조치들을 지지하고, 격려할 것이다.

1941년 8월 14일

프랭클린 D. 루스벨트
윈스턴 처칠

●

카이로선언

루스벨트 미국 대통령, 장제스 중화민국 주석 및 처칠 영국 수상 각 군사사절 및 외교고문과 함께 1943년 11월 27일 북아프리카 이집트의 수도 카이로에 회합하여 일본국에 대한 장래의 군사행동을 협정하고 다음과 같은 일반적 성명을 발표하였다.

각 군사사절단은 일본국에 대한 장래의 군사행동을 협정하였다. 3대 동맹국은 해로 육로 및 공로에 의하여 야만적인 적국에 대하여 가차 없는 탄압을 가할 결의를 표명하였다. 이 탄압은 이미 증대하고 있다.
3대 동맹국은 일본국의 침략을 정지시키며 이를 벌하기 위하여 이번 전쟁을 속행하고 있는 것이다. 우 동맹국은 자국을 위하여 하등의 이득을 요구하는 것은 아니며 또 영토를 확장할 아무런 의도도 없는 것이다. 우동맹국의 목적은 일본국으로부터 1914년 제1차 세계대전 개시 이후에 일본국이 탈취 또는 점령한 태평양의 도서 일체를 박탈할 것과 만주 타이완 및 평후도彭湖島와 같이 일본국이 청국인淸國人으로부터 도취盜取한 지역 일체를 중화민국에 반환함에 있다. 또한 일본국은 폭력과 탐욕에 의하여 약탈한 다른 일체의 지역으로부터 구축驅逐될 것이다. 전기前記 3대국은 조선인민의 노예상태에 유의하여 적당한 시기에 맹세코 조선을 자주독립시킬 결의를 갖는 것이다.

이와 같은 목적으로써 3대 동맹국은 연합제국 중 일본국과 교전중인 제국諸國과 협조하여 일본국의 무조건항복을 촉진재래促進齎來함에 필요한 중차대장기重且大長期한 행동을 속행한다. (1943년 12월 1일 발표. 3국 수뇌의 서명은 없다)

●

포츠담선언

1. 우리들 미합중국 대통령, 중화민국 정부주석 및 대영제국 수상은 우리들의 수억 국민을 대표해 협의한 결과, 일본국에 이번 전쟁을 종결시킬 수 있는 기회를 주기로 했다.

2. 미국, 영국, 중국의 압도적인 육해공군은, 여타 서방에서 수억의 지원증강을 받고 있으며 일본국에 대하여 최후의 타격을 가할 태세를 이미 갖춘 상태다. 이 군사력은 일본국이 저항을 그만둘 때까지 일본국에 대한 전쟁을 수행한다는 연합국의 결의로써 지지받고 있다.

3. 세계자유인민의 궐기한 힘에 대한 독일국의 무익하고 무의미한 저항 결과는, 일본 국민들에게 매우 명백한 선례를 보여주었다. 현재 일본국에 대해 집결되고 있는 힘은, 일찍이 독일 인민의 토지, 산업, 생활양식을 황폐하게 만들었던 역량과 비교했을 때 더 한층 강력한 힘이 되어 있다. 우리들의 결의를 토대로 한 우리의 군사력을 최고도로 사용한다는 것은 즉 일본국 군대의 완전한 궤

멸을 의미하는 것이며, 필연적으로 일본국 본토는 완전히 파괴될 것이다.

4. 무분별한 타산으로 일본제국을 멸망 직전으로 몰아넣은 방자한 군국주의적 조언자의 손에 일본국이 계속 통치될 것인지는 일본국이 결정해야 하며 그 시기가 왔다.

5. 우리들의 조건은 다음과 같다. 우리들은 이 조건으로 협상하는 일이 없을 것이며 또한 이 조건에 대신할 다른 조건도 받아들이지 않겠다. 물론 지연도 인정할 수 없다.

6. 우리들은 무책임한 군국주의가 전 세계에서 사라질 때까지는 평화, 안전, 정의를 추구하는 새로운 질서가 생길 수 없다고 주장하므로, 일본국 국민을 기만하여 그들로 하여금 세계 정복을 위한 궐기를 일으키게 한 과오를 범하게 한 자의 권력과 세력은 영구히 제거되어야 한다.

7. 이와 같은 새로운 질서가 건설되고 일본국의 전쟁 수행 능력이 파괴되었다는 확인이 있기까지는 우리가 여기에서 지적하는 기본적 목적을 확실히 달성하기 위해 연합국이 지정한 일본국 영역 내의 모든 지역은 점령될 것이다.

8. 카이로선언의 조항은 이행될 것이며 또 일본의 주권행사는 혼슈, 홋카이도, 규슈, 시코쿠를 비롯해 우리가 정하는 여러 섬에 국한될 것이다.

9. 일본국 군대는 완전히 무장이 해제된 뒤 각각 가정으로 돌아가 평화적이고 생산적인 생활을 영위할 기회를 얻게 한다.

10. 우리는 일본인을 민족으로서 노예화하려거나 국민으로서 멸망시키려는 의도는 갖지 않는다. 다만 우리 포로를 학대하는 자를 포함하는 일체 전쟁 범죄인(전범)에 대해서는 엄중하게 처벌할 것이다. 일본국 정부는 일본 국민들의 민주주의적 경향이 부활 강화되는 데 장애가 되는 것을 일체 제거하여야만 한다. 언론, 종교, 사상의 자유 및 기본적 인권 존중은 확립되어야 한다.

11. 일본이 그 경제를 지탱하고 공정한 실물 배상을 할 수 있도록 하는 산업은 유지하게 될 것이다. 다만 일본이 전쟁을 위한 재군비를 할 수 있도록 하는 산업은 이에 포함되지 않는다. 그 목적을 위한 원료의 입수는 지배와는 별도로 허용될 것이다. 일본이 장차 세계 무역 관계에 참가하는 것은 허용된다.

12. 전항의 목적이 달성되고, 또 일본 국민이 자유로이 표현하는 의사에 따라 평

화적 경향을 가지는 책임 있는 정부가 수립되면 연합국 점령군은 즉시 일본
으로부터 철수될 것이다.

13. 우리는 일본 정부가 일본 군대의 무조건항복을 선언하고 또 그 행동에 대한
일본 정부의 성의에 적당하고도 충분한 보장이 있을 것이다. 이 이외의 것을
일본이 선택한다면 신속하고도 완전한 궤멸이 있을 뿐이다.

1945년 7월 26일
포츠담에서

해리 S. 트루먼
윈스턴 처칠
H. S.T에 의한
장제스
전신에 의한다.

●

종전조서

짐朕은 세계의 대세와 제국의 현 상황을 감안하여 비상조치로써 시국을 수습코
자 충량忠良한 너희 신민臣民에게 고한다. 짐은 제국 정부로 하여금 미, 영, 중, 소
4개국에 그 공동선언을 수락한다는 뜻을 통고토록 하였다.

대저 제국신민의 강녕康寧을 도모하고 만방공영萬邦共榮의 즐거움을 함께 나누고
자 함은 황조황종皇祖皇宗의 유범遺範으로서 짐은 이를 삼가 제쳐두지 않았다. 일
찍이 미, 영 2개국에 선전포고를 한 까닭도 실로 제국의 자존自存과 동아의 안정
을 간절히 바라는 데서 나온 것이며, 타국의 주권을 배격하고 영토를 침략하는
행위는 본디 짐의 뜻이 아니었다. 그런데 교전한 지 이미 4년이 지나 짐의 육해

군 장병의 용전勇戰, 짐의 백관유사百官有司의 여정勵精, 짐의 일억중서一億衆庶의 봉공봉공奉公 등 각각 최선을 다했음에도, 전국戰局이 호전된 것만은 아니었으며 세계의 대세 역시 우리에게 유리하지 않다. 뿐만 아니라 적은 새로이 잔학한 폭탄을 사용하여 빈번히 무고한 백성들을 살상하였으며 그 참해慘害 미치는 바 참으로 헤아릴 수 없는 지경에 이르렀다. 더욱이 교전을 계속한다면 결국 우리 민족의 멸망을 초래할 뿐더러, 나아가서는 인류의 문명도 파각破却할 것이다. 이렇게 되면 짐은 무엇으로 억조億兆의 적자赤子를 보호하고 황조황종의 신령에게 사죄할 수 있겠는가. 짐이 제국 정부로 하여금 공동선언에 응하도록 한 것도 이런 까닭이다.

짐은 제국과 함께 시종 동아의 해방에 협력한 여러 맹방盟邦에 유감의 뜻을 표하지 않을 수 없다. 제국신민으로서 전진戰陣에서 죽고 직역職域에 순직했으며 비명非命에 스러진 자 및 그 유족을 생각하면 오장육부가 찢어진다. 또한 전상戰傷을 입고 재화災禍를 입어 가업을 잃은 자들의 후생厚生에 이르러서는 짐의 우려하는 바 크다. 생각건대 금후 제국이 받아야 할 고난은 물론 심상치 않고, 너희 신민의 충정도 짐은 잘 알고 있다. 그러나 짐은 시운時運이 흘러가는바 참기 어려움을 참고 견디기 어려움을 견뎌, 이로써 만세萬世를 위해 태평太平한 세상을 열고자 한다.

이로써 짐은 국체를 수호할 수 있을 것이며, 너희 신민의 적성赤誠을 믿고 의지하며 항상 너희 신민과 함께 할 것이다. 만약 격한 감정을 이기지 못하여 함부로 사단을 일으키거나 혹은 동포들끼리 서로 배척하여 시국을 어지럽게 함으로써 대도大道를 그르치고 세계에서 신의信義를 잃는 일은 짐이 가장 경계하는 일이다. 아무쪼록 거국일가擧國一家 자손이 서로 전하여 굳건히 신주神州의 불멸을 믿고, 책임은 무겁고 길은 멀다는 것을 생각하여 장래의 건설에 총력을 기울여 도의道義를 두텁게 하고 지조志操를 굳게 하여 맹세코 국체의 정화精華를 발양하고 세계의 진운進運에 뒤지지 않도록 하라. 너희 신민은 이러한 짐의 뜻을 명심하여 지키도록 하라.

히로히토裕仁

쇼와 28년 8월 15일

각 국무대신 부서副署

내각총리대신 남작 스즈키 간타로鈴木貫太郎

해군대신 요네이 미쓰마사米內光政

사법대신 마쓰자카 히로마사松阪廣政

육군대신 아나미 고레치카阿南惟幾

군수대신 도요다 데이지로豊田貞次郎

후생대신 오카다 다다히코岡田忠彦

국무대신 사쿠라이 효고로櫻井兵伍郎

국무대신 사콘지 세이죠左近司政三

국무대신 시모무라 히로시下村宏

대장대신 야스이 도지廣瀬豊作

문부대신 오타 고죠太田耕造

농상대신 이시구로 다다아쓰石黑忠篤

내무대신 아베 겐키安倍源基

외무대신 겸 대동아대신 도고 시게노리東鄕茂德

국무대신 야스이 도지安井藤治

운수대신 고히야마 나오토小日山直登

●

항복문서

우리는 미합중국, 중화민국, 그리고 영국 정부의 수반들이 1945년 7월 26일 포
츠담에서 발표하고 뒤이어 소비에트사회주의공화국연방이 참여한 선언의 조항

들을 일본 천황, 일본 정부 그리고 일본 대본영의 명을 대신하여 이로써 공식 수락하는 바이다. 이 4대 강국은 이하 연합국이라고 칭한다.

우리는 이로써 일본 대본영과 현재 어디에 있건 모든 일본군과 일본 지배하의 있는 모든 군대가 연합국에게 무조건 항복함을 포고한다.

우리는 이로써 현재 어디에 있건 모든 일본군과 일본국민이 적대행위를 즉각 중단하고, 모든 선박, 항공기, 군용 및 민간 재산을 보존하고 그 훼손을 방지하며, 연합군 최고사령관이나 그의 지시에 따라 일본 정부의 여러 기관들이 부과할 수 있는 모든 요구에 응할 것을 명한다.

우리는 이로써 일본 대본영이 현재 어디에 있건 전 일본군과 일본 지배 하에 있는 모든 군대의 지휘관들에게 무조건 항복을 즉각 명령할 것을 명한다.

우리는 이로써 모든 관청, 육군 및 해군의 직원들에 대해 연합군 최고사령관이 본 항복을 유효화하기 위해 적당하다고 간주하여 그 자신이나 그의 위임에 따라 발한 모든 포고, 명령, 지시를 준수하고 집행할 것을 명하며, 모든 상기 직원들은 연합군 최고사령관이나 그의 위임에 의해 명확하게 해임되지 않는 한 각자의 위치에 남아 각자의 비전투적 임무를 계속 수행할 것을 지시한다.

우리는 이로써 천황, 일본 정부, 그리고 그 계승자들이 연합국 최고사령관이나 그 밖의 특정 연합국 대표자가 포츠담선언의 조항들을 성실히 이행하고 이 선언을 실행하기 위해 요구하는 모든 명령을 발하고 모든 조치를 취할 것을 보장한다.

우리는 이로써 일본제국 정부과 일본 대본영이 현재 일본 지배 하에 있는 모든 연합국 포로와 민간인 억류자를 즉시 석방하며, 그들을 보호하고 보살피고 부양하며 지시된 장소로 즉각 이송할 것을 명한다.

천황과 일본 정부의 국가통치권은 본 항복조항의 실시를 위해 적당하다고 그가 생각하는 조치를 취할 연합군 최고사령관에게 종속된다.

> 1945년 9월 2일 오전 9시 4분, 일본 도쿄만에서
>
> 일본 천황과 일본 정부의 명에 따라 전자들을 대신하여 서명
>
> 시게미쓰 마모루重光葵
>
> 일본 대본영의 명에 따라 전자를 대신하여

우메즈 요시지로梅津美治郎

1945년 9월 2일 오전 9시 8분, 일본 도쿄만에서 미합중국, 중화민국, 영국, 그리고 소비에트사회주의공화국연방, 그리고 일본과 전쟁상태인 다른 연합 국가들의 이익을 위해 수락함.

연합군 최고사령관 더글러스 맥아더Douglas MacArthur

미합중국 대표 C.W. 니미츠C. W. Nimitz

중화민국 대표 쉬융-창徐永昌

영국 대표 브루스 프레이저Bruce Fraser

소비에트사회주의공화국연방 대표 쿠즈마 데레퍄얀코K. Derevoyanko

오스트레일리아연방 대표 토머스 블레이미T. U. Blamey

캐나다 대표 L. 무어 코즈그레이브L. Coxgrave

프랑스공화국 임시정부 대표 자크 르 클레르크Le clerc

네덜란드 대표 C. E. L. 헬프리히S. Helfrich

뉴질랜드 대표 레너드 M. 이시트S. M. Isitt

●

얄타협정(요지)

1945년 2월 11일 얄타에서 미 대통령 루스벨트, 영국 수상 처칠, 소련 의장 스탈린 등 연합국 3거두 간에 협정이 체결되었다. 이 협정의 내용이 미영소 3국에서 일제히 공표되었는데, 그 요지는 다음과 같다.

3대국 지도자는 독일이 항복한 후 2~3개월 이내에 소련은 연합국의 일익으로서 다음과 같은 조건 하에 일본에 선전함을 협정함.

1. 소련은 외몽골과 외몽골인의 현재 상태를 보장할 것.
2. 1904년에 일본의 배신적 공격으로 상실한 전 러시아의 모든 권리를 회부할 것.
    가. 남사할린과 그 부근 전 도서는 소련에 반환
    나. 상업항 다롄은 자유항으로 하나 소련에게 우선권을 주고 군항 뤼순은 소련에게 환부
    다. 동청철도東淸鐵道와 남만주철도는 중소합변회사를 설립하고 양국이 공동관리로 경영하되 소련에 우선권을 줄 것
    라. 만주의 주권은 중국이 완전히 보유
3. 치시마 열도는 소련에 할양

외몽고 해항海港철도에 관한 문제는 장제스의 동의를 필요로 하며, 루스벨트 대통령은 장제스의 동의를 얻음에 대하여 알선할 것이다. 그리고 3대국은 소련의 목적이 일본 항복 후 이의 없이 완전히 달성될 것을 협정하고, 소련은 중국을 일본의 압박으로부터 해방할 것을 무력으로 원조하기 위하여 중국과 우호동맹조약을 체결할 의사를 표명하였다.

●

대한민국임시정부의 대일선전성명서

오인吾人은 삼천만 한국인민과 정부를 대표하여 삼가 중中, 영英, 미美, 가加, 호濠, 화和, 오奧, 기타其他 제국諸國의 대일선전對日宣戰이 일본을 격파케 하고 동아東亞를 재건하는 가장 유효한 수단이 됨을 축복하여 이에 특히 다음과 같이 성명한다.

1. 한국 전인민은 현재 이미 반침략 전선에 참가하였으니 한 개의 전투단위로써 추축국樞軸國에 선전宣戰한다.
2. 1910년의 합방조약 및 일체의 불평등조약의 무효를 거듭 선포하며 아울러 반

침략국가의 한국에 있어서의 합리적 기득권익을 존중한다.

3. 한국, 중국 및 서태평양으로부터 왜구倭寇를 완전히 구축驅逐하기 위하여 최후의 승리를 얻을 때까지 혈전血戰한다.

4. 일본 세력 하에 조성된 창춘長春, 난징정권南京政權을 절대로 승인치 않는다.

5. 루스벨트 처칠 선언의 각조各條를 견결堅決히 주장하며, 한국 독립을 실현키 위하여 이것을 적용하며 민주진영의 최후승리를 원축願祝한다.

대한민국 23년 12월 9일

대한민국임시정부

참고문헌
———————

제1장

연구서·논픽션

五百旗頭真《米國の日本占領政策》上下巻(中央公論社, 1985年)

アダム·B·ウラム《膨張と共存 ソヴェト外交史②》(サイマル出版会, 1974年)

倉田保雄《ヤルタ会談 - 戦後米ソ関係の舞台裏》(筑摩書房, 1988年)

アルチュ—ル·コント《ヤルタ会談 - 世界の分割》(サイマル出版会, 1986年)

下斗米伸夫《アジア冷戦史》(中公新書, 2004年)

ロナルド·タカキ《アメリカはなぜ日本に原爆を投下したのか》(草思社, 1995年)

仲晃《黙殺 ポツダム宣言の真実と日本の運命》上下巻(日本放送出版協会,
　2000年)

長谷川毅《暗闘 - スタ—リンとトル—マンと日本降伏》(中央公論新社, 2006年)

藤村信《ヤルタ - 戦後史の起点》(岩波書店, 1985年)

R·J·リフトン, G·ミッチェル《アメリカの中のヒロシマ》上下巻(1995年, 岩
　波書店)

Clements, Kendrick A., *James F. Byrnes and the Origins of the Cold War*, Carolina
　Academic Press, 1982

Hodgson, Godfrey, *The Colonel: the Life and Wars of Henry Stimson, 1867~1950*,
　Northeastern Univ Prress, 1990

Malloy, Sean L., *Atomic Tragedy : Henry L. Stimson and the Decision to Use the Bomb
　against Japan*, Cornell Univ Press, 2008

Reston, James, Jr., And Medina, Kate, *Deadline: a Memoir*, Random House, 1991

Ward, Patricia Dawson, *The Threat of Peace: James F. Byrnes and the Council of Foreign Ministers, 1945~1946*, Kent State University Press, 1979

Weintraub, Stanley, *The Last Great Victory: the end of World War II, July/August 1945*, Truman Talley Books, 1995

회고록·전기

アンドレイ·グロムイコ《グロムイコ回想録 – ソ連外交秘史》(読売新聞社, 1989年) 그로미코《그로미코 회고록》(박형규 옮김, 문학사상사, 1990)

ゲ·カ·ジュ__コフ《ジュ__コフ元帥回想録 – 革命·大戰·平和》(朝日新聞社, 1970年)

W·S·チャ__チル《第二次世界大戰》下巻(河出書房新社版, 1972年) W. 처칠 《제2차 세계대전》(황성수 외 역, 행우사, 1970)

ハリ__·S·トル__マン《トル__マン回顧録1》(恒文社, 1966年)

Byrnes, James F., *All in One Lifetime*, Harper & Brothers, 1958

Byrnes, James F., *Speaking Frankly*, Harper & Brothers, 1947

Grew, Joseph C., *Turbulent Era.:A Diplomantic Record of Forty Years, 1904~1905*, Houghton Mifflin, 1952

Hull, Cordell, *The Memoirs of Cordell Hull V2, Part Two*, Macmillan, 1948

Leahy, William D., *I was There*, Whittlesey House, 1950

자료

イ__ブン·A·エア__ズ《ホワイトハウス日記　1945~1950　トル__マン大統領とともに》(平凡社, 1993年)

ジョン·コルヴィル《ダウニング街日記　首相チャ__チルのかたわらで》下巻(平凡社, 1991年)

山極晃·立花誠逸編《資料　マンハッタン計画》(大月書店, 1993年)

Bland, Larry I. and Stevens, Sharon Ritenour, *The Papers of Gerge Catlett Marshall Volume5*, The Johns Hopkins University Press, 2003

Ferrell, Robert H., *Dear Bess: The Letters from Harry to Bess Truman*, Norton, 1983

Ferrell, Robert H., *Off the Record: The Private Papers of Harry S. Tyuman*, University of Missouri Press, 1997

Millis, Walter and Duffield, *E. S., Forrestal Diaries*, The Viking Press, 1951

U. S. Department of States, *Foreign Relations of The United States, Deplomatic Papers (FRUS), The Conference of Berlin (The Potsdam Conference), 1945, 2 vols*, United States Government Printing Office, 1960

제2장

연구서·논픽션

NHK取材班編《太平洋戦争日本の敗因6　外交なき戦争の終末》(角川文庫, 1994年)

半藤一利《日本のいちばん長い日　決定版》(文春文庫, 2006年)

半藤一利編《日本のいちばん長い夏》(文春新書, 2007年)

保阪正康《〈敗戦〉と日本人》(ちくま文庫, 2006年)

회고록·전기

荒尾興功追想録編纂世話役編《荒尾興功さんをしのぶ》(高山信武, 1978年)

池田純久《陸軍葬儀委員長 - 支那事変より東京裁判まで》(日本出版協同, 1953年)

大岡昇平《俘虜記》(新潮文庫版, 1967年)

沖修二《阿南惟幾伝》(講談社, 1995年)

加瀬俊一《ミズリー號への道程》(文藝春秋新社, 1951年)

河辺虎四郎《河辺虎四郎回想録 - 市ヶ谷台から市ヶ谷台へ》(毎日新聞社, 1979年)

迫水久常《機関銃下の首相官邸 - 2.26事件から終戦まで》(恒文社, 1964年)

佐藤尚武《回顧八十年》(時事通信社, 1963年)

下村海南《終戦秘史》(講談社学術文庫版, 1985年)

上法快男編《最後の参謀総長　梅津美治郎》(芙蓉書房, 1976年)

鈴木一編《鈴木貫太郎自伝》(時事通信社, 1968年)

曽称益《私のメモアール－霞が関から永田町へ》(日刊工業新聞社, 1974年)

東郷茂徳《東郷茂徳手記　時代の一面》(原書房, 1989年) 도고 시게노리《격동의 세계사를 말한다》(김인호 역, 학고재, 2000)

富田健治《敗戦日本の内側－近衛公の思い出》(古今書院, 1962年)

東久邇稔彦《東久邇日記－日本激動期の秘録》(徳間書店, 1968年)

藤田尚徳《侍従長の回想》(中公文庫版, 1987年)

保科善四郎《大東亜戦争秘史－失われた和平工作》(原書房, 1975年)

松谷誠《新版　大東亜戦争収拾の真相》(芙蓉書房, 1984年)

李王垠伝記編纂会編《英親王李垠伝－李王朝最後の皇太子　新装版》(共栄書房, 2001年)

李方子《すぎた歳月》(明暉園, 1973年) 이방자《지나온 세월》(송건호 역, 동서문화사, 1974)

자료

伊藤隆編《高木惣吉　日記と情報》上下巻(みすず書房, 2000年)

外務省百年史編纂委員会編《外務省の百年》下巻(原書房, 1969年)

外務省編《日本外交年表並主要文書》下巻(原書房, 1966年)

外務省編《終戦史録》全6巻(北洋社, 1978年)

木戸幸一《木戸幸一日記》下巻(東京大学出版会, 1966年)

軍事史学会編《大本営陸軍部戦争指導班　機密戦争日誌》下巻(錦正社, 1998年)

軍事史学会編《大本営陸軍部作戦部長　宮崎周一中将日記》(錦正社, 2003年)

佐藤元英·黒沢文貴編《GHQ歴史課陳述録》上下巻(原書房, 2002年)

参謀本部所蔵《敗戦の記録　普及版》(原書房, 2005年)

高松宮宣仁親王《高松宮日記》第8巻(中央公論社, 1997年)

竹内桂編《戰時日ソ交涉史》下巻(ゆまに書房, 2006年)

寺崎英成《昭和天皇独白録 寺崎英成・御用掛日記》(文藝春秋, 1991年)

徳川義寛《徳川義寛終戰日記》(朝日新聞社, 1999年)

服部卓四郎《大東亜戰争全史 新装版》(原書房, 1993年)

防衛庁防衛研修所戦史室《戰史叢書 大本営陸軍部〈10〉昭和二十年八月まで》
　(朝雲新聞社, 1975年)

細川護貞《細川日記 改版》上下巻(中公文庫版, 2002年)

〈阿南惟幾日記〉(米國立公文書館RG242/Entry297-E/MF Reel No.6)

〈河辺虎四郎日記〉(複製‥防衛省防衛研究所図書館所蔵)

〈木戸日記〉(鈴木貫太郎所蔵‥米國立公文書館RG242/Entry297-E/MF Reel
　No.9)

〈御前会議(二〇-八-九)宮中防空壕ニ於テ〉(保科善四郎手記‥米國立公文書
　館RG242/Entry297-E/MF Reel No.13)

〈三ヶ國宣言条項受諾に関する在外現地機関に対する訓令〉(加藤聖文編《海外
　引揚関係史料集成 國外編》第17巻, ゆまに書房, 2002年所収)

〈終戰時ノ記録〉(池田純久日記‥米國立公文書館RG242/Entry297-E/MF Reel
　No.13)

〈大東亜戰争関係一件 戰争終結ニ関スル日蘇交渉関係(蘇聯ノ対日宣戰ヲ含ム)〉
　第1・2巻(外務省外交史料館所蔵外務省記録)

〈東久邇宮稔彦日記〉(複製:防衛省防衛研究所図書館所蔵)

〈保科善四郎日記〉(米國立公文書館RG242/Entry297-E/MF Reel No.9)

FRUS, The Conference of Berlin (The Potsdam Conference), 1945, 2 vols, United
　States Government Printing Office, 1960

제3장

연구서·논픽션

大沼久夫《朝鮮分斷の歷史 1945~1950年》(新幹社, 1993年)

ブルース·カミングス《朝鮮戰争の起源 - 解放と南北分斷体制の出現 1945年 ~1947年》第1·2巻(シアレヒム社, 1989~1991年) 브루스 커밍스《한국전쟁의 기원》(김자동 역, 일월서각, 1993)

金贊汀《パルチザン挽歌 - 金日成神話の崩壊》(御茶の水書房, 1992年) 김찬정 《비극의 항일 빨치산》(동아일보사, 1992)

高峻石《朴憲永と朝鮮革命》(社会評論社, 1991年) 고준석《비운의 혁명가 박헌 영》(글출판사, 1992)

桜井浩編《解放と革命 - 朝鮮民主主義人民共和國の成立過程》(アジア経済研究 所, 1990年)

下斗米伸夫《モスクワと金日成 - 冷戰の中の北朝鮮 1945~1961年》(岩波書店, 2006年)

津川泉《JODK消えたコールサイン》(白水社, 1993年)

ギャヴァン·マコーマック《侵略の舞台裏 - 朝鮮戰争の真実》(シアレヒム社, 1990年)

森田芳夫《朝鮮終戰の記録 - 米ソ両軍の進駐と日本人の引揚》(巖南堂書店, 1964年)

李景珉《増補 朝鮮現代史の岐路 - なぜ朝鮮半島は分斷されたのか》(平凡社, 2003年)

林隠《北朝鮮王朝成立秘史 - 金日成正傳》(自由社, 1982年) 임은《김일성 정전》 (송건호 역, 옥촌문화사, 1989)

和田春樹《北朝鮮 - 遊撃隊國家の現在》(岩波書店, 1998年) 와다 하루키《북조 선-유격대 국가에서 정규군 국가로》(서동만·남기정 공역, 돌베개, 2002)

회고록·전기

今村勲《京城六ヵ月 – 私の敗戰日記》(私家版, 1981年)

梶村秀樹 訳注《白凡逸志 – 金九自叙伝》(平凡社, 1973年) 김구《백범일지》(돌
  베개 외, 2005)

金子定一全集刊行会編·発行《金子定一集　第一　東北太平記の便概と原註私註
  在鮮終戰日記抄》(1958年)

ヒルディ·カン《黒い傘の下で – 日本植民地に生きた韓國人の声》(ブルース·イ
  ンターアクションズ, 2006年)

金聖七 他《ソウルの人民軍 – 朝鮮戰爭下に生きた歴史学者の日記》(社会評論社,
  1996年) 김성칠《역사 앞에서》(창작과비평사, 1993)

高峻石《朝鮮 1945~1950 革命史への証言》(三一書房, 1972年) 고준석《해방
  1945~1950 공산주의 운동사의 증언》(정범구 역, 한겨레, 1989)

高峻石《越境 – 朝鮮人·私の記録》(社会評論社, 1977年)

財団法人友邦協会編·発行《旧朝鮮総督府官房総務課長山名酒喜男手記　朝鮮総
  督府終政の記録(終戰前後に於ける朝鮮事情概要)》(1956年)

朱栄福《朝鮮戰爭の真実 – 元人民軍工兵将校の手記》(悠思社, 1992年) 주영복
  《내가 겪은 조선전쟁 1·2》(고려원, 1990)

田中正四《瘦骨先生紙屑帖》(金剛社, 1961年)

張俊河《石枕 – 韓民族への遺言》上下巻(サイマル出版会, 1971年) 장준하《돌베
  개》(세계사, 2007)

坪井幸生《ある朝鮮総督府警察官僚の回想》(草思社, 2004年)

バック·カップ·トン《嘆きの朝鮮革命》(三一書房, 1975年) 박갑동《박헌영-그
  일대기를 통한 현대사의 재조명》(인간사, 1983)

白善燁《若き将軍の朝鮮戰爭 – 白善燁回顧録》(草思社, 2000年) 백선엽《군과
  나-6·25 한국전쟁 회고록》(시대정신, 2009)

八木信雄《增補　日本と韓國》(日韓文化出版社, 1983年)

友邦協会編·発行《穂積真六郎先生遺筆　わが生涯を朝鮮に》(1974年)

羅英均《日帝時代 わが家は》(みすず書房, 2003年) 나영균《일제시대, 우리 가

족은》(황소자리, 2004)

Rusk, Dean, *As I Saw It :A Secretary of State's Memorirs,* I. B. Tauris & Co Ltd, 1990 딘 러스크《냉전의 비망록》(정순주 · 홍영주 공역, 시공사, 1991)

여운홍《몽양 여운형》(청하각 , 1967年)

조영암《고당 조만식》(정치신문사 , 1953年)

자료

森田芳夫·長田かな子編《朝鮮終戰の記録　資料編》全3冊(巖南堂書店, 1979~1980年)

〈京城日本人世話会報〉(平和祈念事業特別基金編·発行《資料所在調査結果報告書(別冊)》1999年)

〈終戰前後に於ける朝鮮事情概要〉·〈朝鮮の状況報告　朝鮮軍報導部長長尾尚作〉(前掲《海外引揚関係史料集成　國外編》第24卷所収)

〈上奏文〉(〈阿部信行関係文書〉國立國会図書館憲政資料室所蔵MF)

〈ポツダム宣言受諾関係一件　善後措置及各地状況関係(朝鮮)〉(外務省外交史料館所蔵外交記録)

内務省管理局〈朝鮮 台湾及樺太ニ関スル善後措置要領〉(〈太平洋戰争終結による在外邦人保護引揚関係雑件〉第1卷 外交記録)

백범 김구 선생 전집편찬위원회편《백범 김구전집》전12권(대한매일신보사, 1999년)

FRUS, The Conferences of Cairo and Teheran, 1943, United States Government Printing Office, 1961

FRUS, 1945, The British Commonwealth; The Far East. 6 vols, United States Government Printing Office, 1961

中央研究院近代史研究所編·発行《國民政府与韓國独立運動史料》(1988年)

최종건편《대한민국임시정부문서집람》(지인사, 1976년)

한국정신문화연구원편·발행《한국독립운동사자료집 중국편》(1993년)

제4장

연구서·논픽션

何義麟《二·二八事件 - 〈台湾人〉形成のエスノポリティクス》(東京大学出版会, 2003年)

黄昭堂《台湾総督府》(教育社歴史新書, 1981年)

許世楷《日本統治下の台湾》(東京大学出版会, 1972年)

近藤正己《総力戦と台湾 - 日本植民地崩壊の研究》(刀水書房, 1996年)

松田良孝《八重山の台湾人》(南山舎, 2004年)

鄭梓《戰後台湾的接収与重建 - 台湾現代史研究論集》(新化図書, 1994年)

潘振球《日軍在台湾 - 一八九伍至一九四伍年的軍事措施与主要活動》下巻(國史館, 1997年)

회고록·전기

塩見俊二《秘録·終戦直後の台湾 - 私の終戦日記》(高知新聞社, 1979年)

邵毓麟《抗日戰勝利の前後》(時事通信社, 1968年)

台湾会編《あゝ台湾軍　その想い出と記録》(非売品, 1983年)

台湾協会編·発行《台湾引揚史 - 昭和二十年終戦記録》(1982年)

台湾引揚記編集委員会編《琉球官兵＝末記》(台湾引揚記刊行期成会, 1986年)

竹中りつ子《わが青春の台湾 - 女の戰中戰後史》(図書出版社, 1983年)

森田俊介《回顧と随筆　内台侍十年》(伸共社, 1979年)

葉榮鐘《林献堂先生年譜》(林献堂先生紀念集編纂委員会, 1960年)

呉三連口述·呉豊山撰記《呉三連回憶録》(自立晩報社文化出版部, 1991年)

許伯挺《許丙·許伯埏回想録》(中央研究院近代史研究所, 1996年)

자료

大蔵省管理局編《日本人の海外活動に関する歴史的調査　第九巻　台湾編4》(ゆまに書房復刻版, 2000年)

河原功監修·解説《台湾協会所蔵　台湾引揚·留用記録》全10巻(ゆまに書房, 1997~98年)

〈安藤利吉要伝〉(靖國神社偕行文庫所蔵)

池田敏雄〈敗戰日記＝〉(《台湾近現代史研究》第4号, 1982年10月)

〈台湾統治終末報告書　台湾総督府残務整理事務所〉·〈台湾ノ現況　外務省管理
　局総務部南方課〉(前掲《海外引揚関係史料集成　國外編》第31巻所収)

何鳳嬌編《政府接収臺灣史料彙編》上下巻(國史館, 1990年)

薛月順編《台湾省政府＝案史料彙編　台湾省行政長官公署時期(一)》(國史館発
　行, 1999年)

秦孝儀主編《光復台湾之籌画与受降接収》(中國國民党中央委員会党史委員会,
　1990年)

台湾省行政長官公署編·発行《台湾民政　第一輯》(1946年)

제5장

연구서·논픽션

石井明《中ソ関係史の研究－1945~1950》(東京大学出版会, 1990年)

江夏由樹他編《近代中國東北地域史研究の新視角》(山川出版社, 2005年)

香島明雄《中ソ外交史研究 1937~1946》(世界思想社, 1990年)

エレ＿ナ·カタソノワ《関東軍兵士はなぜシベリアに抑留されたか－米ソ超大國
　のパワ＿ゲ＿ムによる悲劇》(社会評論社, 2004年)

加藤聖文《満鉄全史－〈國策会社〉の全貌》(講談社選書メチエ, 2006年)

ヴィクトル·カルポフ《 シベリア抑留 1スタ＿リンの捕虜たち－ソ連機密資料が
　語る全容—》(北海道新聞社, 2001年)

佐藤和明《増補版　通化事件》(新評論, 1993年)

澁谷由里《〈漢奸〉と英雄の満洲》(講談社選書メチエ, 2008年)

徐焔《一九四伍年　満州進軍－日ソ戰と毛澤東の戰略》(三伍館, 1993年)

ボリス・スラヴィンスキ―

《考証　日ソ中立条約 – 公開されたロシア外務省機密文書》（岩波書店, 1996年)

ボリス・スラヴィンスキ―《日ソ戰争への道 – ノモンハンから千島占領まで》（共
同通信社, 1999年)

バ―バラ・W・タックマン《失敗したアメリカの中國政策 – ビルマ戰線のスティ
ルウェル将軍》（朝日新聞社, 1996年)

富永孝子《改訂新版　大連・空白の六百日 – 戰後 そこで何が起ったか》（新評論,
1999年)

中山隆志《関東軍》（講談社選書メチエ, 2000年)

中山隆志《満洲 – 1945·8·9　ソ連軍進攻と日本軍》（國書刊行会, 1990年)

野村浩一《蔣介石と毛澤東 – 世界戰争のなかの革命》（岩波書店, 1997年)

Fenby, Jonathon, *CHANG KAI-SHEK China's Generalissimo and the Nation He Lost*, Carroll & Graf, 2004

Glantz, David M., *The Soviet Strategic Offensive In Manchuria, 1945 'August Storm'*, Frank Cass, 2003

Glantz, David M., *Soviet Operational and Tactical Combat in Manchuria, 1945 'Angust Storm'*, Frank Cass, 2003

孟憲章主編《蘇聯出兵東北》（中國大百科全書出版社, 1995年)

王永祥《雅爾達密約與中蘇日蘇関係》（東大図書公司, 2003年)

薛銜天《中蘇関係史》（四川人民出版社, 2003年)

劉統《東北解放戰争紀実　1945~1948》（人民出版社, 2004年)

欒景河主編《中俄関係的歷史与現実》（河南大学出版社, 2004年)

회고록·전기

愛新覚羅浩《流転の王妃の昭和史》（新潮文庫版, 1992年)

愛新覚羅溥儀《わが半生 – 〈満州國〉皇帝の自伝》下巻(筑摩書房, 1977年)

愛新覚羅溥傑《溥傑自伝 – 満州國皇弟を生きて》（河出書房新社, 1995年)

井上文雄《最後のお召し列車》（中日新聞社出版開発局, 2001年)

참고문헌 | **299**

梅震《戰後の満洲四星霜》(私家版, 1958年)

岡本武徳《青い焔の記憶 – 満洲帝國終戰秘録》(講談社, 1971年)

片倉衷·古海忠之《挫折した理想國 – 満洲國興亡の真相》(現代ブック社, 1967年)

草地貞吾《関東軍作戦参謀の証言》(芙蓉書房, 1979年)

佐久間真澄《記録 満州國の消滅と在留邦人》(のんぶる舎, 1997年)

サンケイ新聞社《蔣介石秘録 14 日本降伏》(サンケイ出版, 1977年)

高碕達之助《満州の終焉》(実業之日本社, 1953年)

武田英克《満州脱出 – 満州中央銀行幹部の体験》(中公新書, 1985年)

董彦平《ソ連軍の満州進駐》(原書房, 1982年)

外島瀏《終戰秘話 満洲國祭祀府の最後 – 外島祭務処長手記》(外島雪子, 1967年)

成田精太《瓦解》(國書刊行会再刊, 1983年)

泰彦三郎《苦難に堪えて》(日刊労働通信社, 1958年)

林三郎《関東軍と極東ソ連軍 – ある対ソ情報参謀の覚書》(芙蓉書房, 1974年)

半田敏晴《夢破れたり》(ジープ社, 1950年)

平島敏夫《楽土から奈落へ – 満洲國の終焉と百万同胞引揚げ実録》(講談社, 1972年)

舩木繁《支那派遣軍総司令官 岡村寧次大将》(河出書房新社, 1984年)

古海忠之《忘れ得ぬ満洲國》(経済往来社, 1978年)

前野茂《ソ連獄窓十一年》第一巻(講談社学術文庫版, 1979年)

松村知勝《関東軍参謀副長の手記》(芙蓉書房, 1977年)

マリノフスキー《関東軍壊滅す – ソ連極東軍の戰略秘録》(徳間書店, 1978年)

満鉄会編·発行《満鉄最後の総裁 山崎元幹》(1973年)

嘉村満雄《満洲國壊滅秘史》(大学書房, 1960年)

姚崧齡《張公権先生年譜初稿》上册(伝記文学社, 1982年)

曾景忠·梁之彦選編《蔣経國自述》(団結出版社, 2007年)

자료

稲葉正夫編《岡村寧次大将資料》(原書房, 1970年)

〈支那派遣軍終戦に関する交渉記録綴〉(防衛省防衛研究所図書館所蔵)

〈台湾軍·関東総軍電報綴〉(防衛省防衛研究所図書館所蔵)

吉田農夫雄〈満州國內在留邦人の引揚について〉(防衛省防衛図書館所蔵)

防衛庁防衛研修所戦史室《戦史叢書　昭和二十年の支那派遣軍〈2〉終戦まで》(朝雲新聞社, 1973年)

防衛庁防衛研修所戦史室《戦史叢書　関東軍〈2〉関特演·終戦時の対ソ戦》(朝雲新聞社, 1974年)

満洲國史編纂刊行会編《満洲國史　総論》(満蒙同胞援護会, 1970年)

満蒙同胞援護会編《満蒙終戦史》(河出書房新社, 1962年)

〈蔣介石日記〉(スタンフォ─ド大学フ─バ─研究所ア─カイブズ所蔵)

FRUS, 1945, 7 vols, The Far East China, United States Government Printing Office, 1969

Myers, Gillin, *Last Chance in Manchuria THE DIALY OF CHANG KIA-NGAU*, Hoover Press, 1989

秦孝儀主編《総統　蔣公大事長編初稿》第5巻(1978年)

秦孝儀主編《中華民國重要史料初編　対日抗戦時期　第七編　戦後中國》全4冊(中國國民党中央委員会党史委員会, 1981年)

孫邦主編《偽満覆亡》(吉林人民出版社, 1993年)

第四野戦軍戦史編写組《中國人民解放軍第四野戦軍戦史》(解放軍出版社, 1998年)

中華民國外交部編·発行《外交部編案叢書　界務類　第一冊　東北巻》(2001年)

中華民國外交部編·発行《外交部編案叢書　界務類　第二冊　中蘇関係巻》(2001年)

中華民國外交部編·発行《外交部編案叢書　界務類　第三冊　新疆巻(一)》(2001年)

Русский архив. Великая Отечественная

T.18(7-2). Советско-японская война 1945 года. Терра. 1997 (ルースキー・アルヒーフ　大祖國戰爭　18巻〔7-2〕　1945年の露日戰争)

제6장

연구서·논픽션

新井佐和子《サハリンの韓國人はなぜ帰れなかったのか－帰還運動にかけたある夫婦の四十年》(草思社, 1998年)

N·ヴィシネフスキー《トナカイ王－北方先住民のサハリン史》(成文社, 2006年)

金子俊男《樺太一九四伍年夏－樺太終戰記録》(講談社, 1972年)

小林泉《ミクロネシアの小さな國々》(中公新書, 1982年)

ボリス·スラヴィンスキー《千島占領－一九四伍年夏》(共同通信社, 1993年)

田中了, D·ゲンダーヌ《ゲンダーヌ－ある北方少数民族のドラマ》(德間書店, 1978年)

中山隆志《一九四伍年夏　最後の日ソ戰》(國書刊行会, 1995年)

野村進《日本領サイパンの一万日》(岩波書店, 2005年)

藤村久和·若月亨編《ヘンケとアハチ》(札幌テレビ放送株式会社, 1994年)

회고록·전기

李炳律《サハリンに生きた朝鮮人－ディアスポラ·私の回想記》(北海道新聞社, 2008年)

泉友三郎《ソ連南樺太－ソ連官吏になった日本人の記録》(妙義出版社, 1952年)

扇貞雄《ツンドラの鬼(樺太秘密戰編)》(扇兄弟社, 1964年)

鈴木康生《樺太防衛の思い出－最後の総合報告》(私家版, 1987年)

小嶋正吉《実録·樺太の終戰秘史》(御園書房, 1987年)

南洋群島協会編·発行《思い出の南洋群島》(1965年)

南洋群島協会編《椰子の木は枯れず – 南洋群島の現実と想い出》(草土文化, 1966年)

자료

沖縄県文化振興会公文書管理部史料編集室編《沖縄県史 資料編17 旧南洋群島関係資料》(沖縄県教育委員会, 2003年)

沖縄県文化振興会公文書管理部史料編集室編《沖縄県史ビジュアル版　近代②旧南洋群島と沖縄県人 – テニアン》(沖縄県教育委員会, 2002年)

〈終戦前後に於ける南洋群島概況〉(前掲《海外引揚関係史料集成　國外編》第33巻所収)

樺太終戰史刊行会編《樺太終戰史》(全國樺太連盟, 1973年)

〈南洋群島在住民疎開者接収事務報告書〉(國文学研究資料館所蔵)

全國樺太連盟編·発行《樺太沿革·行政史》(1978年)

南洋庁編·発行《南洋群島要覧　昭和拾七年版》(1942年)

南洋庁長官官房編·発行《南洋庁施政十年史》(1932年)

防衛庁防衛研修所戰史室《戰史叢書　中部太平洋陸軍作戰〈1〉マリアナ玉砕まで》(朝雲新聞社, 1967年)

防衛庁防衛研修所戰史室《戰史叢書　中部太平洋陸軍作戰〈2〉ペリリュ―·アンガウル·硫黄島》(朝雲新聞社, 1968年)

防衛庁防衛研修所戰史室《戰史叢書　北東方面陸軍作戰〈2〉千島·樺太·北海道の防衛》(朝雲新聞社, 1971年)

防衛庁防衛研修所戰史室《戰史叢書　中部太平洋海軍作戰〈2〉昭和十七年六月以降》(朝雲新聞社, 1973年)

北海道編·発行《北方地域総合実態調査書　終戰史》全5冊(1973~1976年)

〈終戦前後に於ける樺太半島方面陸軍部隊の消息〉(前掲《海外引揚関係史料集成　國外編》第30巻所収)

제7장

연구서·논픽션

小倉貞男《物語ヴェトナムの歴史 – 一億人國家のダイナミズム》(中公新書, 1997年)

柿崎一郎《物語　タイの歴史 – 微笑みの國の真実》(中公新書, 2007年)

佐藤卓己《八月十伍日の神話 – 終戦記念日のメディア学》(ちくま新書, 2005年)

佐藤卓己·孫安石編《東アジアの終戦記念日 – 敗北と勝利のあいだ》(ちくま新書, 2007年)

白石隆《スカルノとスハルト – 偉大なるインドネシアをめざして》(岩波書店, 1997年)

中村平治·桐山昇編《アジア1945年〈大東亜共栄圏〉壊滅のとき》(青木書店, 1985年)

根本敬《アウン·サン – 封印された独立ビルマの夢》(岩波書店, 1996年)

古田元夫《ホ―·チ·ミン – 民族解放とドイモイ》(岩波書店, 1996年)

村嶋英治《ピブ―ン – 独立タイ王國の立憲革命》(岩波書店, 1996年)

森達也《クオン·デ – もう一人のラストエンペラ―》(角川文庫, 2007年)

회고록·전기

小川哲雄《日中終戦史話》(原書房, 1985年)

重光葵《昭和の動乱》上下巻(中公文庫版, 2001年)

城野宏《山西独立戦記》(雪華社, 1967年)

ドムチョクドンロプ《徳王自伝 – モンゴル再興の夢と挫折》(岩波書店, 1994年)

永富博道《山西残留秘史　白狼の爪跡》(新風書房, 1995年)

藤原岩市《F機関 – インド独立に＝けた大本営参謀の記録》(振学出版, 1985年)

武藤章《比島から巣鴨まで – 日本軍部の歩んだ道と一軍人の運命》(文春文庫版, 2008年)

자료

重光葵《重光葵手記》(中央公論社, 1986年)

重光葵《続　重光葵手記》(中央公論社, 1988年)

防衛庁防衛研修所戦史室《戦史叢書　シッタン·明号作戦 – ビルマ戦線の崩壊と
　　泰·仏印の防衛》(朝雲新聞社, 1969年)

宮元静雄《ジャワ終戦処理記》(ジャワ終戦処理記刊行会, 1973年)

宮元静雄《第二次世界大戦における東南アジア連合軍の終戦処理》(東南アジア
　　連合軍の終戦処理刊行会, 1985年)

연	월일	일어난 사건
1939	9. 1	제2차 세계대전 발발
1941	4.13	중소中蘇중립조약 조인
	6.22	독소獨蘇전 개전
	7. 7	일본 관동군 특종연습(관특연關特演) 개시(~8. 9일)
	8.14	루스벨트와 처칠, 대서양헌장 발표
	10.18	도조 히데키東條英機 내각 성립
	12. 8	일본 진주만 공격, 미일 개전
	12. 9	중화인민공화국 정부, 대일선전포고
	12.21	일본과 태국, 군사동맹조약 조인
1942	1. 25	태국, 대영對英선전포고
	6. 5	미드웨이 해전
	11. 1	일본, 대동아성大東亞省 설치
1943	2. 1	과달카날 철군 개시
	5. 29	아투Attu 섬에서 일본군 수비대 옥쇄
	5. 31	어전회의, '대동아정략지도대강'에 따라 말레이시아·인도네시아 일본령 편입 및 미얀마·필리핀 독립 결정
	8. 1	버마 독립선언
	9. 8	이탈리아 무조건 항복
	10.14	필리핀 공화국 독립선언
	10.30	미·영·소 3국 외상회담. 스탈린, 헐 국무장관에게 대일참전 의사 밝힘
	11. 5	도쿄에서 대동아회의 개최(~6), 대동아공동선언 발표
	11.22	루스벨트, 처칠, 장제스 카이로선언(~26)
	11.28	루스벨트, 처칠, 스탈린 테헤란회담(~12. 1). 스탈린, 루스벨트에 대일참전 의지 전함
	12. 1	카이로선언 발표
1944	2. 4	미 함대, 북치시마 파라무시르幌筵島 급습

3. 8	버마방면군, 임팔작전 개시
3.	남양군도에서 강제소개疏開 시작
4.17	지나방면군, 1호작전(대륙타통打通작전) 발동
	국부정부, 타이완조사위원회 설치(주임위원 천이陳儀)
6.15	미군, 사이판 상륙
6.19	마리아나 해전, 일본해군 기동부대 괴멸
7. 4	대본영, 임팔작전 중지 명령
7. 7	사이판 섬에서 일본군 옥쇄
7.22	고이소 구니아키小磯国昭 내각 성립
7.24	미군, 티니안 섬 상륙
7.27	미군기, 코로르 섬 공습
8. 1	미군, 티니안 점령 선언
8.10	괌 섬에서 일본군 수비대 옥쇄
9.18	대본영, 관동군에 장기지구전으로 전환 명령
10.12	타이완 만에서 항공전
10.18	스틸웰 장군 본국소환 결정
10.20	미군, 레이테 섬 상륙
10.24	레이테 해전, 일본군 연합함대 괴멸
11. 7	소련혁명기념일에 스탈린 일본 비판
11.10	왕자오밍汪兆銘, 나고야에서 사망. 후계는 천공보陳公博
12.19	레이테 결전, 미군 승리로 결말
1945 2. 4	루스벨트, 처칠, 스탈린 얄타회담(~11), 소련 대일참전 확정
2.14	고노에 후미마로近衛文麿, 쇼와천황에 상주(〈고노에상주문近衛上奏文〉)
2.19	미군, 이오지마에 상륙
3.11	일본군, 명호작전明号作戦 발동하고, 프랑스령 인도차이나 완전 점령. 바이다이를 왕제로 옹립하고 베트남 제국 수립
3.13	캄보디아 독립 선언
3.26	이오지마의 일본군 수비대 옥쇄
4. 1	미군, 오키나와 상륙
4. 5	고이소 구니아키 내각 사직. 소련, 일소중립조약 불연장 통보
4. 7	전함 야마토大和의 국수菊水작전 실패. 스즈키 간타로鈴木貫太郎 내각 성립
4. 8	라오스 루앙프라방 왕국 독립 선언

4.12 루스벨트 사망, 부대통령 트루먼 대통령 취임

5. 7 독일 무조건항복

5.11 최고전쟁지도회의(~14)에서 대소 화평공작 결정

5.17 수상 관전에서 외지外地수뇌회담 개최(~18)

5.30 대본영, 관동군에 대소작전 준비 명령

5월 말 미 조셉 그루 국무차관(전 주일대사), 투르먼에게 천황제 존속을 조건으로
대일전 조기 종결을 건의

6. 3 히로타 고키広田弘毅와 주일 소련대사 말리크 회담 시작

6.14 장제스, 할리 주중대사로부터 얄타협정 내정을 전달받음

6.23 미군, 오키나와 점령

6.29 히로타·말리크 회담 결렬

7. 2 미국 스팀슨 육군장관, 트루먼에게 천황제 존속을 인정하는 대일선언 초안
제출

스탈린과 쑹쯔원宋子文. 중소교섭 개시

7. 3 미 국무장관에 대일 강경파인 번즈 취임

7.13 일본 정부, 소련에 고노에 후미마로 특사 파견 제의

7.16 미국, 원폭 실험 성공

7.18 소련, 고노에 특사 파견 거부

7.23 트루먼, 스팀슨 초안에서 천황제 존속을 삭제한 대일 선언안 결단

7.24 트루먼, 포츠담선언안 영국과 중국에 회부

7.25 처칠, 영국 총선을 위해 포츠담에서 일시 귀국

7.26 장제스, 포츠담선언안에 동의. 중국에서 회답을 받고 트루먼 포츠담선언 발표
영국 총선에서 처칠의 보수당 참패, 노동당 당수 애틀리 수상 취임

7.27 최고전쟁지도회의, 포츠담선언에 대한 의사 표시를 하지 않기로 결정. '묵살
黙殺' 발표가 언론을 통해 알려짐

8. 2 포츠담회의 폐막

8. 6 히로시마에 원폭 투하. 스탈린 대일참전을 극동소련군에 지시

8. 7 중소교섭 재개

8. 8 소련 몰로토프 외상, 사토 나오타케佐藤尚武 주소대사에게 9일 오전 0시부터
전쟁 상태에 돌입한다고 통고

8. 9 소련 대일참전, 만주와 조선으로 진격 개시
나가사키에 원폭 투하. 어전회의 개최

8.10 어전회의에서 첫 번째 성단聖斷, 천황제 존속을 조건부로 포츠담선언 수락 결정, 각의를 거쳐 미국에 통보

미국 정부, 번즈 회답 원안을 작성, 각국에 회부

SWNCC 회의에서 한반도를 38도선으로 분단하기로 결정

8.11 소련, 회답안에 수정 의견 제시, 트루먼 거절

미국 정부, 번즈 회답을 일본에 통보(천황제 존속을 약속하지 않음)

관동군 퉁화通化로 이전

소련군, 남사할린 침공 개시

8.11 주더朱德 총사령, 중공군 만주 진격 명령

8.12 일본 정부, 번즈 회답에 관해 임시각의 개최(결론 도출 실패). 일본 황족회의 개최

만주국 황제 푸이溥儀, 신징新京에서 소개

8.13 최고전쟁지도자회의구성원회의 및 각의 개최(결론 도출 실패)

사할린청, 재주 일본인 긴급 소개 개시

베트남에서 호치민 일제 봉기 촉구

8.14 어전회의에서 두 번째 성단, 일본의 항복 확정. 각의를 거쳐 미국에 통보

모스크바에서 중소우호동맹조약 조인

대동아성, 거류민의 현지정착 방침 지시

8.15 도쿄에서 궁성점거사건 발생

이나미 고레치카阿南惟幾 육군장관 자결

조선총독부 정무총감 엔도 류사쿠遠藤柳作, 여운형과 회담

조선건국준비위원회(건준) 결성

정오에 옥음방송玉音放送, 스즈키 내각 총사직

8.16 대본영, 관동군에 즉시 정전停戰 명령

스탈린, 트루먼에게 홋카이도 점령 요구

난징南京 국민정부(왕자오밍 정권) 해체

태국, 대미·대영 선전포고 무효선언

8.17 소련군, 남사할린 에스토루惠須取 점령

라우렐 대통령, 필리핀 공화국 해산 선언

수카르노, 인도네시아 독립 선언

8.18 황제 푸이 퇴위 선언, 만주국 소멸

소련군, 북치시마 슘슈 공격

8.18 트루먼, 스탈린의 홋카이도 점령 요구 거절

경성에서 경성내지인세화회 결성

자유인도 임시정부 주석 찬드라 보세, 타이베이에서 비행기 추락사

8.19 푸이, 소련군에 구류

관동군 총참모장 하타 히코사부로秦彦三郎, 극동 소련군과 정전 합의

만주국 장징후이張景惠 등 동북지방잠시치안유지위원회 설립 결정

소련군 선견대, 신징 입성

8.20 소련군, 남사힐린 마오카眞岡 점령

타이완총독부 안도 리키치安藤利吉, 린시엔탕林獻堂 등과 회견

8.21 치시마 열도 슘슈에서 일소 양군 정전

소련군, 장자커우張家口 점령, 몽골연합자치정부 소멸

8.22 소련군, 다롄大連 접수

남사할린에서 일소 양군 정전협정 성립, 직후에 도요하라豐原 공습

남사할린에서 긴급 소개민 태운 선박 세 척 침몰

8.23 스탈린, 일본군 병사 시베리아 억류 지시

소련군 도요하라 진주

8.24 소련군 선견대 평양 진주

8.25 소련군, 남사할린 전역 점령

8.26 소련군, 평양 접수

8.27 장제스, 타이완성 행정장관 공서장관에 천이 임명

8.29 소련군, 에토로후擇捉島 점령

8.30 국민정부군사위원회 동북행영 설치

영국군, 홍콩 상륙

베트남 8월 혁명으로 바오 다이 퇴위

8.31 장징후이 등 소련군에 구인

소련군, 산하이관山海關 침입

9. 1 소련군, 쿠나시르國後島와 시코탄色丹島 점령

신징을 창춘長春으로 개칭

9. 2 일본과 연합국 항복문서 조인

팔라우 지구 일본군과 미군, 정접협정 조인

이리伊梨사건 발생

9. 3 동북행영 수뇌부 인사 결정

9. 5 관동군 소멸, 총사령관 야마다 오토조山田乙三 등 소련군에 구인

소련군, 치시마 전역 점령 완료

9. 6 미군 선견대, 경성 도착, 총독부와 예비교섭 개시

건준, '조선인민공화국' 수립 결정

9. 7 미군, 조선에 군정 실시 결정

9. 9 미군, 경성 진주. 미군과 제17방면군·조선총독부 사시에 항복문서 조인

난징에서 지나파견군, 항복문서 조인

9.11 박헌영, 조선공산당 재건 선언

9.16 영국, 홍콩 접수 완료

9.17 소련군, 남사할린 민정국 설치. 군정 개시

9.19 중국공산당 정치국회의에서 '북진남방北進南防' 결정

조선총독 아베 노부유키阿部信行 조선에서 철수

김일성, 소련 수송선으로 원산에 상륙

9.20 미군정청 개설

9.24 만주국 총무장관 다케베 로쿠조武部六藏 소련군에 구인

9.27 소련군, 22일부로 만철滿鐵 소멸 통보

10. 3 미군정청, 재조在朝 일본인의 본국 송환 발표

10.10 미군정청, 조선인민공화국 불인정

10.14 김일성, 평양에서 시민들 앞에 처음 등장

10.16 이승만, 미국에서 귀국

10.17 국부군, 타이베이 진주

10.23 이승만, 독립촉성중앙협의회 결성

10.25 타이베이에서 수강식, 타이완총독부 행정권 이양

11.23 김구 등 대한민국 임시정부 요인 귀국

12.15 트루먼, 대중국 정책 발표

12.16 모스크바에서 미·영·소 3국 외상회담 개최(~26), 모스크바 협정 조인(27)

12.28 소련군, 사할린청 접수, 간부 구인

12.31 타이완성 행정장관 공서, 재타이완 일본인 본국 송환 발표

1946 2. 8 북조선임시인민위원회 수립(주석은 김일성)

3.14 소련군, 선양(瀋陽, 구 펑톈奉天)에서 완전 철수. 국부군 동북 진주

3.20 서울에서 미소공동위원회 개최(~5. 6)

4.14 국공國共 양군 창춘 쟁탈전(~5. 23)

찾아보기